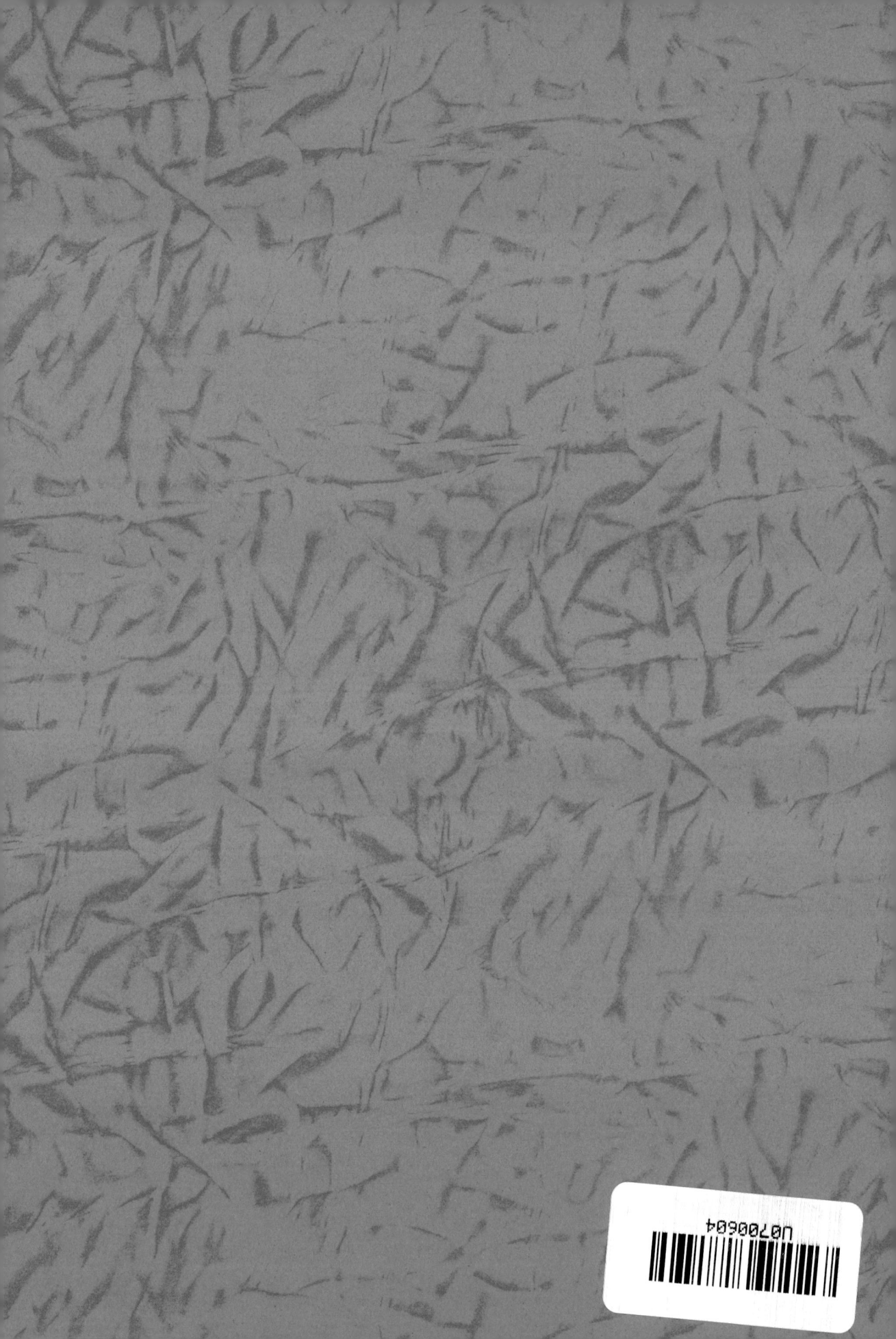

中國第一歷史檔案館編

宣統朝上諭檔

（三）

廣西師範大學出版社

凡例

一、本書所輯為中國第一歷史檔案館所藏清代光緒朝上諭檔，一年一冊，按原檔影印編輯出版。

二、本書所輯上諭檔基本維持檔案形成的月日順序，以諭旨頒發先後為序，依次編排，一般調整祇在同日檔案文件之中進行。

三、本書對原檔諭旨時間的處理原則：(一)凡原檔標明頒發諭旨時間者，以頒諭時間為序編排；(二)凡未標明時間或時間有誤之諭旨，均進行必要的考證查出；(三)個別無法查考時間之諭旨，採用此前一件之時間。第(二)(三)項均在『校勘表』中註明。

四、本書對各類非諭旨性文件，不作時間考證。

五、本書對此類文件作了考證調整：原檔同日內之文件(包括奏摺、奏片、交片、咨文、名單、清單及所錄本日以前諭旨等)，凡內容上有內在聯係，但按原排列順序卻被相互隔離開的，經考證調整到一起。調整後諭旨在前，所屬附件在後。同一諭旨有兩件以上附件者，按其原有先後順序排列。另，對原檔冊中存在的錯序、錯位、錯頁者，亦分別糾正和調整。凡調整件，均於『校勘表』註明。

六、本書對原檔考證調整的主要依據，是我館所藏清代當時形成的

『隨手登記檔』。

七、本書對同日內奏報的秋審朝審名單等附件，均視為單一件，依照原有順序歸併於同日相關諭旨之後，編一個文件順序號。

八、本書對於原檔中天頭處出現的『硃』、『硃圈』及諭旨左下方的『吏部摺』『禮部片』、『摘鈔交總理衙門』、『×月×日』等字樣，以及諭旨行文中間改動添加的各種字樣，均一律保留。

九、本書對原檔上後人打印的阿拉伯頁碼號、原檔夾縫處原標的漢字頁碼號、原檔天頭處所附的紙籤簽、地角處所圈劃的符號，在編輯過程中一律删除。

十、本書對於原檔中存在的錯字、衍字、簡化字、異體字、古體字等，均不作改動和糾正。

十一、本書將編者經過調整、校勘、考證的結果，以『校勘表』形式説明之。『校勘表』自右往左豎寫，各著錄項自上而下依次登記：順序號、頁碼號、原檔頁碼號、校勘內容。校勘內容和使用符號：（一）無時間（或時間有誤）之諭旨，標明據『隨手登記檔』查到的時間；（二）某件諭旨時間暫未查出，標用此前一件之時間，以『＊』標明；（三）凡經過調整順序的文件，一律註明『調整』字樣；（四）檔案原件殘破缺損者，均註『殘缺』；（五）墨迹霉變污染遮蓋一個字以上者，註明『污跡』字樣，並將所能辨識者的文字標出。

十二、本書所有文件統一編號，各冊序號獨立。

宣統朝上諭檔　第三冊　目錄

宣統三年（辛亥　公元一九一一年）

正月

二月

三月

四月

五月

六月

閏六月

七月

八月

九月

十月

十一月

宣統朝上諭檔　第三冊　校勘表

序號	頁碼	原檔頁碼	校勘内容
三	一	五	正月初二日
九	六	二三	正月初八日
四八	一九	一〇七	正月二十七日
五三	二一	一一七	正月十九日
一三	二六	二五	二月初八日
三二	三二	六五	二月二十五日
九	四七	二七	三月初二日調整
一一	四七	二九	三月初二日調整
二〇	四九	三九	〔二〕月初五日改〔三〕
三二	五五	七五	三月初六日調整*
三五	五五	七七	三月初七日
四〇	五八	八七	三月初八日
五三	六二	一一九	三月十二日調整
六〇	六四	一二九	三月十四日

序號	頁碼	原檔頁碼	校勘内容
七七	六九	一九七	三月二十四日調整
九八	九四	二〇七	三月二十五日
三	七八	五	四月初一日
二五	八五	四七	四月初八日
五八	九六	二七	四月十二日
六三	九八	四一	四月十四日
六九	九九	五九	四月十五日
七一	一〇〇	五七	四月十五日調整
七三	一〇一	六一	四月十五日
一〇二	一〇九	一二一	四月二十五日調整
一〇四	一〇九	一二三	四月二十六日
一一三	一一一	一四一	四月二十九日
一四	一一六	二七	五月初三日
三〇	一二一	五九	五月初八日

序號	頁碼	原檔頁碼	校勘内容
三六	一二五	八五	五月初十日調整
四二	一二六	九一	五月十二日
四六	一二七	一〇一	五月十三日調整
四八	一二八	一〇三	五月十三日
八六	一八三	一三八	五月二十三日調整
一二	一五〇	一三	六月初四日
一四	一五一	二九	六月初五日調整
二八	一五五	五五	六月初十日
五五	一六四	一一七	六月十七日調整
七九	一七一	一八五	六月二十五日調整
九三	一七四	一九一	六月二十六日
九五	一七四	一九九	六月二十六日調整
一〇一	一七五	二〇九	六月二十八日調整
七	一七九	一七	調整
五一	一九一	一一一	調整
五八	一九三	一一七	調整
六〇	一九四	一二一	閏六月十九日調整
六一	一九四	一二三	閏六月十九日調整
六二	一九四	一二五	閏六月十九日調整

序號	頁碼	原檔頁碼	校勘内容
八五	二〇〇	一八三	調整
九四	二〇四	二〇五	調整
九七	二〇四	二〇九	調整
九九	二〇四	二〇七	調整
三	二〇八	五	調整
二〇	二一三	四一	調整
五九	二二四	一三三	調整
六三	二二五	一三一	調整
七七	二二九	一五九	污迹〔迎・處〕原檔殘破
七	二三二	一三	八月初二日
二五	二三七	五一	八月初十日調整
五三	二四五	一〇九	八月二十二日調整
六三	二四八	一三三	調整
六五	二四八	一三一	八月二十三日調整
六八	二四九	一四一	調整
七〇	二四九	一四三	八月二十四日
七三	二五〇	一五七	調整
八一	二五二	一六五	調整

序號	頁碼	原檔頁碼	校勘内容
八五	二五三	一七三	八月二十六日
八六	二五三	一七五	八月二十六日
三	二六二	五	九月初一日
九	二六四	一五	調整
二六	二六八	六五	調整
四〇	二七二	九七	調整
四四	二七五	九三	調整
一四四	三〇五	三〇一	九月二十六調整
一四一	三〇四	三〇五	調整
一四二	三〇五	三〇七	調整
七	三一一	一九	調整
三二	三一六	六五	十月初七日
六五	三二五	一三九	調整
七四	三二七	一五三	調整
七六	三二七	一五一	十月十四日
八二	三二九	一六七	調整
一四二	三四三	二八七	殘破〔高州〕
四六	三六四	九三	殘破〔前〕
一〇〇	三七九	二〇五	調整

序號	頁碼	原檔頁碼	校勘内容
一〇一	三七九	二〇三	十一月二十二日
一二〇	三八四	二四三	十一月二十六日
一二九	三八七	二六三	調整
一二	三九二	二三	十二月初二日
一五二	四二八	三〇七	調整
一五三	四二八	三〇八	調整

1

鈐章

宣統三年正月初二日內閣奉

上諭上年順天直隸各屬被災地方業經分別蠲緩糧租小民諒可不至失所惟念今春青黃不接之時民力未免拮据加恩著將被災歉收之武清等州縣廳各村莊應徵本年春賦地丁錢糧等項並原緩宣統二年及節年地丁錢糧等項分別緩至本年麥後及秋後啟徵其坐落武清天津二縣地方之津軍廳葦漁課納糧地畝並歸入該二縣災歉村莊一律辦理以紓民力該督即按照原奏開明詳細數目刊刻謄黃徧行曉諭務使實惠均霑毋任吏胥舞弊用副朝廷履端布闓嘉惠黔黎之至意該部即遵諭行欽此

軍機大臣署名

臣奕　臣毓　臣那　臣徐

2

鈐章

宣統三年正月初二日內閣奉

上諭甘肅蘭州府知府員缺緊要著該督於通省知府內揀員調補所遺員缺著鳳來補授欽此

軍機大臣署名

臣奕　臣毓　臣那　臣徐

3

甘肅蘭州府知府趙惟熙試署巡警道所遺員缺請

旨簡放

4

王大臣年歲生日單

和碩禮親王世鐸 年六十九歲七月初一日生

慶親王奕劻 年七十四歲二月二十九日生

恭親王溥偉 年三十二歲十一月二十二日生

睿親王魁斌 年四十八歲八月十二日生

鄭親王昭煦 年十二歲十月初六日生

豫親王懋林年二十歲五月十七日生
肅親王善耆年四十六歲八月二十七日生
莊親王載功年五十三歲八月初六日生
怡親王毓麒年十二歲三月十九日生
多羅克勤郡王晏森年十六歲十一月初七日生
順承郡王訥勒赫年三十一歲五月初八日生
郡王銜多羅貝勒載洵年二十七歲四月初七日生
載濤年二十五歲五月十三日生
多羅貝勒載瀛年五十三歲正月十二日生
載潤年三十四歲七月十六日生
毓朗年四十九歲十二月十五日生
貝勒銜固山貝子溥倫年三十八歲十月初二日生
固山貝子溥伒年十九歲七月十九日生
毓橚年五十四歲五月十二日生
貝子銜奉恩鎮國公載澤年四十四歲二月二十四日生
奉恩鎮國公溥霱年三十三歲四月十八日生
溥植年三十歲五月十九日生
溥塑年二十八歲五月二十二日生

溥佶年二十四歲十一月三十日生
毓亭年三十七歲七月二十四日生
毓敏年三十四歲二月初一日生
毓岐年二十九歲九月初一日生
毓璋年二十三歲正月初六日生
全榮年四十三歲十月初五日生
魁璋年十八歲三月十九日生
奉恩輔國公載帛年五十九歲十月初五日生
奎瑛年五十六歲六月二十八日生
壽全年五十一歲二月十二日生
意普年四十四歲正月十七日生
溥癸年三十九歲五月二十五日生
溥閣年二十八歲六月十一日生
溥劍年二十七歲四月二十一日生
毓炤年二十九歲十二月初三日生
增培年十九歲正月二十六日生
廣壽年二十一歲十二月二十六日生
大學士世續年五十九歲四月十五日生
那桐年五十五歲七月二十三日生

陸潤庠年七十一歲五月初四日生
徐世昌年五十七歲九月十三日生
協辦大學士榮慶年五十三歲十二月初八日生
李殿林年六十九歲六月二十日生
尚書鄒嘉來年五十八歲正月二十二日生
唐景崇年六十四歲四月二十九日生
溥頲年六十三歲四月十五日生
盛宣懷年六十八歲九月二十四日生
壽耆年五十三歲十一月初六日生
呂海寰年六十九歲六月初五日生
陸軍大臣蔭昌年五十三歲四月初八日生
都察院都御史張英麟年七十四歲四月十四日生
內務府大臣奎俊年七十一歲三月十九日生
繼祿年六十七歲六月十七日生
增崇年四十八歲十一月初四日生
景豐年五十九歲四月二十五日生
都統那彥圖年四十五歲十一月十七日生
成章年七十三歲四月十九日生
芬車年七十歲二月二十七日生

阿穆爾靈圭年二十六歲十一月二十四日生
桂祥年六十八歲三月十八日生
壽蔭年七十七歲十二月十七日生
奎順年六十六歲十月二十日生
色楞額年六十五歲四月十四日生
載振年三十六歲三月初六日生
博迪蘇年四十歲十月初三日生
張德彝年六十五歲十一月十一日生
明啟年七十二歲六月二十日生
恩存年五十歲五月初五日生
恩存年五十歲五月初五日生
溥良年五十八歲十月二十二日生
誠勳
總督錫良年六十歲正月二十一日生
陳夔龍年五十一歲五月初三日生
張人駿年六十六歲正月二十九日生
瑞澂年四十八歲三月十三日生
李經羲年五十三歲二月十七日生
松壽年六十三歲十一月十二日生

趙爾巽年六十八歲五月二十三日生
長庚年六十七歲九月十五日生
將軍奎芳年四十三歲
文瑞年六十六歲四月十一日生
台布
鐵良年四十九歲二月十八日生
志銳
鳳山年五十三歲五月二十九日生
增祺
樸壽年五十五歲四月二十四日生
玉崑
廣福
堃岫

5

鈐章
宣統三年正月初四日內閣奉
上諭上年山東被災各州縣業經分別蠲緩錢漕小
民諒可不至失所惟念今春青黃不接之時民力
未免拮据加恩著將被災之濟甯等州縣各村莊
應徵本年上忙錢漕租課等項均分別緩至本年
麥後及秋後啟徵其坐落該州縣境內之寄莊竈
課與裁併衛所並永阜等場均隨同民田一律辦
理以紓民力該撫即按照單開詳細數目刊刻謄
黃徧行曉諭務使實惠均霑毋任吏胥舞弊用副
朝廷始和布澤惠愛羣黎之至意該部即遵諭行
欽此
軍機大臣署名
臣奕劻
臣毓
臣那
臣徐

6

鈐章
軍機大臣欽奉
諭旨陸軍部奏遵查公文貽誤一摺著該部咨行直
隸總督順天府府尹迅即查明何站貽誤從嚴參
辦欽此
軍機大臣署名

臣奕假
臣毓
臣那
臣徐

正月初四日

7

欽章

宣統三年正月初六日内閣奉

上諭楊文鼎奏查明常德府屬及澧州茶陵等州縣
被水受旱田畝蘆洲請分別蠲緩遞緩錢漕蘆課
一摺湖南上年五月間常德府屬山洪暴發沿河
鄉村田廬被淹澧州等州縣湖河泛漲低窪田畝
悉被淹没茶陵等州縣入秋後雨澤愆期高阜田
禾被旱花乾收成均形歉薄若將應徵錢漕蘆課
照常征收民力實有未逮加恩著照所請所有常
德府屬及澧州茶陵等州縣均著按照被災輕重
情形將應征錢漕蘆課分別蠲緩遞緩以紓民力
該撫即將所開詳細數目刊刻謄黄徧行曉諭務
使實惠及民毋任吏胥舞弊用副朝廷軫念民艱
之至意餘著照所議辦理該部知道欽此

軍機大臣署名

臣奕假
臣毓
臣那
臣徐

8

欽章

宣統三年正月初六日内閣奉

上諭楊文鼎奏耆紳急公好義壽近期頤懇恩施
一摺湖南紳士頭品頂戴候補三品京堂朱昌琳
耆年碩德久洽鄉閭上年湘省災歉該紳倡捐鉅
款辦理平糶保全大局平時於地方義舉無不勇
於從事洵屬樂善不倦老而彌篤加恩著賞給内閣
學士銜以示獎勵欽此

軍機大臣署名

臣奕
臣毓
臣那
臣徐

滿頭班

花翎二品銜領班三品章京英秀

花翎二品銜幫領班四品章京文年

三品銜在任即選知府郎中麟祥

五品銜章京候補侍讀中書海桂

章京候補員外郎伊密揚阿

花翎四品銜章京員外郎存瑞

額外章京法部候補主事伊星阿

花翎三品銜在任即選道額外章京上行走鍾佩

花翎三品銜俟升四品後 賞加二品銜額外章京上行走裕銘

漢頭班

花翎二品銜領班三品章京楊壽樞

二品銜幫領班四品章京徐宗溥

三品銜章京郎中劉慶篤

花翎四品銜章京主事趙國良

四品銜章京主事張潤

四品銜章京主事宋子聯

三品銜章京 記名繁缺知府郎中楊芾

花翎員外郎銜章京候補主事曾文玉

章京編修黃彥鴻

額外章京內閣候補中書秦樹忠

滿二班

花翎二品銜領班三品章京聯綬

花翎三品銜幫領班四品章京成俊

花翎三品頂戴俟升四品後 賞加二品銜章京郎中榮奎

花翎三品銜 記名道府俟升四品後 賞加二品銜章京郎中常泰

花翎四品銜章京主事鴻恩

四品銜章京主事興廉

四品銜章京員外郎星輅

章京錄事官松海

漢二班

二品銜領班三品章京易貞

二品銜領班上行走三品章京華世奎

花翎幫領班四品章京趙廷珍

三品銜章京 記名繁缺知府郎中孫筍經

花翎四品銜章京主事盧文明

四品銜章京主事邢維經

三品頂戴章京員外郎萬雲路

花翎四品銜章京主事雷延壽
花翎四品銜章京編修楊渭
章京候補主事呂式斌
章京候補中書江保傳

10

鈐章

軍機大臣欽奉
諭旨本月十六日
孝欽顯皇后
德宗景皇帝行釋服禮是日卯初卯正兩次在
奉先殿前殿敬謹舉行著禮部會同內務府將一切禮
節開單由軍機大臣呈覽欽此

軍機大臣署名
臣奕 臣毓 臣那 臣徐

正月初十日

11

大學士世續現在告假
署吏部右侍郎沈雲沛現在告假
署法部左侍郎曾鑑現在告假
上駟院卿增善現有事故

12

內閣
協辦大學士禮部尚書榮慶
協辦大學士吏部尚書李殿林

○吏部
左侍郎于式枚
右丞孫紹陽
左參議毓善
右參議裕隆

○法部
尚書紹昌
署左丞總檢察廳廳丞王世琪
右丞黃均隆
左參議魏聯奎
右參議善佺

○
上駟院
上駟院卿彬格
13 武備院卿文煦 現有事故
14 武備院
○
武備院卿榮銓
15 鈐章
宣統三年正月十一日內閣奉
上諭二月初九日祭
社稷壇遣載功恭代行禮欽此
軍機大臣署名
臣奕
臣毓
臣那
臣徐
16 鈐章
宣統三年正月十一日內閣奉

上諭張人駿等奏蘇州等屬秋收歉薄請將應徵錢
漕分別蠲減緩徵一摺江蘇蘇州等屬入夏以來
霪雨連緜河湖泛漲田禾被淹伏後又復亢晴收
成更形歉薄若將應徵錢漕照常徵收民力實有
未逮加恩著照所請所有長洲等二十八州廳縣
拋荒坍廢等田銀米震澤等七縣被淹無收田銀
米宜興等二縣被淹無收田下忙條銀及漕米丹
陽縣被淹無收田下忙條銀靖江縣被歉無收漕田銀米
同蘆田課銀崑山等二縣拋荒蘆僨田條銀一律
全行蠲免長洲等廳縣歉收田條銀漕米各等項
均著分別減免以紓民力餘著照所議辦理該督
等即照所奏詳細開明區圖村莊頃畝及應行蠲
免細數刊刻謄黃徧行曉諭務使實惠均霑毋任
吏胥舞弊用副朝廷軫念民艱至意該部知道欽此
軍機大臣署名
臣奕
臣毓
臣那
臣徐

17

鈐章

軍機大臣欽奉

諭旨柯劭忞奏籌備立憲宜預防用人行政之弊一摺著會議政務處知道欽此

軍機大臣署名

臣奕

臣毓

臣那

臣徐

正月十二日

18

鈐章

宣統三年正月十四日内閣奉

上諭度支部奏請簡直隸清理財政正監理官一摺江蘇候補道沈邦憲著賞加四品卿銜充直隸清理財政正監理官欽此

軍機大臣署名

臣奕

臣毓

19

鈐章

軍機大臣欽奉

諭旨度支部奏遵議御史路士桓奏密陳實行借款移民政策一摺著依議欽此

軍機大臣署名

臣奕

臣毓

臣那

臣徐

正月十四日

20

鈐章

宣統三年正月十五日内閣奉

上諭度支部奏試辦全國預算擬定暫行章程並主管預算各衙門事項分別繕單呈覽又奏維持預算實行辦法各一摺上年資政院議決試辦本年

歲入歲出總預算案會同會議政務處具奏當經
飭令京外各衙門極力削減浮濫各款如實有不
敷必須敘明確當理由具奏候旨所以重財權示
限制也茲據該部奏陳各項辦法尚屬切實著即
照所議行現在振興庶政濬闢財源部臣疆臣各
有責任朝廷一秉大公於此中情形久所洞悉嗣
後京外各衙門務當同心協力彼此加意籌維凡
經常用項應即按照認定數目酌劑盈虛慎重出
納毋使有絲毫浮費遇有特別重要事件籌有的款
方准酌議追加至各省每辦一事即責成該省先
籌一款款集而後事舉切勿徒託空言總之部臣
專司稽核規定固不得不嚴疆臣力促進行籌備
亦不容少緩要在內外互相維持各任其難以冀
款無虛擲事不誤期爾諸臣其共勉之欽此

軍機大臣署名

臣奕 臣毓 臣那 臣徐

21

鈐章

宣統三年正月十七日內閣奉
上諭張人駿等奏江甯等屬秋禾被災請將新舊錢
糧分別蠲緩一摺江蘇江甯等屬上年入夏以後
連遭陰雨湖河泛漲田禾多被淹浸收成歉薄若
將新舊錢糧照常徵收民力實有未逮加恩著照
所請所有被淹尤重之邳州睢甯二州縣及上元
等六縣並山陽等二十六州縣廳同淮安等四衛
屯田歸併各該州縣被災田地應徵上年地丁等
項錢糧均著分別蠲緩其各州縣廳衛節年未完
原緩遞緩各款均著分別展緩帶徵以紓民力該
督撫即照所奏詳細開明區圖村莊頃畝數目刊
刻謄黃徧行曉諭務使實惠均霑毋任吏胥舞弊
用副朝廷軫念民艱至意餘著照所議辦理該部
知道欽此

軍機大臣署名

臣奕 臣毓 臣那 臣徐

22

鈐章

軍機大臣欽奉

諭旨御史胡思敬奏官制重要未可偏信留學生剿
襲日本成法輕議更張一摺著會議政務處知道
欽此

軍機大臣署名

臣奕　臣毓　臣那　臣徐

正月十七日

23

鈐章

宣統三年正月十八日內閣奉

上諭副將用補用參將張紹曾著充陸軍第二十鎮
統制官欽此

軍機大臣署名

臣奕　臣毓

臣那　臣徐

24

鈐章

軍機大臣欽奉

諭旨陸軍部奏遵保江南製造局鍊鋼槍子藥水等
廠出力各員分別請獎繕單呈覽一摺著依議又奏
請獎滬局道員張士珩等一片張士珩著賞給四
品卿銜張錫藩著交軍機處存記又奏滬局總檢
查洋員哈卜們請獎寶星一片著外務部查核具
奏欽此

軍機大臣署名

臣奕　臣毓　臣那　臣徐

正月十八日

25

鈐章

軍機大臣欽奉

諭旨吳祿貞奏敵氛甚惡戰端將啟請急籌防禦一摺著該衙門知道欽此

原件呈軍諮處
抄呈外務部

軍機大臣署名

臣奕　臣毓　臣那　臣徐

正月十八日

26

鈐章

宣統三年正月十九日內閣奉

上諭張鳴岐電奏請調廣西勸業道胡銘槃丁憂陝西鳳翔府知府尹昌齡赴東差委等語胡銘槃著開去廣西勸業道缺並知府尹昌齡均發往廣東交張鳴岐差遣委用該部知道欽此

軍機大臣署名

臣奕　臣毓　臣那　臣徐

27

鈐章

軍機大臣欽奉

諭旨左翼監督麟光奏關稅一年期滿正額無虧盈餘未能足額開單呈覽請飭部核議並盈餘銀兩應交何處一摺著度支部議奏盈餘銀兩交廣儲司欽此

軍機大臣署名

臣奕　臣毓　臣那　臣徐

正月十九日

28

鈐章

軍機大臣欽奉

諭旨右翼監督兜欽奏關稅一年期滿正額無虧盈餘未能足額開單呈覽請飭部核議一摺著度支部議奏又奏歸還部墊銀兩一片著依議該部知道欽此

臣奕　臣毓　臣那　臣徐

軍機大臣署名

臣奕 臣毓 臣那 臣徐

正月十九日

29

正月二十日引

見人員

領侍衛內大臣三人

30

鈐章

宣統三年正月二十日內閣奉

上諭廣西勸業道員缺着趙從蕃補授欽此

軍機大臣署名

臣奕 臣毓 臣那 臣徐

31

鈐章

軍機大臣欽奉

諭旨廕昌等奏時局阽危宜早定軍國大計一摺着

軍諮處會議政務處分別酌核具奏欽此

軍機大臣署名

臣奕 臣毓 臣那 臣徐

正月二十日

32

鈐章

軍機大臣欽奉

諭旨劉廷琛奏言路關繫重要斷難詆裁請飭核議

一摺著該衙門知道欽此

軍機大臣署名

臣奕 臣毓 臣那 臣徐

正月二十日

33

鈐章

宣統三年正月二十一日內閣奉
上諭伊犁將軍著志銳調補迅速來京陛見廣福著
調補杭州將軍未到任以前著德濟兼署欽此

軍機大臣署名

臣奕 臣毓 臣那 臣徐

34

鈐章

宣統三年正月二十一日奉
旨許澤新著補授內閣學士兼禮部侍郎銜欽此

軍機大臣署名

臣奕 臣毓 臣那 臣徐

鈐章

宣統三年正月二十一日內閣奉
上諭趙爾巽奏舉劾屬吏一摺四川署甯遠府知府
陳廷緒綏定府知府杜本崇署敘州府知府本任
甯遠府知府李立元署重慶府知府鈕傳善夔州
府知府成昌署瀘州直隸州知州鄧邦造打箭爐
直隸同知王典章署松潘廳同知謝鵾顯署江北
廳同知祿勳署馬邊廳同知恆芳署華陽縣知縣
周詢署綦江縣知縣吳慶熙郫縣知縣李遠榮署
涪州知州李圻署雷波廳通判補用知縣葉錫麒
既據該督臚陳政績均著傳旨嘉獎候補直隸州
知州周荚居心近利齷齪不堪試用通判陳鶴蔭
辦事顢頇迭被訐告試用知縣李賓埜辦事荒謬
陳棫行止卑污試用鹽大使蔣中信用丁役違章
安為試用府經歷鄒冀罔利營私試用縣丞周厚
煦藉端苛罰一意侵漁試用州同王程見利即趨
行同無賴試用府經歷朱寶華遇事招搖行止卑
鄙試用巡檢王友棣肆意舞弊試用鹽大使周銳
居心欺罔蓬溪縣典史呂詠寬管獄不慎疏玩異

35

常酉陽州吏目徐琛行為放縱不守官常均著革
職署璧山縣知縣威遠縣知縣李允廉聽斷不勤
性情怠玩惟文理尚優著降改教職安岳縣知縣
王志昂治近操切輿情不洽彭山縣知縣李魁事
理不明難膺民社長壽縣知縣劉敬怯懦無才政
弛民玩滎經縣知縣夢祥初膺民社措置未協永
川縣知縣卸署城口廳通判許普威事理顢頇胥役用
事開縣知縣葉春榮治理尚勤精力不及均著開
缺另補又閬中縣知縣松桂慈祥廉謹循良之選
前因救火跌傷行止不便該缺未便久懸亦著開
缺另補餘著照所議辦理該部知道欽此

軍機大臣署名

臣奕 臣毓 臣那 臣徐

36

鈐章

軍機大臣欽奉
諭旨盛宣懷等奏查明官辦鐵路被參各款一摺著
度支部知道又片奏請將梁士詒撤銷鐵路局局
長差使及交通銀行幫理兼差等語又片奏請裁
撤圖書通譯局及交通研究所等語均著依議欽此

軍機大臣署名

臣奕 臣毓 臣那 臣徐

正月二十四日

37

鈐章

軍機大臣欽奉
諭旨郵傳部會奏議覆籌辦新疆甘肅鐵路情形一
摺著依議欽此

軍機大臣署名

臣奕 臣毓

臣那
臣徐
正月二十四日

38

鈐章
軍機大臣欽奉
諭旨郵傳部奏右丞李經楚應否廻避一摺李經楚
著毋庸廻避欽此

軍機大臣署名
臣奕
臣毓
臣那
臣徐
正月二十四日

39

鈐章
軍機大臣欽奉
諭旨貝勒載潤等奏酌擬陸軍貴胄學堂職司階級
列表會陳一摺著依議欽此

軍機大臣署名
臣奕
臣毓
臣那
臣徐
正月二十五日

40

鈐章
宣統三年正月二十六日內閣奉
上諭法部奏停止刑訊各省多未實行請旨申諭嚴
飭遵守一摺自
先朝降諭停止刑訊業經三令五申現在各省省城商
埠各級審判廳多已成立各省提法使均已改補
自應重申誥誡嗣後無論已未設廳地方著各該
督撫責成提法使認真督察凡承審遣流以下人
犯毋得再用刑訊其有關於死罪人犯應行刑訊者務須
恪遵現行刑律辦理從前一切非刑私刑永遠革
除倘仍陽奉陰違一經發覺即將該承審官分別
參處並著京外問刑各衙門恭錄光緒三十一年

三月二十一日

諭旨敬謹懸挂法庭用示朝廷矜慎庶獄慈祥愷悌之
至意將此通諭知之欽此

軍機大臣署名

臣奕（假） 臣毓 臣那 臣徐

41

鈐章

宣統三年正月二十六日內閣奉

上諭法部奏交審要案查明款目分別定擬繕單呈
覽一摺已革綏遠城將軍貽穀前因辦理墾務擴
地圖利縱勇濫殺案情重大當將貽穀及已革知
府姚學鏡等拏交法部嚴行審訊并飭著綏遠城
將軍信勤就近確查其殺斃丹丕爾一案業經查
明由法部先行定擬將貽穀姚學鏡從重發往新
疆効力贖罪因款未查齊諭令仍行監禁茲據法
部奏稱按照信勤查覆各節并所開表冊悉心鉤
算該革員等侵冒各款除融銷及查封各款扣抵
外應追款項尚有數萬兩之多按律從重問擬恭候欽定
等語已革綏遠城將軍貽穀身為大臣督辦墾務
宜如何奉公潔己惠民恤蒙乃竟以設立公司為
名信任劣員姚學鏡等朋比欺蒙侵蝕鉅款實屬
罪有應得該部擬以絞監候罪名仍勒限監追限
內分別已未全完再行覈辦確係秉公科斷姑念
該革員羈縻至三年之久前於丹丕爾一案已經
從重定擬此次備將款項依限如數繳清即著仍
發往新疆効力贖罪已革知府姚學鏡厥罪惟均
著一併發往新疆効力贖罪所有應繳款項著即
按照單開數目勒限監追已革道員試宜已革知
州景禔既據訊無貪贓不法確情業經革職均准
其援免餘著照所議辦理該部知道欽此

軍機大臣署名

臣奕（假） 臣毓 臣那 臣徐

42

鈐章

宣統三年正月二十七日內閣奉
上諭瑞良現在穿孝綏遠城將軍著桂春暫行署理
倉場侍郎著瑞豐暫行署理欽此

軍機大臣署名

臣奕 臣毓 臣那 臣徐

43

鈐章

宣統三年正月二十七日內閣奉
上諭吏部右侍郎著沈雲沛補授欽此

軍機大臣署名

臣奕 臣毓 臣那 臣徐

44

鈐章

軍機大臣欽奉
諭旨農工商部奏派員隨同兵艦巡歷南洋各埠一
摺又片奏派員撫慰南洋華僑款項請查照成案
辦理等語均知道了欽此

軍機大臣署名

臣奕 臣毓 臣那 臣徐

正月二十七日

45

鈐章

軍機大臣欽奉
諭旨郵傳部奏交通銀行關係重要擬派員查帳以
防流弊一摺知道了又片奏請賞各洋員寶星等
語著外務部查核具奏欽此

軍機大臣署名

臣奕 臣毓

摘鈔外務部 內原片

臣 那

臣 徐

正月二十七日

46

硃o

應調侍郎名單

外務部左侍郎胡惟德

右侍郎曹汝霖

吏部左侍郎于式枚

署吏部右侍郎沈雲沛

民政部左侍郎烏珍

右侍郎林紹年

度支部左侍郎紹英

右侍郎陳邦瑞

禮部左侍郎景厚

右侍郎郭曾炘

學部左侍郎寶熙

右侍郎李家駒

陸軍副大臣壽勳

海軍副大臣譚學衡

法部左侍郎沈家本 現在曾鑑署

右侍郎王垿

農工商部左侍郎熙彥

右侍郎楊士琦 現在溥善署

郵傳部左侍郎汪大燮 現在李經方署

右侍郎吳郁生

理藩部左侍郎達壽

右侍郎恩順

o

倉場侍郎桂春

47

俞廉三

大理院正卿定成

48

o

應升侍郎名單

內閣學士麒德

瑞豐

毓隆

那晉

榮勳

溥善 現署農工商部右侍郎

49

楊佩璋
李聯芳
陳寶琛
許澤新
都察院副都御史伊克坦
陳名侃
宗人府府丞朱益藩
大理院少卿劉若曾
翰林院學士錫鈞

鈐章

軍機大臣欽奉
諭旨張德彝奏敬陳管見四事一摺著該衙門知道
欽此

軍機大臣署名

臣奕
臣毓
臣那
臣徐

正月二十八日

原件交外務部
鈔交 軍諮處 陸軍部 民政部
均摘鈔原摺

50

鈐章

宣統三年正月二十九日内閣奉
上諭著派壽耆充
實錄館副總裁欽此

軍機大臣署名

臣奕
臣毓
臣那
臣徐

51

鈐章

軍機大臣欽奉
諭旨御史黄瑞麒奏請飭陝西河南山西等省及各
省督撫嚴飭所屬於禁煙一事預先禁種等語著
度支部知道欽此

軍機大臣署名

臣奕
臣毓
臣那
臣徐

正月二十九日

52

鈐章

軍機大臣欽奉

諭旨造辦處奏恭辦要工援案請撥部款繕單呈覽

一摺又奏修飾各處銅路燈所需工料銀兩請飭

部給發一片均著該大臣再行核減具奏摺片單

均發回欽此

軍機大臣署名

臣奕　臣毓　臣那　臣徐

正月二十九日

53

應

派

實錄館滿副總裁名單

法部尚書紹昌

理藩部尚書壽耆

民政部左侍郎烏珍

硃〇

度支部左侍郎紹英

禮部左侍郎景厚

學部左侍郎寶熙

理藩部左侍郎達壽

大理院正卿定成

内閣學士瑞豐

毓隆

那晉

榮勳

溥善

54

鈐章

軍機大臣欽奉

諭旨貝勒載洵等奏恭報

崇陵開工日期一摺知道了又奏派充升補監修各片

均著依議欽此

軍機大臣署名

臣奕　臣毓　臣那

55

正月三十日

臣徐

鈐章

軍機大臣欽奉

諭旨稅務處會奏議覆增祺奏香洲自開商埠請暫准作為無稅口岸一摺著依議欽此

軍機大臣署名

臣奕 臣毓 臣那 臣徐

正月三十日

56

鈐章
宣統三年二月初一日奉
旨翰林院學士著周克寬補授欽此
軍機大臣署名
臣奕假
臣毓
臣那
臣徐

57

鈐章
軍機大臣欽奉
諭旨御史陳善同奏甄别降革捐復新章流弊滋大
請撤銷一摺著該部議奏欽此
軍機大臣署名
臣奕假
臣毓
臣那
臣徐
同陳善同摺鈔交吏部、度支部
二月初二日

58

鈐章
軍機大臣欽奉
諭旨民政部奏遵章編訂户籍法繕單呈覽一摺著
憲政編查館查覈具奏欽此
軍機大臣署名
臣奕假
臣毓
臣那
臣徐
同民政部摺鈔交憲政館
二月初二日

59

鈐章
軍機大臣欽奉
諭旨度支部奏請簡員暫署造幣總廠正監督等語
造幣總廠正監督著葉景葵暫行署理欽此
軍機大臣署名
臣奕假
臣毓
臣那

二月初三日

臣徐

60

鈐章

軍機大臣欽奉

諭旨京城辦理防疫現在天氣融和逐漸輕減仍須
認真防範切實清理以期早日淨絕著民政部步
軍統領衙門順天府出示明白曉諭俾知朝廷保衛
民生力杜疫患蔓延並嚴飭派出防疫人等務各
審慎從事毋得藉端騷擾其商民人等亦不得輕
聽謠言致滋搖惑用副朝廷拯災愛民之至意欽此

軍機大臣署名

臣奕 假
臣毓
臣那
臣徐

二月初三日

61

鈐章

宣統三年二月初四日奉
旨蘇州織造著文蔭去欽此

軍機大臣署名

臣奕
臣毓
臣那
臣徐

62

鈐章

軍機大臣欽奉

諭旨會議政務處奏議覆四川總督趙爾巽等奏德
格春科高日三處土司改土歸流建置道府州縣
設治章程一摺又奏議覆會籌邊務及遣犯改發
各片均著依議欽此

軍機大臣署名

臣奕 假
臣毓
臣那
臣徐

二月初六日

63

查本處章京員外郎萬雲路主事宋子聯補額
均滿三年照奏定新章萬雲路擬以郎中升補
宋子聯擬以員外郎升補爲此謹
奏
宣統三年二月初六日奉
旨知道了欽此

64

鈐章
軍機大臣欽奉
諭旨農工商部奏議覆張人駿等奏請派候補三品
京堂張煜南考察南洋商務並招集華商經營實
業一摺著依議欽此
軍機大臣署名
臣奕假
臣毓
臣那
臣徐
二月初七日

65

鈐章
軍機大臣欽奉
諭旨農工商部奏議覆御史黄瑞麒奏湘省鑛產豐
富亟宜提倡新法厚集貲本一摺著依議欽此
軍機大臣署名
臣奕假
臣毓
臣那
臣徐
二月初七日

66

鈐章
軍機大臣欽奉
諭旨郵傳部奏奉直地方籌辦驗疫完備並已派醫
隨車查驗次第開車一摺知道了欽此
軍機大臣署名
臣奕假
臣毓
臣那

臣徐

二月初七日

67

鈐章

宣統三年二月初八日内閣奉

上諭周樹模電奏悉黑龍江民政使趙淵剛很任性喜怒無常遇事把持奴隸屬吏近因該撫責成該司督辦防疫遇有不合稍加詰問輒敢肆口漫罵如此舉動實屬不知大體趙淵著即行開缺並交部嚴加議處至該撫自請罷斥之處著無庸議該部知道欽此

軍機大臣署名

臣奕假

臣毓

臣那

臣徐

68

滿頭班

花翎二品銜領班三品章京英秀

花翎二品銜幫領班四品章京文年

三品銜在任即選知府章京郎中麟祥

五品銜章京候補侍讀中書海桂

章京候補員外郎伊密揚阿

花翎四品銜章京員外郎存瑞

額外章京法部候補主事伊星阿

花翎三品銜在任即選道額外章京上行走鍾佩

花翎三品銜俟升四品後 賞加二品銜額外章京上行走裕銘

漢頭班

花翎二品銜領班三品章京楊壽樞

二品銜幫領班四品章京徐宗溥

三品銜章京郎中劉慶篤

花翎四品銜章京主事趙國良

四品銜章京主事張潤

三品銜章京員外郎宋子聯

三品銜 記名繁缺知府章京郎中楊芾

花翎員外郎銜章京候補主事曾文玉

章京編修黃彥鴻

額外章京内閣候補中書秦樹忠

滿二班

花翎二品銜領班三品章京聯綬
花翎三品銜幫領班四品章京成俊
花翎三品頂戴俟升四品後　賞加二品銜章京郎中榮奎
花翎三品銜　記名道府俟升四品後　賞加二品銜章京郎中常泰
花翎四品銜章京主事鴻恩
四品銜章京主事興廉
四品銜章京員外郎星軺
章京錄事官松海
漢二班
二品銜領班三品章京易貞
二品銜領班上行走三品章京華世奎
花翎幫領班四品章京趙廷珍
三品銜　記名繁缺知府章京郎中孫筍經
花翎四品銜章京主事盧文明
四品銜章京主事邢維經
三品頂戴章京郎中萬雲路
花翎四品銜章京主事雷延壽
花翎四品銜章京編修楊渭
章京候補主事呂式斌
章京候補中書江保傳

69

鈐章

宣統三年二月初九日内閣奉

上諭陸軍部會奏遵擬陸軍部暫行官制繕單列表呈覽一摺陸軍大臣廕昌著補授陸軍正都統陸軍副大臣壽勳著補授陸軍副都統餘照所請由該大臣等分别奏咨辦理欽此

軍機大臣署名

臣奕假

臣毓

臣那

臣徐

70

鈐章

宣統三年二月初九日内閣奉

上諭海軍部會奏遵擬海軍部暫行官制繕單列表呈覽一摺海軍大臣貝勒載洵著補授海軍正都統海軍副大臣譚學衡著補授海軍副都統餘照所請由該大臣等分别奏咨辦理欽此

軍機大臣署名

臣奕假

臣毓
臣那
臣徐

71

鈐章

宣統三年二月初九日内閣奉

上諭專司訓練禁衛軍大臣貝勒載濤等奏請頒給

爵章一摺陸軍貴胄學堂蒙旗監學舊土爾扈特

郡王帕勒塔著賞給藩屬郡王爵章欽此

軍機大臣署名

臣奕假
臣毓
臣那
臣徐

72

鈐章

宣統三年二月初九日内閣奉

上諭雲南鹽法道載林著開缺送部引見所遺員缺

著毛玉麟補授欽此

軍機大臣署名

臣奕假
臣毓
臣那
臣徐

73

鈐章

宣統三年二月初十日内閣奉

上諭吉林度支使著徐鼎康補授吉林勸業道著黄

悠愈補授欽此

軍機大臣署名

臣奕假
臣毓
臣那
臣徐

74

二月十一日引

見人員名單

吏部二十八人

學部六人
農工商部二人
理藩部五人
鑲白旗蒙古一人
前鋒護軍統領三十六人
奉宸苑二人
共八十人

75

鈐章
軍機大臣欽奉
諭旨本日引見之卓異官升用知府在任候補直隸州知州直隸滄州知州萬和寅著以知府在任即補欽此

軍機大臣署名
臣奕假 臣毓 臣那 臣徐

二月十一日

76

鈐章
軍機大臣欽奉
諭旨都察院奏據湖南巡撫楊文鼎查覆已革湖南知縣胡大庚被參不無冤抑錄咨呈覽一摺胡大庚著送部引見欽此

軍機大臣署名
臣奕 臣毓 臣那 臣徐

二月十二日

77

鈐章
宣統三年二月十三日内閣奉
上諭浙江鹽運使員缺著陳玉麟補授廣西桂平梧鹽法道員缺著沈林一補授欽此

軍機大臣署名
臣奕 臣毓 臣那 臣徐

78

鈐章

宣統三年二月十三日内閣奉

上諭浙江鹽運使銜吉廣西桂平梧鹽法道張祖祺

均著開缺送部引見欽此

軍機大臣署名

臣奕 臣毓 臣那 臣徐

79

鈐章

軍機大臣欽奉

諭旨度支部奏查明大清銀行分行總辦候選道羅

飴等營私舞弊濫放款項一摺羅飴著即行革職

大清銀行總監督張允言著交部照例議處餘著

照所議辦理欽此

軍機大臣署名

臣奕 臣毓 臣那 臣徐

原件交度支部同原摺

鈔交吏部

二月十三日

80

鈐章

軍機大臣欽奉

諭旨阿穆爾靈圭奏蒙疆危急關係全局請實行興

業設治一摺著會議政務處議奏欽此

軍機大臣署名

臣奕 臣毓 臣那 臣徐

二月十三日

81

鈐章

宣統三年二月十四日内閣奉

上諭恭親王溥偉奏假期屆滿病仍未痊懇請賞假

並派員署理要差一摺溥偉著賞假一箇月所有

差使毋庸派員署理欽此

軍機大臣署名

臣奕 臣毓假 臣那 臣徐

82

鈐章

軍機大臣欽奉

諭旨學部奏請定游學畢業生廷試日期一摺著於

四月十五日考試欽此

軍機大臣署名

臣奕 臣毓假 臣那 臣徐

二月十四日

83

鈐章

軍機大臣欽奉

諭旨著派李家駒與原派撰擬講義各員輪班撰擬

進呈欽此

軍機大臣署名

臣奕 臣毓假 臣那 臣徐

二月十四日

84

硃○

李家駒

達壽

劉若曾

85

鈐章

宣統三年二月十五日內閣奉

上諭御史玉春等奏陪祀人員越班失禮據實糾參

一摺本月十四日致祭

文昌廟禮部陪祀司員員外郎閻鳳詔躋升殿上越
班失禮著交部照例議處欽此
軍機大臣署名
臣奕假
臣毓假
臣那
臣徐

86

鈐章
軍機大臣欽奉
諭旨外務部右丞施肇基著賞給二等第二寶星欽此
軍機大臣署名
臣奕
臣毓
臣那
臣徐
二月十五日

87

鈐章
軍機大臣欽奉

諭旨陸軍部奏酌保辦理前鋒護軍營新班出力各
員繕單呈覽一摺著依議又片奏尤為出力之裁
缺陸軍部右丞許秉琦右參議錫嘏請從優奬勵
等語許秉琦錫嘏均著吏部從優議敘欽此
軍機大臣署名
臣奕
臣毓
臣那
臣徐

88

鈐章
宣統三年二月十七日奉
旨杭州織造仍著聯榮接管毋庸更換欽此
軍機大臣署名
臣奕
臣毓
臣那
臣徐

89

鈐章

軍機大臣欽奉

諭旨會議政務處奏議覆聯豫奏請裁撤駐藏幫辦大臣改設左右參贊一摺著依議欽此

軍機大臣署名

二月十七日

臣奕 臣毓 臣那 臣徐

90

鈐章

軍機大臣欽奉

諭旨農工商部奏華商試鍊純銻請仿照成案酌減出口稅項以恤商艱一摺又奏京師自來水公司所需材料機器請展免稅釐一年一片均著依議欽此

軍機大臣署名

臣奕

91

鈐章

軍機大臣欽奉

諭旨農工商部會奏援照奏案酌定勸業道大計辦法一摺知道了欽此

軍機大臣署名

二月十七日

臣奕 臣毓 臣那 臣徐

92

鈐章

軍機大臣欽奉

諭旨郵傳部奏議覆奉省防疫地方需用經費實屬

二月十七日

臣奕 臣毓 臣那 臣徐

無從協助一摺著依議欽此

軍機大臣署名

臣奕 臣毓 臣那 臣徐

二月十七日

93

鈐章

軍機大臣欽奉

諭旨郵傳部奏編訂第二次交通統計表並各政紀要分繕表册呈覽一摺著憲政編查館知道表册併發欽此

軍機大臣署名

臣奕 臣毓 臣那 臣徐

二月十七日

94

鈐章

宣統三年二月十九日內閣奉

上諭朱家寶奏查明安徽各屬秋禾歉收請分別蠲緩錢粮一摺上年宿州等三十四州縣被水被旱被風秋禾收成均形歉薄若將應征民衛丁漕各款照常征收民力實有未逮加恩著照所請將被災各州縣分別輕重蠲緩以紓民力該撫即刊刻謄黃徧行曉諭務使實惠均霑毋任吏胥舞弊用副朝廷軫念民艱至意餘著照所議辦理該部知道單併發欽此

軍機大臣署名

臣奕 臣毓 臣那 臣徐

二月十九日

95

鈐章

宣統三年二月十九日內閣奉

上諭朱家寶奏查明各屬秋禾災歉情形請分別蠲

緩漕糧一摺上年安徽省各屬被水被旱被風田畝收成歉薄本日已經降旨將錢糧分別蠲緩以示體恤若將應徵漕糧照常徵收民力仍有未逮加恩著照所請所有被災較重之宿州等八州縣應徵新漕同鳳臺等二十五州縣應徵新漕及節年災緩舊欠漕米均著分別蠲緩流抵以紓民力餘著照所議辦理該撫即一併刊刻謄黃並將各該州縣區圖村莊分晰蠲緩詳細刊明徧行曉諭務使實惠均霑毋任吏胥舞弊用副朝廷軫念民艱至意該部知道欽此

軍機大臣署名

臣奕　臣毓　臣那　臣徐

96

鈐章

宣統三年二月十九日内閣奉

上諭雲南雲南府知府員缺緊要著該督於通省知府内揀員調補所遺員缺著熊范輿補授欽此

軍機大臣署名

臣奕　臣毓　臣那　臣徐

97

鈐章

軍機大臣欽奉

諭旨外務部會奏遵議各項勳章并擬定章程繕單

呈覽各摺片著依議欽此

軍機大臣署名

臣奕　臣毓　臣那　臣徐

二月二十日

98

鈐章

宣統三年二月二十日内閣奉

上諭纂擬憲法大臣貝子溥倫等奏請派員協同纂

擬憲法一摺著派度支部右侍郎陳邦瑞學部右侍郎李家駒民政部左參議汪榮寶協同纂擬欽此

軍機大臣署名

臣奕　臣毓　臣那　臣徐

99

鈐章

宣統三年二月二十日内閣奉

上諭伊犂將軍志銳加恩著在紫禁城内騎馬欽此

軍機大臣署名

臣奕　臣毓　臣那　臣徐

100

鈐章

宣統三年二月二十一日奉

旨翰林院侍讀學士著王錫蕃補授欽此

軍機大臣署名

臣奕　臣毓　臣那　臣徐

101

鈐章

軍機大臣欽奉

諭旨大理院奏建造法庭開工日期並呈進圖式一摺知道了又片奏建築法庭所需華洋各種材料可否准予免稅等語著該衙門查核具奏欽此

軍機大臣署名

臣奕　臣毓　臣那　臣徐

摘抄交度支部税務處

二月二十一日

102

鈐章

宣統三年二月二十二日内閣奉

上諭大學士世續著充資政院總裁侍郎李家駒著
充資政院副總裁欽此
軍機大臣署名
臣奕 臣毓 臣那 臣徐

103

鈐章
宣統三年二月二十二日内閣奉
上諭農工商部尚書著溥倫補授欽此
軍機大臣署名
臣奕 臣毓 臣那 臣徐

104

鈐章
宣統三年二月二十二日内閣奉

上諭法部左侍郎沈家本著回任供職大理院少卿
劉若曾著充修訂法律大臣欽此
軍機大臣署名
臣奕 臣毓 臣那 臣徐

105

鈐章
宣統三年二月二十二日内閣奉
上諭增祺著留京當差廣州將軍著誠勳補授溥頲
著補授熱河都統欽此
軍機大臣署名
臣奕 臣毓 臣那 臣徐

106

鈐章
宣統三年二月二十三日内閣奉

上諭大學士世續奏資政院總裁責任重要請收回
成命一摺該大學士夙矢公忠不辭勞瘁務當仰
副委任勉為其難所請收回成命之處著毋庸議
欽此

軍機大臣署名

臣奕假 臣毓 臣那假 臣徐

107

鈐章

宣統三年二月二十三日內閣奉
上諭孫寶琦奏藩司懇請開缺回籍修墓一摺山東
布政使朱其煊著准其開缺欽此

軍機大臣署名

臣奕假 臣毓 臣那假 臣徐

108

鈐章

宣統三年二月二十三日內閣奉
上諭山東勸業道著童祥熊調補蕭應椿著調補安
徽勸業道欽此

軍機大臣署名

臣奕假 臣毓 臣那假 臣徐

109

鈐章

軍機大臣欽奉
諭旨督辦鹽政大臣載澤奏洋商運鹽進口有違約
章應切實禁止一摺著依議欽此

軍機大臣署名

臣奕假 臣毓 臣那假 臣徐

二月二十三日

110

鈐章

軍機大臣欽奉

諭旨郵傳部會奏京漢鐵路需還官項擬定正金銀行借款合同請旨簽字蓋印一摺著郵傳部堂官簽字餘依議欽此

軍機大臣署名

臣奕假
臣毓
臣那假
臣徐

二月二十三日

111

鈐章

軍機大臣欽奉

諭旨大學堂總監督劉廷琛奏新律關繫重要請申明宗旨以定國是一摺又奏請飭禮學法律兩館以大清律例為本參考各國法律以維禮教一片著該衙門知道欽此

軍機大臣署名

112

鈔交憲政館
禮學館
法律館

鈐章

宣統三年二月二十四日內閣奉

上諭度支部奏請飭各省督撫切實遵照前奏維持預算辦法一摺各省各官公費業經電飭各省督撫暫照部定預算數目辦理至預算各項款目所有部定院覈之數悉為撙節帑藏覈實開支起見值此時艱款絀尤應統籌全局著各該督撫等仍懍遵本年正月十五日諭旨凡經常用項按照認定數目慎重出納毋少浮濫遇有特別重要事件籌有的款方准再議追加爾京外各衙門務當同心協力互相維持毋負朝廷諄諄誥誡之至意欽此

軍機大臣署名

臣奕

二月二十三日

臣奕假
臣毓
臣那假
臣徐

113

鈐章

宣統三年二月二十四日内閣奉

上諭學部右侍郎著林紹年調署李經邁著署理民政部右侍郎欽此

軍機大臣署名

臣奕

臣毓

臣那

臣徐

臣毓

臣那

臣徐

114

鈐章

宣統三年二月二十四日内閣奉

上諭志森著調補山東布政使山西布政使著王慶平補授欽此

軍機大臣署名

115

鈐章

宣統三年二月二十四日内閣奉

上諭山西提法使著李盛鐸補授欽此

軍機大臣署名

臣奕

臣毓

臣那

臣徐

臣奕

臣毓

臣那

臣徐

116

鈐章

宣統三年二月二十四日内閣奉

上諭大理院少卿著王世琪署理欽此

軍機大臣署名

臣奕

臣毓

117

鈐章

臣那

臣徐

軍機大臣欽奉

諭旨憲政編查館會奏議覆程德全奏上海商埠照

章增設高等審判分廳一摺着依議欽此

軍機大臣署名

臣奕

臣毓

臣那

臣徐

二月二十四日

118

應調署侍郎名單

外務部左侍郎胡惟德

右侍郎曹汝霖

吏部左侍郎于式枚

右侍郎沈雲沛

民政部左侍郎烏珍

119

硃○

右侍郎林紹年

度支部左侍郎紹英

右侍郎陳邦瑞

禮部左侍郎景厚

右侍郎郭曾炘

學部左侍郎寶熙

法部左侍郎沈家本

右侍郎王垿

農工商部左侍郎熙彥

右侍郎楊士琦

署郵傳部左侍郎李經方

右侍郎吳郁生

理藩部左侍郎達壽

右侍郎恩順

倉場侍郎俞廉三

大理院卿定成

應署侍郎名單

內閣學士麒德

瑞豐

毓隆
那晉
榮勳
溥善
楊佩璋
李聯芳
陳寶琛
許澤新
都察院副都御史伊克坦
陳名侃
宗人府府丞朱益藩
翰林院學士錫鈞
周克寬

120

應署大理院少卿名單
法部左丞曾鑑
右丞黃均隆
總檢察廳廳丞王世琪
法部左參議魏聯奎
硃。

右參議善佺
大理院推丞許受衡
王式通

121

二月二十五日引
見人員
上虞備用處八人
鑲黃旗滿洲十五人
正藍旗滿洲十一人
正藍旗蒙古二人
鑲藍旗滿洲二人
前鋒護軍營二十四人
造辦處三人
共六十五人

122

鈐章
宣統三年二月二十五日内閣奉
上諭總檢察廳廳丞著許受衡署理欽此
軍機大臣署名

臣奕 臣毓 臣那 臣徐

123

鈐章

軍機大臣欽奉

諭旨御史麥秩嚴奏司法警察關係重要請飭認真

整頓一摺著該部知道欽此

軍機大臣署名

臣奕 臣毓 臣那 臣徐

二月二十五日

124

鈐章

軍機大臣欽奉

諭旨載振奏奉命專使英國酌調隨員一摺著依議

又片奏聞用關防暨備贈國禮各等語均知道了

欽此

軍機大臣署名

臣奕 臣毓 臣那（假） 臣徐

二月二十六日

125

鈐章

宣統三年二月二十七日內閣奉

上諭順天府府丞著裴維侒補授欽此

軍機大臣署名

臣奕 臣毓 臣那 臣徐

126

鈐章

軍機大臣欽奉

127

諭旨農工商部奏彙核各省辦理農林工藝情形開
單呈覽一摺知道了欽此
軍機大臣署名
二月二十七日
臣奕
臣毓
臣那
臣徐

鈐章
軍機大臣欽奉
諭旨郵傳部會奏洛潼路綫擬請援案穿過新安城
垣一摺着依議欽此
軍機大臣署名
二月二十七日
臣奕
臣毓
臣那
臣徐

128

應放順天府府丞名單
内閣侍讀學士劉宇泰
甘大璋
翰林院侍讀王榮商
吴士鑑
熊方燧
鄭沅
侍講錢駿祥
薛寶辰
程棫林
李經畬

129

鈐章

宣統三年三月初一日內閣奉

上諭秦樹聲著調補廣東提學使雲南提法使著沈曾桐補授欽此

軍機大臣署名

臣奕

臣劻

臣那

臣徐

130

鈐章

宣統三年三月初一日內閣奉

上諭吳肇邦著調補江蘇巡警道湖南鹽法長寶道著汪瑞闓補授欽此

軍機大臣署名

臣奕

臣劻

臣那

臣徐

131

鈐章

宣統三年三月初一日內閣奉

上諭雲南提督李福興陝西漢中鎮總兵程鼎甘肅涼州鎮總兵岳登龍山東兗州鎮總兵張宗本均著開缺欽此

軍機大臣署名

臣奕

臣劻

臣那

臣徐

132

鈐章

宣統三年三月初一日內閣奉

上諭湖南衡永郴桂道譚啟瑞著開缺送部引見欽此

軍機大臣署名

臣奕

臣劻

臣那

臣徐

133

鈐章

宣統三年三月初一日内閣奉

上諭雲南大理府知府鄒志清雲南臨安府知府李
世楷貴州石阡府知府陳武純山東曹州府知府
黄篤瓚山東萊州府知府鮑祖恩河南彰德府知
府顧家相均著開缺送部引見欽此

軍機大臣署名

臣奕　臣毓　臣那　臣徐

134

鈐章

宣統三年三月初二日内閣奉

上諭雲南提督著劉銳恆補授欽此

臣奕　臣毓　臣那　臣徐

135

鈐章

宣統三年三月初二日内閣奉

上諭湖南衡永郴桂道員缺著錫齡阿補授欽此

軍機大臣署名

臣奕　臣毓　臣那　臣徐

三月初二日

136

鈐章

宣統三年三月初二日内閣奉

上諭陝西漢中鎮總兵員缺著江朝宗署理甘肅涼
州鎮總兵員缺著馬萬福補授山東兗州鎮總兵
員缺著田中玉補授雲南臨元鎮總兵員缺著蘇掄
元補授欽此

軍機大臣署名

臣奕　臣毓　臣那　臣徐

137

陝西漢中鎮甘肅涼州鎮山東兗州鎮各總兵
員缺請
旨簡放

138

鈐章
宣統三年三月初二日內閣奉
上諭雲南大理府知府員缺著朱顯廷補授雲南臨
安府知府員缺著弼良補授貴州石阡府知府員
缺著毓年補授山東曹州府知府員缺著董玉卿
補授山東萊州府知府員缺著楊芾補授河南彰
德府知府員缺著繼銘補授欽此
軍機大臣署名
臣奕 臣毓 臣那 臣徐

139

湖南衡永郴桂道雲南大理府知府臨安府知
府貴州石阡府知府山東曹州府知府萊州府

知府河南彰德府知府各員缺請
旨簡放

140

鈐章
宣統三年三月初二日內閣奉
上諭直隸保定府知府員缺緊要著該督於通省知
府內揀員調補所遺員缺著善英補授欽此
軍機大臣署名
臣奕 臣毓 臣那 臣徐

141

鈐章
軍機大臣欽奉
諭旨阿穆爾靈圭等奏擬請裁併稽察守衛處改設
管理前鋒護軍等營事務大臣處一摺又片奏請
將三旗驍騎營兵丁仍歸內務府大臣管轄等語
均著依議欽此

軍機大臣署名
臣奕 臣毓 臣那 臣徐
三月初二日

142
鈐章
軍機大臣欽奉
諭旨貝子溥倫奏資政院暨上下議院工程應否移
交一摺仍著溥倫修理毋庸移交欽此
軍機大臣署名
臣奕 臣毓 臣那 臣徐
三月初二日

143
交內閣轉傳值年旗各部院衙門本月十三日
巳刻
皇太后
皇上駐蹕西苑自十四日起
監國攝政王在
勤政殿辦事相應傳知
貴衙門欽遵轉傳可也此交
三月初二日

144
鈐章
宣統三年三月初三日內閣奉
上諭王人文奏提法使因病懇請開缺一摺四川提
法使江毓昌著准其開缺欽此
軍機大臣署名
臣奕 臣毓 臣那 臣徐

145

鈐章

宣統三年三月初三日内閣奉

上諭鍾麟同著賞給陸軍副都統銜充陸軍第十九鎮統制官欽此

軍機大臣署名

臣奕 臣毓 臣那 臣徐

146

鈐章

軍機大臣欽奉

諭旨都察院代奏度支部員外郎王樸條陳改訂官制敬陳管見呈一件著該衙門知道欽此

軍機大臣署名

臣奕 臣毓 臣那 臣徐

三月初三日

147

鈐章

軍機大臣欽奉

諭旨都察院代奏雲南京官内閣侍讀吴烱等條陳滇邊阽危摇動大局呈一件著外務部知道欽此

軍機大臣署名

臣奕 臣毓 臣那 臣徐

三月初三日

148

二月初五日引

見人員

陸軍部九人

内務府二十一人

共三十人

149

鈐章

宣統三年三月初四日内閣奉

上諭四川提法使著常裕補授欽此

軍機大臣署名

臣奕 臣劻 臣那 臣徐

150

鈐章

宣統三年三月初四日內閣奉

上諭前經會議政務處議覆聯豫奏請裁撤駐藏幫

辦大臣改設左右參贊兩缺業經照准羅長裿著

補授駐藏左參贊錢錫寶著補授駐藏右參贊欽此

軍機大臣署名

臣奕 臣劻 臣那 臣徐

151

鈐章

軍機大臣欽奉

諭旨本月十三日所有進內奏事當差之王公百官

均著穿蟒袍補褂欽此

軍機大臣署名

臣奕 臣劻 臣那 臣徐

三月初四日

152

查本處章京郎中楊芾現蒙

簡放山東萊州府知府應行添傳一員臣等公同商

酌擬傳

記名在前之禮部候補主事彭士華在額外章京上行

走謹

奏

宣統三年三月初五日奉

旨知道了欽此

153

為咨復事案准

貴院片稱議決陳請修改結社集會律違章會奏

稿一件片送貴處出具會語送院具奏並奏稿

清單各一件等因前來本大臣等公同覆核此案據各省諮議局呈請修改原律第九條第十條刪除人數及教員制限兩條係為維持發達政治會社起見本大臣等極表同意惟股員會審查修改全體條文內第三條及增添第六條第十四條核與現行律意不符本大臣等有未能同意者查各國結社集會法本有呈報與許可兩種主義恭按

欽定憲法大綱臣民於法律範圍以內結社集會准其自由蓋採日本憲法條文於准其自由之中限以法律故有呈報結社集會者須由官署核准存案即是採用許可主義不僅如該股員會修改條文第三條按語所謂核之一字為官署應行之職務亦不得謂結社者祇負呈報之義務無俟官署許可之必要也日本初定集會規則本用許可主義歐洲各國如普魯士葡萄牙等亦莫不定有限制中國政治會社萌芽伊始人民智識程度不齊若但聽其呈報即可自由結社安能保其盡合法律與其有所侵軼而為事後禁

止之方何如早加察核而為事前准駁之據果使不越範圍原無不准結集之理並不因此於發表政見有所阻碍此第三條刪除核准二字之未能同意者也第六條議會議員之結社第十四條選舉人被選舉人之集會均不適用本律夫國家定律凡屬臣民同負遵守之義務議會議員祇能享權利於議會之中不能享權利於議會之外政治結社為臣民常設之團體與國家所設政治機關不能例視若可不遵本律任意結集究其是否盡屬議員安得人人而辦之更何從知其失議員之地位而令其退社乎至選舉人被選舉人範圍尤廣選舉人尚有選舉人名簿可查若被選舉人則在議會議員未經當選之先凡除褫奪公權以外人人皆被選舉人也人人可以集會本律將成虛設況各國運動選舉久成弊習欲求政見接洽之利而先開選舉混亂之門實為利不勝弊而又有破壞本律之嫌此第六條第十四條增添條文之未能同意者也查資政院院章第十七條云議決事件若軍機大臣或各部行政大臣不以為然得

聲敘原委事由咨送資政院復議第十八條云
覆議事件若仍執前議應由資政院及軍機大
臣或各部行政大臣分別具奏各等語此案送處已在資政
院閉會之後既不及交覆議又與分別具奏之例未
盡相符應否俟下屆開會再交覆議之處即請
貴院酌核辦理所有本大臣等查照院章聲敘
事由合亟咨復
貴院查照核辦可也
右　咨
資政院
宣統三年三月初五日
鈐章

154

宣統三年三月初五日内閣奉
上諭朕維建國保邦莫先兵力安危定亂實在人心
綜觀中外古今未有君民一體而國不强即未有
上下相睽而國不弱者我國家肇基東土定鼎中原我
太祖之初衆無一旅
龍興遼海建都瀋陽我
太宗嗣統寅紹丕基
威加海内仰惟
聖神謨烈靡不
躬擐甲胄跋履山川用集
景命於我
世祖遂成帝業逮我
聖祖冲年繼緒首定三藩既靖海疆遂安方夏乃復憫
蒙藩之羸弱憤準部之驕横
三往親征長驅朔漠朔方既定中外來同猶復歲獮木蘭
躬親射獵聲靈震疊萬國咸欽是則
先聖臨戎上下一體之明效也嗣是以來
列聖代作我
世宗蕩平青海再廓苗疆我
高宗戡定新疆迭平西藏
天弧所指靡堅不摧逮及
仁宗更平教匪八年血戰匕鬯不驚篳檻啟自
先朝

威令森乎堂陛
法宮高拱寰海鏡清尚武之風於今為烈乾嘉而後
内患迭興
列聖相承不矜遠略懷柔至意百世所宗朕欣覩列
邦輯睦之庥風深懼
先世析薪之難荷懍懷
遺烈彌切淵兢伏念我
列聖蕩定九州沐雨櫛風規模宏遠抑亦我軍人之
祖若父同心翼戴乃克成三百年來之盛軌朕
纘承大統夙夜維寅深恐上負我
列聖艱難締造之勤下負我軍人祖若父盡瘁馳驅
之烈用特親任大清帝國統率陸海軍大元帥
以符立憲體制為吾民倡朕未親政以前所有
大元帥一切權任事宜暫由
監國攝政王代理業經通諭全國臣民獨念國
之强弱惟在軍人軍之强弱惟視士氣必上
下深明保國之義然後可保身家未有先顧身
家而能保國即未有不能保國而能自保身家者當此
萬方競進非武不揚我軍人自祖若父以來已上承

列聖涵養教育之恩下守家世效忠之訓無不深明
大義何待諄諄惟朕不敢自耽暇逸負
列聖以負我軍人祖若父效命之誠固知我軍人亦
必不忍自負其祖若父以負我
列聖安危與共之隱自應交相策勵鞏固皇圖異時
軍國治安憲章明備君臣上下同履太平斯則我
列聖靈爽式憑亦我軍人祖若父默啟後人之意也
其訓諭六條另交陸軍部頒發全國各軍隊咸
使聞知欽此

軍機大臣署名

臣奕
臣毓
臣那
臣徐

155

鈐章

宣統三年三月初五日内閣奉
上諭四月初一日孟夏時享
太廟遣訥勒赫恭代行禮

後殿派魁斌行禮東廡西廡派錫明錫露各分獻欽此

軍機大臣署名

臣奕 臣毓 臣那 臣徐

156

鈐章

宣統三年三月初五日内閣奉

上諭本日陸軍部帶領引見之軍官學堂頭班深造科中等畢業學員黃治坤著授為步隊副軍校欽此

軍機大臣署名

臣奕 臣毓 臣那 臣徐

157

鈐章

宣統三年三月初五日内閣奉

上諭增韞奏提法使懇請開缺回籍修墓一摺浙江

提法使李傳元著准其開缺欽此

軍機大臣署名

臣奕 臣毓 臣那 臣徐

158

鈐章

宣統三年三月初五日内閣奉

上諭浙江提法使著啟約補授欽此

軍機大臣署名

臣奕 臣毓 臣那 臣徐

159

鈐章

宣統三年三月初六日内閣奉

上諭浙江杭嘉湖道員缺著錫嘏補授欽此

軍機大臣署名

160
旨簡放浙江杭嘉湖道員缺請

臣奕　臣劻　臣那　臣徐

161
鈐章
軍機大臣欽奉
諭旨貝勒載洵等奏謹陳現修
崇陵工程情形一摺知道了又奏遴員充補監修一片
著依議欽此

軍機大臣署名
臣奕　臣劻　臣那　臣徐
三月初六日

162
鈐章
軍機大臣欽奉
諭旨御史張瑞蔭奏請將明儒鹿善繼從祀
孔廟一摺著禮部議奏欽此

軍機大臣署名
臣奕　臣劻　臣那　臣徐
三月初六日

163
鈐章
軍機大臣欽奉
諭旨大理院奏各省高等審判廳成立應將大理分
院事宜提前籌議一摺著憲政編查館核議具奏
欽此

軍機大臣署名
臣奕　臣劻　臣那　臣徐

164

鈐章

軍機大臣欽奉

諭旨郵傳部會奏擬訂大東大北電報兩公司預付報費合同繕單呈覽一摺著依議又奏報費用款情形一片知道了欽此

軍機大臣署名

臣奕 臣劻 臣那 臣徐

三月初八日

165

鈐章

軍機大臣欽奉

諭旨郵傳部奏遵章臚陳本部第五屆籌備成績一摺著憲政編查館知道又片奏京奉鐵路二成餘利應撥北洋經費暫行停解又片奏擬派交通銀行總理等差各等語均著依議欽此

軍機大臣署名

三月初八日

臣奕 臣劻 臣那 臣徐

166

鈐章

軍機大臣欽奉

諭旨盛宣懷奏官紳報効災賑鉅款請優奬一摺所有報効鉅款之劉承幹等十一員均著照所請奬勵又片奏皖省災情及續撥款項情形等語知道了又片奏採辦賑糧請免釐稅等語著依議欽此

軍機大臣署名

臣奕 臣劻 臣那 臣徐

三月初八日

167

鈐章

軍機大臣欽奉

諭旨記名副都統趙鶴齡奏滇緬界務請據實力爭

一摺著外務部知道欽此

軍機大臣署名

臣奕

臣毓

臣那

臣徐

三月初八日

168

滿頭班

花翎二品銜領班三品章京英秀

花翎二品銜幫領班四品章京文年

花翎三品銜在任即選道章京郎中鍾佩

三品銜在任即選知府章京郎中麟祥

五品銜章京候補侍讀中書海桂

章京候補員外郎伊密揚阿

花翎四品銜章京員外郎存瑞

額外章京法部候補主事伊星阿

花翎三品銜候升四品後 賞加二品銜額外章京上行走裕銘

漢頭班

花翎二品銜領班三品章京楊壽樞

二品銜幫領班四品章京徐宗溥

三品銜章京郎中劉慶篤

花翎四品銜章京主事趙國良

四品銜章京主事張潤

三品銜章京員外郎宋子聯

花翎員外郎銜章京候補主事曾文玉

章京編修黃彥鴻

額外章京內閣候補中書秦樹忠

額外章京禮部候補主事彭士華

滿二班

花翎二品銜領班三品章京聯綬

花翎三品銜幫領班四品章京成俊

花翎三品頂戴候升四品後 賞加二品銜章京郎中榮奎

花翎三品銜 記名道府候升四品後 賞加二品銜章京郎中常泰

花翎四品銜章京主事鴻恩

四品銜章京主事興廉

四品銜章京員外郎星輅
章京錄事官松海
漢二班
二品銜領班三品章京易貞
二品銜領班上行走三品章京華世奎
花翎幫領班四品章京趙廷珍
三品銜　記名繁缺知府章京郎中孫筍經
花翎四品銜章京主事盧文明
四品銜章京主事邢維經
三品頂戴章京郎中萬雲路
花翎四品銜章京主事雷延壽
花翎四品銜章京編修楊渭
章京候補主事呂式斌
章京候補中書江保傳

169

鈐章

宣統三年三月初九日内閣奉
上諭陸軍部奏請將陸軍鎮協歷年派任統制統領
各員懇恩分別給銜一摺陸軍各鎮統制官何宗
蓮馬龍標曹錕吳鳳嶺張永成張彪徐紹楨孫道
仁張紹曾呂本元孟恩遠均著賞給陸軍副都統
銜陸軍各協統領官李奎元朱泮藻王占元鮑貴
卿盧永祥徐萬鑫陳光遠王遇甲洪自成賈賓卿
李純周符麟王得勝鄧承拔孫銘杜匯川王麒許
崇智黎元洪田中玉楊晉吳介璋馬增福趙理泰
施承志易盛富伍祥楨潘矩楹楊善德蕭星垣姚
鴻法高鳳城張春霆毛繼成藍天蔚張行志陳甲
福均著賞給陸軍協都統銜欽此
軍機大臣署名
臣奕　臣毓　臣那　臣徐

170

鈐章

宣統三年三月初九日内閣奉
上諭陸軍步隊協參領魏宗瀚著派充陸軍第十三
協統領官並賞給陸軍協都統銜欽此
軍機大臣署名

臣奕
臣劻
臣那
臣徐

171

鈐章

軍機大臣欽奉

諭旨貝勒載潤等會奏遴員派充陸軍貴胄學堂監督一摺著派布政使銜分省補用道劉恩源充陸軍貴胄學堂監督欽此

軍機大臣署名

臣奕
臣劻
臣那
臣徐

三月初十日

172

三月十二日引見人員

吏部三十三人
度支部二人
正紅旗蒙古四人
正紅旗漢軍二人
鑲紅旗蒙古二人
鑲藍旗滿洲二人
內務府十三人
上駟院四人
共六十二人

173

鈐章

宣統三年三月十二日內閣奉

上諭度支部奏請簡湖南清理財政正監理官一摺記名郵傳部丞參楊士驄著賞加四品卿銜充湖南清理財政正監理官欽此

軍機大臣署名

臣奕
臣劻
臣那
臣徐

174

鈐章

宣統三年三月十二日内閣奉

上諭御史趙炳麟著開缺以四品京堂候補欽此

軍機大臣署名

臣奕

臣毓

臣那

臣徐

175

鈐章

宣統三年三月十二日内閣奉

上諭吏部右侍郎沈雲沛奏假期屆滿病仍未痊懇

請續假並簡員署理一摺沈雲沛著賞假一箇月

吏部右侍郎著榮勲署理欽此

軍機大臣署名

臣奕

臣毓

臣那

臣徐

176

鈐章

宣統三年三月十二日内閣奉

上諭張鳴岐等電奏兼署廣州將軍副都統孚琦因

公前赴燕塘地方查看地勢兼閲演試軍用飛機

回城時行至東門城外突被匪徒用手槍轟擊受

傷甚重移時殞命當經拏獲兇犯嚴飭訊究等語

覽奏殊堪駭惻著張鳴岐等將已獲兇犯温生胤

切實研訊有無黨與及受人指使情事務得實情

嚴行懲辦該署將軍副都統孚琦猝被戕害憫惜

殊深應得䘏典著俟該署督等查明具奏時再行

降旨欽此

軍機大臣署名

臣奕

臣毓

臣那

臣徐

177

鈐章

軍機大臣欽奉

諭旨御史趙炳麟奏時局危迫請急修武備一摺著

該衙門知道欽此

軍機大臣署名

臣奕
臣䜣
臣那
臣徐

三月十二日

178

諭旨御史歐家廉奏內閣官制請飭詳慎定擬一摺

鈐章

軍機大臣欽奉

著會議政務處知道欽此

軍機大臣署名

臣奕
臣䜣
臣那
臣徐

三月十二日

179

鈐章

軍機大臣欽奉

諭旨本日引見之明保侍講衔記名遇缺題奏翰林院檢討陸光熙著於本月十三日預備召見欽此

軍機大臣署名

臣奕
臣䜣
臣那
臣徐

三月十二日

180

鈐章

軍機大臣欽奉

諭旨本日引見被參究抑之已革湖南補用知縣胡大庚著開復原官欽此

軍機大臣署名

臣奕
臣䜣
臣那

181

被參究抑已革湖南補用知縣胡大庚

三月十二日

臣徐

硃 ○旨著開復原官

182

鈐章

軍機大臣欽奉

諭旨本日引見之明保舉人蔣智由著以知縣發往

山東補用欽此

軍機大臣署名

臣奕　臣毓　臣那　臣徐

183

明保舉人蔣智由

旨著以內閣中書用

三月十二日

硃 ○旨著以知縣發往山東補用

184

查本處額外章京內閣候補中書秦樹忠到班

已滿一年照奏定新章擬銷去本衙門字樣以

候補中書充補章京額缺為此謹

奏

宣統三年三月十二日奏

旨知道了欽此

185

應調署侍郎名單

外務部左侍郎胡惟德

右侍郎曹汝霖

吏部左侍郎于式枚

民政部左侍郎烏珍

右侍郎林紹年 現署學部右侍郎

署民政部右侍郎李經邁

度支部左侍郎紹英

右侍郎陳邦瑞

禮部左侍郎景厚

右侍郎郭曾炘

學部左侍郎寶熙

186

法部左侍郎沈家本

右侍郎王垿

農工商部左侍郎熙彥

右侍郎楊士琦

署郵傳部左侍郎李經方

右侍郎吳郁生

理藩部左侍郎達壽

右侍郎恩順

倉場侍郎俞廉三

大理院卿定成

應署侍郎名單

內閣學士麒德

瑞豐

毓隆

那晉

榮勳

溥善

楊佩璋

李聯芳

187

陳寶

許澤新

都察院副都御史伊克坦

陳名侃

宗人府府丞朱益藩

翰林院學士錫鈞

周克寬

鈐章

宣統三年三月十三日內閣奉

上諭現在時事多艱朝廷宵旰憂勤孜孜求治凡在臣工應如何夙夜在公勤供職守乃近來京外大臣動輒託詞請假幾於無日無之甚有一再續請者殊屬不成事體嗣後內外諸臣務當共體時艱力圖振作除實在患病准其請假外倘再有託故請假藉圖安逸者一經查出定即嚴行懲處將此通諭知之欽此

軍機大臣署名

臣奕

臣毓

臣那
臣徐

188

鈐章

軍機大臣欽奉
諭旨本日召見之侍講銜記名遇缺題奏翰林院檢
討陸光熙着以侍講升用欽此

軍機大臣署名

臣奕
臣毓
臣那
臣徐

189

鈐章

宣統三年三月十四日内閣奉
上諭海軍部奏請將現充海軍要職各項人員分別
除授繕單呈覽一摺薩鎮冰着補授海軍副都統
並加海軍正都統銜程璧光沈壽堃均着補授海
軍協都統吳應科嚴復徐振鵬鄭汝成均着賞給
海軍協都統銜曹汝英伍光建李鼎新蔡廷幹鄭
清濂李和林葆懌湯廷光孫輝垣均着補授海軍
正參領林葆綸鄭祖彝黄鍾瑛楊敬修喜昌曾兆
麟榮續葛保炎甘聯璈宋文翽鄭綸何廣成馬頎
鈺朱聲岡饒懷文均着補授海軍副參領餘依議
欽此

軍機大臣署名

臣奕
臣毓
臣那
臣徐

190

鈐章

宣統三年三月十四日内閣奉
上諭恭親王溥偉奏假期又滿病仍未痊請派員接
署要差一摺恭親王溥偉着再賞假一箇月正紅
旗滿洲都統着博迪蘇兼署禁煙大臣着唐景崇
署理欽此

軍機大臣署名

臣奕
臣毓
臣那
臣徐

191

鈐章

軍機大臣欽奉

諭旨海軍部奏請賞給海圻巡洋艦人員寶星等語
程璧光著賞給二等第二寶星湯廷光著賞給二
等第三寶星李國棠劉冠南均著賞給三等第一
寶星欽此

軍機大臣署名

臣奕
臣毓
臣那
臣徐

三月十四日

192

鈐章

宣統三年三月十五日內閣奉

上諭四月十一日常雩大祀
天於
圜丘遣載功恭代行禮
四從壇派德茂扎克丹榮整希璋各分獻欽此

軍機大臣署名

臣奕
臣毓
臣那
臣徐

193

鈐章

軍機大臣欽奉

諭旨憲政編查館奏變通各省調查辦法以節經費
而裨統計一摺著依議欽此

軍機大臣署名

臣奕
臣毓
臣那
臣徐

三月十五日

194

鈐章

宣統三年三月十六日內閣奉
上諭兩廣總督著張鳴岐補授欽此
軍機大臣署名
臣奕（假） 臣毓 臣那 臣徐

195

鈐章

軍機大臣欽奉
諭旨度支部會奏擬定美英德法四國銀行借款合
同請旨核准繕單呈覽並請旨籤字蓋印一摺著
度支部堂官籤字餘依議欽此
軍機大臣署名
臣奕 臣毓 臣那 臣徐
三月十七日

196

鈐章

宣統三年三月十八日內閣奉
上諭增韞奏查明浙江各屬田禾被災請將地漕等
項分別蠲緩一摺上年浙江杭州等屬田禾被水
旱風蟲受傷致成災歉及歷年沙淤石積尚未墾
復各田地塘若將應征地漕照常征收民力實有
未逮加恩著照所請所有富陽等八縣成災十分
各田地並仁和等二十九州縣及嘉湖衛歉收民
屯學各田地與山陰縣被水坍沒坤字號花地暨
富陽等十三縣並衛所沙淤石積各田地塘應征
宣統二年分地丁等項正耗錢糧漕白等項米石
暨學租銀兩分別蠲免緩征其被災各縣蠲免銀
米各災戶已輸在官者准其流抵次年新賦至秋
收減色之餘杭等廳縣及杭嚴台州衢州各衛所
與被災歉收各州縣所未完各年舊欠暨原緩帶
徵地漕屯餉各銀米均著遞緩一年徵收以紓民
力該撫即按照單開各廳州縣衛所田地塘頃畝
分數應蠲應緩銀錢米石各細數刊刻謄黃徧行
曉諭務使實惠均霑毋任吏胥舞弊用副朝廷軫
念民艱至意餘著照所議辦理該部知道單二件

併發欽此

軍機大臣著名

臣奕 臣毓 臣那 臣徐

197

鈐章

宣統三年三月十八日內閣奉

上諭伊犂將軍志銳著賞給尚書銜欽此

軍機大臣著名

臣奕 臣毓 臣那 臣徐

198

鈐章

軍機大臣欽奉

諭旨郵傳部奏擬設商船學校大概情形一摺著依

議又片奏通合公司產業購為學堂公產等語知

道了欽此

軍機大臣著名

三月十八日

臣奕 臣毓 臣那 臣徐

199

鈐章

軍機大臣欽奉

諭旨農工商部會奏議覆吳宗濂奏請專興日用工

藝實業一摺著依議欽此

軍機大臣著名

三月十八日

臣奕 臣毓 臣那 臣徐

200

鈐章

軍機大臣欽奉

諭旨理藩部奏查明西庫倫街木鋪一案奏聞請旨

一摺着依議欽此

軍機大臣署名

臣奕 臣毓 臣那 臣徐

三月十九日

201

鈐章

軍機大臣欽奉

諭旨趙炳麟奏廣西鐵路宜統籌全局一摺着郵傳

部知道欽此

軍機大臣署名

臣奕 臣毓 臣那

臣徐

三月十九日

202

查本處章京主事趙國良補授主事已滿三年

照奏定新章擬以員外郎升補爲此謹

奏

宣統三年三月十九日奉

旨知道了欽此

203

鈐章

軍機大臣欽奉

諭旨內閣奏代遞候補中書陳震福條陳管見呈一

件着會議政務處知道欽此

軍機大臣署名

臣奕假 臣毓 臣那 臣徐

三月二十日

204

鈐章

軍機大臣欽奉

諭旨農工商部右丞袁克定奏中英天津條約修改

屆期應發洋藥進口一條一摺著外務部知道欽此

軍機大臣署名

臣奕（假） 臣毓 臣那 臣徐

三月二十日

205

三月二十二日引

見人員

法部十五人

正黄旗漢軍三人

正藍旗滿洲十四人

共三十二人

206

鈐章

宣統三年三月二十二日内閣奉

上諭前據錫良電奏疫氣已經撲滅病勢加劇懇准

開缺簡員接替等語該督向來辦事認真在東兩

年精力勞瘁屢經因病賞假現在防疫事竣東三

省總督錫良著准其開缺回旗調理欽此

軍機大臣署名

臣奕 臣毓 臣那 臣徐

207

鈐章

宣統三年三月二十二日内閣奉

上諭趙爾巽着授為欽差大臣調補東三省總督兼

管三省將軍事務欽此

軍機大臣署名

臣奕 臣毓 臣那 臣徐

208

鈐章

宣統三年三月二十二日内閣奉

上諭德濟奏乍浦副都統玉璋因病懇請開缺一摺

玉璋著准其開缺欽此

軍機大臣署名

臣奕

臣毓

臣那

臣徐

209

鈐章

宣統三年三月二十二日内閣奉

上諭法部奏熱河改設高等審判檢察廳並請將熱

河道暫加提法使銜一摺熱河道著准其暫加提

法使銜欽此

軍機大臣署名

臣奕

臣毓

臣那

臣徐

210

鈐章

軍機大臣欽奉

諭旨禁煙大臣奏續擬嚴定禁煙章程繕單呈覽一

摺著依議欽此

軍機大臣署名

三月二十二日

臣奕

臣毓

臣那

臣徐

211

鈐章

軍機大臣欽奉

諭旨修訂法律大臣會奏刑律黄册繕寫呈覽一摺

知道了册留覽欽此

軍機大臣署名

三月二十二日

臣奕

臣毓

臣那

臣徐

212

鈐章

宣統三年三月二十三日內閣奉

上諭四川總督著趙爾豐署理欽此

軍機大臣署名

臣奕 臣毓 臣那 臣徐

213

鈐章

宣統三年三月二十三日內閣奉

上諭四川布政使王人文著開缺賞給侍郎銜充督

辦川滇邊務大臣欽此

軍機大臣署名

臣奕 臣毓 臣那 臣徐

214

鈐章

宣統三年三月二十三日內閣奉

上諭四川布政使著周儒臣補授張鎮芳著補授湖

南提法使欽此

軍機大臣署名

臣奕 臣毓 臣那 臣徐

215

鈐章

宣統三年三月二十三日內閣奉

上諭長蘆鹽運使著劉鍾琳補授欽此

軍機大臣署名

臣奕 臣毓 臣那 臣徐

216

鈐章

宣統三年三月二十三日內閣奉

217

上諭楊文鼎奏呈遞大員遺摺一摺已故開缺浙江
巡撫聶緝槼著加恩照巡撫例賜卹任内一切處
分悉予開復應得卹典該衙門察例具奏又奏稱
該故撫哀毁殉親懇恩旌卹等語該故撫聶緝槼
與伊弟試用同知聶緝榮生平事母曲盡怡愉自
遭母喪悲哀過度先後毁卒洵屬一門孝友至行
可風聶緝槼著准其列入國史孝友傳並將聶緝
榮附入以示旌奬欽此

軍機大臣署名

臣奕 臣毓 臣那 臣徐

鈐章

軍機大臣欽奉
諭旨都察院奏據河南巡撫寶棻查覆已革河南洛
陽縣知縣孫壽彭已革河南息縣知縣孔繁潔被
參均不無冤抑錄咨呈覽一摺孫壽彭孔繁潔均
着送部引見欽此

軍機大臣署名

臣奕 臣毓 臣那 臣徐

218

三月二十三日

臣奕 等跪
奏為據情代奏恭謝
天恩事本月二十一日外務部具奏軍機處兼行章
京照案請奬開單呈
覽一摺奉
旨依議欽此該章京等跪聆之下欽感莫名兹據章
京英秀等懇請代奏叩謝
天恩前來臣等謹據情代陳叩謝伏乞
皇上聖鑒謹
奏

宣統三年三月二十三日

219

鈐章

宣統三年三月二十四日内閣奉

上諭陳夔龍代奏翰林院侍讀學士惲毓鼎因病請

開差缺一摺惲毓鼎著准其開缺欽此

軍機大臣署名

臣奕

臣毓

臣那

臣徐

220

三月二十五日引

見人員

吏部三十一人

學部八人

領侍衛内大臣八人

鑲黄旗滿洲四人

正黄旗蒙古二人

正白旗滿洲十人

内務府十人

共七十三人

221

鈐章

宣統三年三月二十五日内閣奉

上諭本日引見陸軍貴胄學堂畢業考列上等之二

品廕生熙昌著以陸軍正軍校用欽此

軍機大臣署名

臣奕假

臣毓

臣那

臣徐

222

鈐章

軍機大臣欽奉

諭旨禮部會奏遵議漢儒趙岐從祀一摺漢儒趙岐

著從祀

文廟欽此

軍機大臣署名

臣奕假

臣毓

臣那

臣徐

三月二十五日

223

鈐章

軍機大臣欽奉

諭旨禮部會奏遵議元儒劉因從祀一摺元儒劉因

著從祀

文廟欽此

軍機大臣署名

臣奕（假）　臣毓　臣那　臣徐

三月二十五日

224

鈐章

軍機大臣欽奉

諭旨學部奏旅日華商創設學堂辦有成效懇賞匾

額一摺著賞給御書匾額一方欽此

軍機大臣署名

臣奕（假）　臣毓　臣那

臣徐

三月二十五日

225

鈐章

軍機大臣欽奉

諭旨本日吏部帶領引見之州縣事實列入最優等

在任候補直隸州知州山東高唐州知州周家齊

著在任以直隸州知州儘先補用欽此

軍機大臣署名

臣奕（假）　臣毓　臣那　臣徐

三月二十五日

226

着以陸軍部員外郎用

着以三等侍衛用

着以陸軍正軍校用

硃○

227

鈐章

軍機大臣欽奉

諭旨御史蕭丙炎奏請將宋儒周必大從祀

孔廟一摺著禮部議奏欽此

軍機大臣署名

臣奕　臣毓　臣那　臣徐

三月二十六日

228

鈐章

宣統三年三月二十七日內閣奉

上諭法部右丞著魏聯奎署理善佺著署理左參議

右參議著劉嘉斌署理欽此

軍機大臣署名

臣奕　臣毓　臣那　臣徐

229

鈐章

宣統三年三月二十七日內閣奉

上諭大理院奏職官夥謀誆騙得贓恃符狡展請旨

分別革職解任一摺法部候補主事明安泰著即

行革職副都統霍倫泰著先行解任一併歸案認

真訊辦餘依議欽此

軍機大臣署名

臣奕　臣毓　臣那　臣徐

230

鈐章

軍機大臣欽奉

諭旨郵傳部奏張綏鐵路續辦情形並派員督理一

摺著依議欽此

軍機大臣署名

臣奕　臣毓　臣那

三月二十八日

臣徐

231

鈐章

軍機大臣欽奉

諭旨盛宣懷奏各省官紳報効災振鉅款籲請准予

優獎一摺所有報効鉅款之楊寶瑛等二十三員

均著照所請獎勵該部知道又片奏士民捐助振

款請予建坊等語著依議欽此

軍機大臣署名

臣奕 臣毓 臣那 臣徐

三月二十八日

232

鈐章

軍機大臣欽奉

諭旨林炳章奏京外員司閒冗窮滯請變通造就一

摺著會議政務處知道欽此

軍機大臣署名

臣奕(假) 臣毓 臣那 臣徐

三月二十九日

233

鈐章

軍機大臣欽奉

諭旨憲政編查館奏議覆錫良奏解釋法令議論紛

歧一摺又奏劃分行政審判暨司法審判權限暫

行辦法一片均著依議又奏擬派楊度等充考核

科總辦等差一片又奏續調科員唐寶鍔等一片

均知道了欽此

軍機大臣署名

臣奕 臣毓 臣那 臣徐

三月二十九日

234

鈔章

軍機大臣欽奉

諭旨憲政編查館會奏核議順天府奏各級審判制度暨現行清訟辦法一摺又奏劃分地方審判廳管轄區域範圍及暫管上訴事宜一片均着依議又奏司法行政分權遇有疑義咨詢館部核定一片知道了欽此

軍機大臣署名

臣奕 臣毓 臣那 臣徐

三月二十九日

235

查本處章京主事鴻恩張潤補授主事均滿二年照奏定新章擬俱以員外郎升補為此謹

奏

宣統三年三月二十九日奉

旨知道了欽此

236

交內閣會議政務處本日奉

旨內閣會議政務處王大臣著於四月初二日預備

召見欽此相應傳知

貴處欽遵可也此交

三月三十日

237

鈐章

宣統三年四月初一日内閣奉

上諭京察記名人員將次簡放完竣著内閣部院各

衙門於京察一等未經記名各員内遴選才具優

長者出具切實考語保送由吏部照例辦理欽此

軍機大臣署名

臣奕

臣毓

臣那

臣徐

238

鈐章

軍機大臣欽奉

諭旨貝勒載洵等奏謹陳現修

崇陵工程情形一摺知道了又奏遴員派充監修一片

著依議欽此

軍機大臣署名

臣奕

臣毓

臣那

239

四月初一日

臣徐

辦理軍機處為咨覆事准總理禁煙大臣咨稱

查照續擬禁煙查驗章程將二品至四品各員

無論曾經吸食確無嗜好迅即分別填註造具

名冊務於文到三日内咨送本公所備案以憑

核辦等因前來除本處三品章京聯綬現在因

病開缺四品章京胡彤恩現在丁憂開缺外相

應將本處三四品各員造具名冊分别填註咨送

貴公所查照可也須至咨覆者

右咨覆

禁煙公所

宣統三年　月　日

240

軍機處三四品官員名冊

計開

三品五員

英秀　確無嗜好

文年　確無嗜好

楊壽樞　確無嗜好
易貞　確無嗜好
華世奎　確無嗜好
四品四員
成俊　確無嗜好
榮奎　確無嗜好
徐宗溥　確無嗜好
趙廷珍　確無嗜好

241

鈐章

宣統三年四月初二日內閣奉

上諭江西提法使著張學華補授欽此

軍機大臣署名

臣奕　臣毓　臣那　臣徐

242

鈐章

宣統三年四月初二日內閣奉

上諭馮汝騤奏江西提法使文炳假期屆滿病尚未痊呈請開缺一摺文炳著准其開缺欽此

軍機大名署名

臣奕　臣毓　臣那　臣徐

243

鈐章

軍機大臣欽奉

諭旨步軍統領衙門奏兩翼五營緝捕巡防均關緊要一摺該衙門兵隊著暫緩裁撤其未經裁撤以前所有款項仍著照舊支給該部知道欽此

軍機大臣署名

臣奕　臣毓　臣那　臣徐

鈔交陸軍部　度支部

四月初二日

244

鈐章

宣統三年四月初三日内閣奉

上諭山東濟東泰武臨道員缺著熙臣補授欽此

軍機大臣署名

臣奕 臣毓 臣那 臣徐

245

鈐章

軍機大臣欽奉

諭旨都察院代奏奉天旗務處總辦金梁條議憲法與皇族旗籍藩屬之關係呈一件著纂擬憲法大臣知道又擬清地籌款遷旗實邊呈一件著該衙門知道欽此

全原呈摘鈔交旗制處

軍機大臣署名

臣奕 臣毓 臣那 臣徐

四月初三日

246

鈐章

軍機大臣欽奉

諭旨陸軍正參領盧靜遠奏敬陳軍國大計請旨裁奪一摺著該衙門知道欽此

軍機大臣署名

臣奕 臣毓 臣那 臣徐

四月初三日

247

鈐章

軍機大臣欽奉

諭旨民政部奏職官藉事招摇請旨解任勒令回籍一摺翰林院編修顧瑗六品警官黎宗嶽陸軍部郎中榮崇槼均著一併解任勒令回籍交地方官嚴加管束欽此

軍機大臣署名

臣奕 臣毓 臣那

臣徐

四月初三日

248

鈐章

宣統三年四月初三日內閣奉

上諭昨據錫良電奏吉林省城民房失慎延燒各衙署局所街市當經諭令將因何失慎暨被災情形詳查速奏茲據錫良電陳災情甚劇趕辦賑撫又據陳昭常電奏被災暨撲救情形請頒帑撫恤並自請議處各等語此次吉林省城猝被火災延燒甚廣小民困苦流離殊堪憫惻加恩著頒發帑銀四萬兩由度支部發給著該督撫等迅速派員查明被災輕重分別妥為撫恤毋任失所陳昭常疏於防範咎無可辭著交部議處仍着認真稽查彈壓毋任別滋事端其失慎原由暨善後辦理情形並著查明具奏該部知道欽此

臣奕　臣那　臣徐

辦理軍機處為咨送事准吏部咨取己酉年京察一等未經記名人員考語履歷等因前來除本處章京員外郎陳鴻翼丁憂尚未服滿毋庸開列外茲將本處章京郎中孫荀經升任郎中前員外郎劉慶篤二員詳細履歷並加具切實考語造冊咨送

貴部查照可也須至咨者

右咨

吏部

宣統三年四月初五日

249

鈐章

宣統三年四月初六日內閣奉

上諭此次驗看之學部考驗游學畢業生鍾世銘著賞給法政科進士汪爔芝李慶芳張恩綬陳模蹇先驄均著賞給法政科舉人余煥東李景鎬徐家瑞唐文晉均著賞給工科舉人欽此

軍機大臣署名

臣奕

臣毓

臣那

臣徐

250

鈐章

宣統三年四月初六日内閣奉

上諭游擊銜都司陸軍第一鎮步一標統帶官蕭良

臣著派充暫編陸軍第二十五協統領官並賞給

陸軍協都統銜欽此

軍機大臣署名

臣奕

臣毓

臣那

臣徐

251

鈐章

宣統三年四月初六日内閣奉

上諭近來國家財政竭蹶由於幣制不一民生困苦

由於實業不興朝廷洞鑒於此不得已飭部特借

英美德法四國銀行一千萬鎊日本横濱銀行一

千萬元専備改定幣制振興實業以及推廣鐵路

之用該管衙門自應竭力慎節不得移作别用並

著隨時造具表册呈覽以副朝廷實事求是之意

欽此

軍機大臣署名

臣奕

臣毓

臣那

臣徐

252

鈐章

宣統三年四月初七日内閣奉

上諭奉天勸業道著蕭應椿調補趙鴻猷著調補安

徽勸業道奉天興鳳道著俞明頤調補趙臣巽著

調補江西吉南贛寧道欽此

軍機大臣署名

臣奕

臣毓

臣那

臣徐

253

鈐章

宣統三年四月初七日內閣奉

上諭趙爾巽奏已故大員功績昭著懇恩賞還原官照例議卹一摺副都統銜已革廣西巡撫史念祖曾任封圻著有勞績著加恩開復原官照副都統例賜卹該部知道欽此

軍機大臣署名

臣奕　臣毓　臣那　臣徐

254

鈐章

軍機大臣欽奉

諭旨趙爾巽奏選調人材以資佐理一摺安徽候補道許鼎霖陸軍畢業生蔣方震江蘇會議廳參事楊廷棟均著發往東三省交趙爾巽差遣委用餘照所請該部知道欽此

軍機大臣署名

臣奕　臣毓　臣那　臣徐

四月初七日

255

鈐章

軍機大臣欽奉

諭旨給事中石長信奏鐵路亟宜明定幹路枝路辦法一摺該給事中所奏不為無見著郵傳部按照所奏各節妥籌議奏欽此

軍機大臣署名

臣奕　臣毓　臣那　臣徐

四月初七日

256

鈐章

軍機大臣欽奉

諭旨沈家本奏法律學堂收支各款繕單奏銷一摺

著依議欽此

軍機大臣署名

臣奕 臣毓 臣那 臣徐

四月初七日

257

鈴章

軍機大臣欽奉

諭旨農工商部奏遵章續陳第三年第二屆農工商
籌備事宜一摺著憲政編查館知道欽此

軍機大臣署名

臣奕 臣毓 臣那 臣徐

四月初八日

258

鈴章

軍機大臣欽奉

諭旨趙爾巽奏統一東省行政預為籌備一摺著該
督到任後體察情形妥慎計畫隨時奏明辦理
欽此

軍機大臣署名

臣奕 臣毓 臣那 臣徐

四月初八日

259

鈴章

軍機大臣欽奉

諭旨趙爾巽奏東三省財政竭蹶籌定補救之法一
摺仍著該督隨時會商各衙門及北洋大臣悉心
籌畫奏明辦理又片奏請將已革湖北候補直隸
州知州趙鳳昌開復原官調東委用等語著照所
請吏部知道欽此

軍機大臣署名

臣奕
臣毓
臣那
臣徐

四月初八日

260

滿頭班
花翎二品銜領班三品章京英秀
花翎三品銜幫領班四品章京成俊
花翎三品銜在任即選道俟升四品後 賞加二品銜章京郎中鍾佩
三品銜在任即選知府章京郎中麟祥
五品銜章京候補侍讀中書海桂
章京候補員外郎伊密揚阿
花翎四品銜章京員外郎存瑞
花翎三品銜俟升四品後 賞加二品銜額外章京上行走裕銘
漢頭班
花翎二品銜領班三品章京楊壽樞
二品銜幫領班四品章京徐宗溥

三品銜章京郎中劉慶篤
花翎三品銜章京員外郎趙國良
三品銜章京員外郎張潤
三品銜章京員外郎宋子聯
花翎員外郎銜章京候補主事曾文玉
章京編修黃彥鴻
章京候補中書秦樹忠
額外章京禮部候補主事彭士華
滿二班
花翎二品銜領班三品章京文年
花翎二品銜幫領班四品章京榮奎
花翎三品銜記名道府俟升四品後 賞加二品銜章京郎中常泰
花翎三品頂戴章京員外郎鴻恩
四品銜章京主事興廉
四品銜章京員外郎星輅
章京錄事官松海
額外章京法部候補主事伊星阿
漢二班

二品銜領班三品章京易貞
二品銜領班上行走三品章京華世奎
花翎幫領班四品章京趙廷珍
三品銜記名繁缺知府章京郎中孫筠經
花翎四品銜章京主事盧文明
四品銜章京主事邢維經
三品頂戴章京郎中萬雲路
花翎四品銜章京主事雷延壽
花翎四品銜章京編修楊渭
章京候補主事呂式斌
章京候補中書江保傳
鈐章

261

宣統三年四月初九日內閣奉
上諭前據張鳴岐電奏廣東省城亂黨潛圖起事三月二十九日猝有匪徒多人轟擊督署旋據奏報省中此股亂匪搜捕略盡省外土匪又復乘機蠢起當經諭令該督督飭營隊相機勦捕並准調廣西防營協助茲據電奏稱粵垣亂黨一律肅清人心大定佛山順德股匪均已擊散請將尤為出力員弁先予破格獎勵等語此次廣東變起倉猝大局岌岌幸賴將士用命用能迅速撲滅逆首就殲在事各員踴躍爭先自應量予獎勵以資激勸廣東水師提督李準著賞穿黃馬褂署巡警道王秉恩著賞給振勇巴圖魯名號統領廣東補用道吳宗禹著仍以道員記名簡放並賞給勤勇巴圖魯名號署廣州協副將瓊州鎮總兵黃培松著賞加頭品頂戴並賞給卓勇巴圖魯名號四川補用守備吳卞高著以參將留於廣東外海水師儘先補用並賞加副將銜用示鼓勵現在廣東伏莽尚多仍著張鳴岐督飭營隊嚴密設防切實偵緝俟龍濟光統帶抽調營隊到粵後再將防守事宜妥籌布置以靖內奸而消隱患餘著照所議辦理該部
知道欽此

軍機大臣署名
臣奕
臣毓
臣那
臣徐

262

鈐章

軍機大臣欽奉

諭旨鳳山奏交代近畿各鎮已一律完竣一摺又奏

近畿陸軍各鎮宣統元年至二年八月收支餉雜

各款列為第三第四併案報銷一摺均著該部知

道欽此

軍機大臣署名

臣奕

臣毓

臣那

臣徐

四月初九日

263

請

賞署巡警道王秉恩漢字勇號

硃

○

振

勝

强

剛

264

請

賞補用道吳宗禹漢字勇號

壯

克

敏

硃

○

勤

265

請

賞總兵黃培松漢字勇號

威

敢

硃

○

卓

驍

266

硃

慶親王奕劻著授為內閣總理大臣大學士那桐徐

世昌均著授為內閣協理大臣

照繕後繳進

267

宣統三年四月初十日内閣奉
硃諭慶親王奕劻著授為内閣總理大臣大學士那
桐徐世昌均著授為内閣協理大臣欽此

268

鈐章

宣統三年四月初十日内閣奉
上諭上年降旨飭將官制釐訂提前頒布試辦並即
組織内閣旋經憲政編查館奏擬修正籌備事宜
清單經朕定為宣統三年頒布内閣官制設立内
閣所以統一政治確定方針用符立憲政體茲據
憲政編查館會議政務處會奏遵擬内閣官制繕
單呈覽一摺朕詳加披覽所擬内閣官制十九條
採取各國君主立憲之制參酌現在時勢之宜審
慎規定尚屬周妥又因閣制甫經創辦必須以漸
而進作為籌畫試行並擬内閣辦事暫行章程十
四條權宜損益均屬可行曾經召見會議政務處
王大臣等面加垂詢意見僉同著將内閣官制頒
布遵照此項欽定閣制設立内閣並即照辦事暫
行章程先行試辦除弼德院官制同時頒布外所
有内閣屬官制京外官制各項官規仍著遵照修
正籌備清單妥速擬訂陸續奏聞候朕頒布施行
用副朝廷進行憲政力圖自强之至意欽此

軍機大臣署名

臣奕　臣毓　臣那　臣徐

269

鈐章

宣統三年四月初十日内閣奉
上諭内閣總協理大臣業經簡授其各部行政長官
有應同負國務責任者應即同時簡授梁敦彦著
授為外務大臣善耆著授為民政大臣載澤著授
為度支大臣唐景崇著授為學務大臣廕昌著仍
授為陸軍大臣載洵著仍授為海軍大臣紹昌著
授為司法大臣溥倫著授為農工商大臣盛宣懷
著授為郵傳大臣壽耆著授為理藩大臣所有内
閣總協理大臣及各該大臣均為國務大臣欽此

軍機大臣署名

270

鈐章

宣統三年四月初十日內閣奉

上諭內閣總理大臣慶親王奕劻著仍管理外務部

欽此

軍機大臣署名

臣奕
臣毓
臣那
臣徐

271

鈐章

宣統三年四月初十日內閣奉

上諭內閣總理大臣協理大臣均著兼充憲政編查

館大臣欽此

軍機大臣署名

臣奕
臣毓
臣那
臣徐

272

鈐章

宣統三年四月初十日內閣奉

上諭梁敦彥已補授外務大臣著迅速來京供職未

到任以前著鄒嘉來署理欽此

軍機大臣署名

臣奕
臣毓
臣那
臣徐

273

鈐章

宣統三年四月初十日內閣奉

上諭本日業經降旨設立內閣所有舊設之內閣軍

機處會議政務處著即一併裁撤在內閣屬官制

未經奏定以前以上各衙門舊設之章京侍讀中
書等項人員著暫由總協理大臣督率辦理日行
事件其内閣官制内未載之應行改併各衙門有
應照内閣暫行章程辦理事宜均著暫行遵辦其
未經規定事項暫仍其舊其餘無關行政各衙門
均照常辦理欽此

軍機大臣署名

臣奕
臣毓
臣那
臣徐

274

鈐章

宣統三年四月初十日内閣奉

上諭現已降旨裁撤舊設内閣所有大學士協辦大
學士仍著序次於翰林院並著該衙門於釐定翰
林院官制時妥擬章程其内閣學士以下裁缺各
員均食原俸聽候分別改用欽此

軍機大臣署名

臣奕
臣毓
臣那
臣徐

275

鈐章

宣統三年四月初十日内閣奉

上諭上年修正籌備清單經朕定為宣統三年頒布
弼德院官制設立弼德院茲據憲政編查館會議
政務處會奏遵擬弼德院官制繕單呈覽一摺朕
詳加披覽除酌改外餘尚妥協現在已經降旨設
立内閣該院權限與内閣相為維繫所關重要必
須同時並設用備顧問著將此項官制一併頒布
即行設立弼德院以重憲政始基欽此

軍機大臣署名

臣奕
臣毓
臣那
臣徐

276

鈐章

宣統三年四月初十日内閣奉

上諭陸潤庠著授為弼德院院長榮慶著授為弼德院副院長欽此

軍機大臣署名

臣奕

臣毓

臣那

臣徐

277

鈐章

宣統三年四月初十日内閣奉

上諭自宣統元年五月設立軍諮處以為軍諮府之基礎現已時閱兩年籌辦已有端緒參謀軍事最關重要著即設立軍諮府秉承詔命襄贊軍謨所有軍諮府官制一切事宜即著該衙門妥速詳擬奏聞候朕裁定施行欽此

軍機大臣署名

臣奕

臣毓

臣那

臣徐

278

鈐章

宣統三年四月初十日内閣奉

上諭郡王銜貝勒載濤貝勒毓朗均著授為軍諮大臣欽此

軍機大臣署名

臣奕

臣毓

臣那

臣徐

279

鈐章

宣統三年四月初十日内閣奉

上諭前因釐訂外省官制曾經派錫良陳夔龍張人駿瑞澂李經羲會同憲政編查館王大臣悉心參酌隨時電商現在錫良業經開缺著添派趙爾巽會同商訂欽此

軍機大臣署名

280

鈐章

宣統三年四月十一日内閣奉

上諭慶親王奕劻那桐徐世昌各奏懇請收回成命等摺朕已覽悉現在時事多艱又當創設内閣試辦之初一切事宜均關緊要端賴老成重臣竭力贊襄用資輔弼所請著毋庸議即遵昨旨到閣辦事欽此

臣奕　臣毓　臣那　臣徐

281

鈐章

宣統三年四月十一日内閣奉

上諭貝勒毓朗著加恩在内廷行走欽此

臣奕　臣那　臣徐　臣奕

282

鈐章

宣統三年四月十一日内閣奉

上諭郵傳部奏遵議給事中石長信奏鐵路亟宜明定幹路枝路辦法一摺所籌辦法尚屬妥協中國幅員廣闊邊疆遼遠袤延數萬里程途動需數閱月之久朝廷每念邊防輒勞宵旰欲資控禦惟有速造鐵路之一策況憲政之諮謀軍務之徵調土産之運輸胥賴交通便利大局始有轉機熟籌再四國家必得有縱横四境諸大幹路方足以資行政而握中央之樞紐從前規畫未善並無一定辦法以致全國路政錯亂紛歧不分枝幹不量民力一紙呈請輒行批准商辦乃數年以來粵則收股及半造路無多川則倒帳甚鉅參追無著湘鄂則開局多年徒資坐耗竭萬民之脂膏或以虚糜或以侵蝕恐曠時愈久民累愈深上下交受其害貽誤何堪設想用特明白曉諭昭示天下幹路

臣那　臣徐

均歸國有定為政策所有宣統三年以前各省分
設公司集股商辦之幹路延誤已久應即由國家
收回趕緊興築除枝路仍准商民量力酌行外其
從前批准幹路各案一律取銷至應如何收回之
詳細辦法著度支部郵傳部凛遵此旨悉心籌畫
迅速請旨辦理該管大臣毋得依違瞻顧一誤再
誤如有不顧大局故意擾亂路政煽惑抵抗即照
違制論將此通諭知之欽此

臣奕
臣那
臣徐

283

鈐章

宣統三年四月十一日內閣奉
上諭外務部奏續訂禁煙條件繕單呈覽一
摺禁煙前定十年遞減原因舊染已深稍寬其限
以冀收拔本塞源之效惟為民袪害但使從速禁
革自當切實進行俾可早竟全功永除痼疾本日
據外務部奏稱禁煙已滿三年與駐京英國使臣
續訂條件於未滿之七年期內如土藥概行禁絕
則洋藥亦概禁進口無論何省隨時可提前辦理
等語洋藥之禁運應視土藥之禁種為斷現擬分
省辦理土藥能早一日禁絕洋藥即早一日停運
所議辦法尚屬妥協至增加洋藥稅釐並土藥同
時加稅仍為寓禁於徵起見應飭立即施行其各
省對於洋藥大宗貿易之各項限制及徵收各捐
著即停止以免紛煩新增稅釐亦不過暫資彌補
朝廷亟欲與民更始財力雖絀決不顧惜此宗進
款一俟各省實行禁運即應另行籌款抵補此時
惟有嚴申禁令務期早絕根株著民政部度支部
暨各省督撫迅將禁種禁吸禁運各事宜益加認
真整頓督飭剋期辦到一律斷絕庶幾克慰國民
願望之同情無負友邦贊成之美意實有厚望焉
將此通諭知之欽此

臣奕
臣那
臣徐
臣鄒嘉來

284

鈐章

欽奉

諭旨度支部奏各省土藥擬請比照洋藥酌量加稅
每百斤徵銀二百三十兩等語著照所請辦理欽此

今原摺抄交外務部

臣奕
臣那
臣徐
臣載澤

四月十一日

285

鈐章
欽奉
諭旨郵傳部奏粵漢鐵路鄂境川漢鐵路借款正合
同簽字勢難久延請將該部批准前案取銷等語
著依議欽此

臣奕
臣那
臣徐
臣盛宣懷

四月十一日

286

四月十二日引
見人員
度支部二人
禮部六人
學部一人
理藩部二十六人
正白旗漢軍五人
正紅旗漢軍二人
鑲紅旗漢軍二人
內務府十三人
共五十七人

287

鈐章
欽奉
諭旨禁煙大臣奏調驗大員煙癖已除請飭照舊供
職一摺又片奏調驗副都統良奉到所患病再行
定期復驗等語均知道了又片奏提調陸鍾岱情
願調驗請飭順天府府尹道章查驗等語著依議欽此

臣奕

臣那
臣徐
四月十一日

288
鈐章
欽奉
諭旨現在設立內閣所有各衙門值日次序自應另
行更定著自本月十四日起暫行照單開次序辦理每
遇星期遞推一日遇有重要事件仍照例隨時於
班具奏欽此

臣奕
臣那
臣徐
四月十二日

289
查內閣業經設立需用閣印應另行奏明請
旨飭鑄頒發新印未頒之前所有一切重要公文擬
暫請用辦理軍機事務印記其舊設內閣日行
事件擬仍令暫用內閣典籍廳關防俾各資信
守謹
奏
宣統三年四月十二日奉
旨知道了欽此

290
鈐章
宣統三年四月十二日內閣奉
硃諭慶親王奕奏內閣總理大臣斷難勝任仍懇
收回成命一摺朕披覽均悉現在朝廷勵精圖治
預備憲政新設內閣創辦之始殊關重要是以令
該親王充斯職任原期其專責試辦俾成郅治朝
廷因其功勳懋著年歲已高本不忍令其久勞王
事今復具摺懇辭出於至誠惟朝廷倚任方殷仍
當勉為輔弼共濟時艱倘至數月以後精力實有
難勝彼時再候諭旨所請仍著毋庸議不可再行
固辭欽此

291

鈐章

宣統三年四月十二日内閣奉
上諭本年九月初一日為資政院第二次開會之期
著仍於八月二十日召集所有該院議員均即遵
照定期一律齊集該衙門知道欽此

另抄交資政院

臣奕
臣那
臣徐

292

鈐章

宣統三年四月十二日内閣奉
上諭本日引見之辦學期滿翰林院庶吉士李坤著
授職編修欽此

臣奕
臣那
臣徐
臣唐景崇

293

硃

慶親王奕劻奏内閣總理大臣斷難勝任仍懇收回
成命一摺朕披覽均悉現在朝廷勵精圖治預備憲
政新設内閣創辦之始殊關重要是以令該親王充
斯職任原期其籌畫試辦俾成郅治朝廷因其功勳
懋著年歲已高本不忍令其久勞王事今復具摺懇
辭出於至誠惟朝廷倚任方殷仍當勉為輔弼共濟
時艱倘至數月以後精力實有難勝彼時再候諭旨
所請仍著毋庸議不可再行固辭

照繕後繳進

294

鈐章

宣統三年四月十三日内閣奉
上諭奉天度支使著朱鍾琪試署欽此

臣奕
臣那
臣徐

295

鈐章

宣統三年四月十四日内閣奉
上諭李經羲奏甄别屬員賢否分别勸懲一摺署雲
南大理府知府騰越廳同知周安元署東川府知
府思茅廳同知嚴慶祺署廣西直隸州補用直隸
州知州趙心得丁憂中甸廳同知鄒德淹陸涼州

黃玉方新興州知州何業進署賓川州知州彌勒
縣知縣張漢皋請補安平廳同知蒙自縣知縣胡
思義試辦靖江縣知縣熊祖頤署雲州知州阜異
順寧府右甸經歷方濂鑾允交涉委員補用知縣趙
開壎辦理迤東銅務委員鄧川州知州鄭鸞鏘以上各
員既經該督臚陳政蹟均著傳旨嘉獎卸署阿迷州
知州補用知府談汝康貪鄙昏溺倚任蠹丁丁慶
文山縣知縣李崇樸罔利病民異常齷齪均著
即行革職永不敘用署羅平州知州富州廳通
判席瑛鄙濁粗浮聲名甚劣卸署嵩明州知州
候補知縣趙仁農歷收參費故違禁令前鶴慶
州知州童瑾昌治獄不明居心欺罔卸署華坪
縣知縣補用知州呂國璋習染未除趨向不正
撤任鎮雄州牛街知事陳宗穀謬妄任性不守
官箴卸署永北廳金江知事補用府知事鄒潤湘疲
不謹查案不實門墩子彈壓委員補用巡檢夏瑚才不歸
正奸足濟貪均著即行革職騰越廳學正鈕尚質
操持不正士論所鄙著革職交地方官嚴加管束卸署
魯甸廳通判阿迷州知州狄瑤江苛捐失察惟平

日居官尚無劣聲著暫行革職留滇效力贖咎卸
代彝良縣試用知縣鄭家楨舉動輕率不顧大體
著以府經歷降補撤任恩安縣知縣陳康黼迂拘
疏玩才短釀事惟文理尚優著開缺以教職銓選
撤任緬寧廳通判房星東才平心實年力就衰撤
任定遠縣知縣黃澤書疲玩無能不堪策勵均著
開缺休致巧家廳同知周文鎬強幹不足難膺邊
要大關廳同知有瑞聽斷輕率難勝煩劇均著開
缺另補景東廳同知錢紹彭調奉離滇曠職已久
著即行開缺卸署黑鹽井提舉楚雄縣知縣秦發
慶廢弛井務辦事欺飾著開缺嚴行察看勒繳欠
課卸署昭通府候補知府羅雲碧石暮氣昏惰昧誤
機宜補用直隸州知州王元齡性懦才庸短於察
馭署石屏州知州補用通判姜汝圻小有浮才政
多欺飾署寧洱縣候補知縣郭心義疲軟因循難
期振作均著勒令休致又片奏鍊鉛廠委員永北
直隸廳同知宋體乾辦事不力迭被控告所呈帳
冊含混浮冒銅廠委員已革四川候補知縣周昌
隆領款鉅萬成效毫無巧詞諉卸等語宋體乾著
暫行革職歸案查辦周昌隆著嚴行管押勒限追

款餘著照所議辦理該部知道欽此

臣奕
臣那
臣徐

296

鈐章

宣統三年四月十四日內閣奉
上諭陳昭常奏吉林各屬田禾被災歉收請分別蠲
緩開單呈覽一摺上年六七月間吉林各屬田苗
或因雨雹被傷或因霪雨被淹若將應徵錢糧照
常徵收民力實有未逮加恩著照所請所有查明
之新城等府各屬被災田地著將上年應徵錢糧
分別蠲緩以紓民力該府即按照單開詳細數目
刊刻謄黃徧行曉諭務使實惠均霑毋任吏胥舞
弊用副朝廷軫念災區之至意該部知道單併發
欽此

臣奕
臣那
臣徐

297

鈐章

宣統三年四月十四日內閣奉
上諭陳昭常奏大員積勞病故懇恩賜卹一摺京口
副都統慶祿於同治年間由披甲從戎在甘肅等
處曾著勞績薦升副都統克勤厥職茲聞溘逝軫
惜殊深加恩著照副都統例賜卹任內一切處分
悉予開復應得卹典該衙門察例具奏欽此

臣奕
臣那
臣徐

298

光緒三十三年十二月初二日內閣奉
上諭浙江乍浦副都統柏梁於同治年間投効軍營
從征江蘇安徽河南山東湖北等省曾著勞績簡
授副都統克勤厥職茲聞溘逝軫惜殊深加恩著
照副都統例賜卹任內一切處分悉予開復應得
卹典該衙門查例具奏欽此

299

四月十五日引
見

吏部三十八人
前鋒護軍營二十八人
内務府護軍營十一人
共七十七人

300
鈐章
宣統三年四月十五日内閣奉
上諭欽差大臣東三省總督趙爾巽直隸總督兼北洋大臣陳夔龍均著賞給一等第三寶星欽此
臣奕
臣那
臣徐

301
鈐章
宣統三年四月十五日内閣奉
上諭沈瑜慶著調補河南布政使貴州布政使著王乃徵調補欽此
臣奕
臣那
臣徐

302
鈐章
宣統三年四月十五日内閣奉
上諭全興著調補安徽巡警道湖北巡警道著王履康調補欽此
臣奕
臣那
臣徐

303
鈐章
宣統三年四月十五日内閣奉
上諭本日引見之明保廣西儘先補用知府志琮著仍以知府發往廣東儘先補用欽此
臣奕
臣那
臣徐

304
明保廣西儘先補用知府志琮
旨著以知府發往廣東儘先補用

305

鈐章

宣統三年四月十五日内閣奉
上諭前據張鳴岐等電奏兼署廣州將軍副都統孚
琦因公被戕當經諭令將兇犯溫生才嚴訊懲辦
並令查明該署將軍被害情形具奏旋據電奏溫生
才業經訊明正法茲據該督等查明該署將軍被
害詳細情形並代遞遺摺懇恩賜卹等語署廣州
將軍副都統孚琦由筆帖式充軍機章京游擢卿
貳歷任侍郎簡放廣州副都統兩署將軍服官中
外克勤厥職此次因公倉卒被害深堪憫惻著加
恩予謚照將軍陣亡例從優議卹任内一切處分
悉予開復應得卹典該衙門查例具奏靈柩回旗
時沿途地方官妥為照料准其入城治喪伊子禮
部候補主事嵩堃著以員外郎補用欽此

臣奕　臣那　臣徐

306

光緒三十三年六月初一日内閣奉
上諭安徽巡撫恩銘由舉人知縣保升道員歷任監
司均能認真整頓游膺疆寄忠勤廉介克盡厥職
此次因公倉卒被害深堪憫惻著加恩予謚照總
督陣亡例從優議卹任内一切處分悉予開復應
得卹典該衙門查例具奏靈柩回旗時沿途地方
官妥為照料伊子山西候補道咸麟著以道員即
補欽此

307

鈐章

欽奉
諭旨本日引見被參冤抑之已革河南息縣知縣孔
繁潔已革河南洛陽縣知縣孫壽彭均著開復原
官欽此

臣奕　臣那　臣徐

四月十五日

308 被參宪押已革河南息縣知縣孔繁潔已革河
南洛陽縣知縣孫壽彭
旨均着開復原官

309 鈐章
欽奉
諭旨禁烟大臣奏調驗大員烟癖已除請飭照舊供
職一摺知道了又片奏裁缺内閣侍讀學士靈照
委係烟癖未斷自應據實糾參等語靈照著革職
永不叙用欽此

四月十八日

臣奕
臣那
臣徐

310 四月十九日引
見人員
御前大臣四人
陸軍部四人
法部八人
鑲黄旗蒙古九人
正紅旗蒙古二人
内務府八人
武備院八人
共四十三人

311 鈐章
宣統三年四月十九日内閣奉
上諭資政院奏據議員等呈請開臨時會請旨遵行
一摺朕披覽呈詞似於預算借款兩事不無疑慮
兹特明白宣示本年試辦預算案度支部兩次奏
請維持均經嚴飭京外各衙門遵辦自本年起試
辦全國預算亦由該部籌有切實辦法奏准施行
朝廷主持於上部臣復稽核於下此預算之無可
疑慮者也至特借兩款前已降旨申明專備改定
幣制振興實業以及推廣鐵路之用並諭令該管
衙門竭力慎節不得移作别用即係爲預防危險
起見此借款又無可疑慮者也以上兩事雖屬重

要尚非緊急自可於開常年會時從容詳議著度
支部將內外各衙門應造全國預算及借款用法
各項表冊分別嚴催赶期辦妥一俟九月開常年
會即交該院議決毋稍延誤所請開臨時會之處
著毋庸議欽此

臣奕 臣那 臣徐

312

鈐章

宣統三年四月二十日內閣奉
上諭端方著以侍郎候補充督辦粵漢川漢鐵路大
臣迅速前往會同湖廣兩廣四川各總督湖南巡
撫恪遵前旨妥籌辦理欽此

臣奕 臣那 臣徐

313

鈐章

宣統三年四月二十日內閣奉
上諭本日裁缺內閣侍讀學士延昌具奏摺一件專
摺奏事定制綦嚴況當創立內閣官員陳奏事件
尤不得漫無限制嗣後凡裁缺候補人員均不准
具摺奏事欽此

臣奕 臣那 臣徐

314

鈐章

欽奉
諭旨都察院代奏學部諮議官劉師培呈稱東漢大
儒賈逵學行卓絕請從祀
文廟一摺著禮部議奏欽此

臣奕 臣那 臣徐

四月二十日

315

鈐章

欽奉

諭旨都察院代奏蘇皖兩省官紳前民政部右參議

吳廷燮等呈稱已故尚書錢應溥功德在民條列

事實懇恩予謚一摺已故工部尚書錢應溥著加

恩予謚該衙門知道欽此

臣奕　臣那　臣徐

四月二十日

316

臣奕劻等跪

奏為請鑄閣印以昭信守恭摺仰祈

聖鑒事本月初十日奉

上諭設立內閣等因欽此伏念內閣為國務總匯之

區責任至為重大現當規制締造之始政事尤

極殷繁亟宜鑄造印信以資鈐用而昭信守擬請

飭下禮部按照制度迅速鑄造閣印一顆文曰內閣

之印一俟鑄就

頒發到閣遵即開用所有請鑄印信緣由理合繕摺

具陳伏乞

皇上聖鑒謹

奏

宣統三年四月二十日奉

旨依議欽此

317

宣統三年四月二十一日內閣奉

上諭恭親王溥偉奏因病懇請開去要差一摺恭親

王溥偉著開去總理禁煙事務大臣差使欽此

臣奕　臣那　臣徐

318

鈐章

宣統三年四月二十一日內閣奉

上諭著派順承郡王訥勒赫充總理禁煙事務大臣

欽此

臣奕

臣那
臣徐

319
鈐章
欽奉
諭旨郵傳部會奏粵漢川漢鐵路接議英德法美各銀行借款合同磋商定議繕單呈覽並請旨簽字蓋印一摺著郵傳大臣簽字餘依議欽此
臣奕
臣那
臣徐
臣載
臣盛
四月二十二日

320
鈐章
欽奉
諭旨盛宣懷奏官紳報効灾振鉅款援案懇請優加獎勵一摺陳性良等十七員均著照所請獎勵該

部知道又片奏肄業生唐延碩為其父母捐振請建坊等語著照所請該部知道欽此
臣奕
臣那
臣徐
四月二十二日

321
鈐章
欽奉
諭旨御史孫培元奏敬陳管見一摺著該部知道欽此
臣奕
臣那
臣徐
四月二十二日

322
鈐章
欽奉
諭旨御史孫培元奏需材孔亟宜慎重學務以植人才一摺著學部議奏欽此
臣奕

臣那
臣徐

四月二十二日

323

鈐章

宣統三年四月二十三日內閣奉

上諭龐鴻書著開缺另候簡用貴州巡撫著沈瑜慶

補授欽此

臣奕

臣那

臣徐

324

四月二十四日引

見人員

翰林院十九人

正紅旗滿洲二人

鑲紅旗滿洲三十四人

共五十五人

325

鈐章

宣統三年四月二十四日內閣奉

上諭前經降旨鐵路幹路收歸國有

並派端方以侍郎充督辦粵漢川漢鐵路大

臣飭令迅速前往妥籌辦理朝廷所以毅然行之

者因以統一路權亦藉以紓民困當川路創辦

之初該省官紳遂定有按租抽股之議名為商辦

仍係巧取諸民至今數年之久該路迄未告成上

年且有倒虧鉅款之事其中弊竇不一而足是貽

累於閭閻者不少而裨益於路政者無多嗣湘省

又復踵行租股該省地方瘠苦更非川省可比際

茲新政繁興小民之擔負已重倘不諒加體恤將此

項無益於民之舉早日革除農田歲獲能有幾何取

求之而未有已時其將何以堪此現既將鐵路改

歸官辦著自降旨之日起所有川湘兩省租股一

律停止其宣統三年四月以前已收之款著郵傳

部督辦鐵路大臣會同該省督撫詳細查明妥擬

辦法奏聞總不使有絲毫虧損以致失信吾民儻地方

官有隱匿不報者一經發覺立予嚴懲不貸此外

如有另立各項名目捐作修路之款一併查明請
旨辦理者該督撫迅即刊刻謄黃徧行曉諭以示
朝廷體念民艱之至意欽此

臣奕
臣那
臣徐
臣盛宣懷

326

鈐章

宣統三年四月二十四日内閣奉
上諭廣東提法使著王秉恩補授欽此

臣奕
臣那
臣徐

327

鈐章

宣統三年四月二十四日内閣奉
上諭河南布政使著俞鍾潁補授欽此

臣奕
臣那
臣徐

328

鈐章

宣統三年四月二十四日内閣奉
上諭本日引見之辦學期滿翰林院庶吉士嵇芩孫
著授職編修欽此

臣奕
臣那
臣徐

329

鈐章

欽奉
諭旨郵傳部奏四川鐵路公司虧倒鉅款遵旨查核
辦理一摺著依議欽此

臣奕
臣那
臣徐
臣盛宣懷

330

鈐章

四月二十四日

欽奉
諭旨郵傳部奏酌擬廣西官電辦法一摺著依議又

片奏請派電政總局局長各差等語候選道周萬
鵬著賞給四品卿銜充電政總局局長餘依議又
片奏請賞給大北電報公司總理寶星等語著外
務部查核辦理欽此

四月二十四日

臣奕
臣那
臣徐
臣盛宣懷

331

鈐章

欽奉
諭旨御史陳善同奏敬陳管見摺一件片二件著由內閣分
交各該衙門知道欽此

臣奕
臣那
臣徐

四月二十四日

332

鈐章

欽奉
諭旨禁煙大臣奏調驗大員煙癖已除請飭照舊供
職一摺知道了又片奏副都統全福到所忽患感
冒應如何給予假期等語全福著賞假十日又片
奏提調薩鍾岱前赴調驗經順天府驗明確無嗜
好飭令仍舊供差等語知道了欽此

臣奕
臣那
臣徐

四月二十四日

333

鈐章

宣統三年四月二十五日內閣奉
上諭禮部奏恭進
冊寶請旨遵行等語宣統三年五月十九日巳時恭進
孝欽顯皇后尊謚玉
冊玉

寶暨加上
孝靜成皇后
孝德顯皇后
孝貞顯皇后
穆宗毅皇帝
孝哲毅皇后尊謚玉
册玉
寶又
列聖
列后玉
册補製玉
寶補製同日恭進
太廟尊藏由
監國攝政王代詣行禮欽此
黄面黄裹

臣奕
臣那
臣徐

334
鈐章
宣統三年四月二十五日内閣奉
上諭楊文鼎奏提學使因病呈請開缺一摺湖南提學使吴慶坻著准其開缺欽此

臣奕
臣那
臣徐

335
鈐章
宣統三年四月二十五日内閣奉
上諭湖南提學使著黄以霖署理欽此

臣奕
臣那
臣徐

336
鈐章
宣統三年四月二十五日内閣奉
上諭廣東瓊崖道員缺緊要著該督於通省道員内揀員調補所遺員缺著松茂補授欽此

337 廣東瓊崖道遺缺員缺請
旨簡放

臣奕
臣那
臣徐

338 鈐章
宣統三年四月二十六日内閣奉
上諭四川順慶府知府員缺著廣興補授欽此

臣奕
臣那
臣徐

339 吏部咨報四川順慶府知府喬保衡病請開缺請
旨簡放

340 鈐章
欽奉

諭旨農工商部右參議部福瀛外務部參議上行走
廖恩燾均著賞給二等第二寶星欽此

臣奕
臣那
臣徐

四月二十七日

341 四月二十八日引
見人員
吏部七十四人

342 鈐章
宣統三年四月二十八日内閣奉
上諭此次引見之覆帶京察一等未經記名人員陸
嘉晉等共七十三員著於五月初三日起按照名
次先後每日五員呈遞膳牌伺候召見如是日未
經召見仍於次日預備其餘各員以次遞推每遇
星期亦遞推一日欽此

臣奕
臣那
臣徐

343
鈐章
欽奉
諭旨郵傳部會奏郵政定期接管以歸統一一摺著
依議欽此
臣奕
臣那
臣徐
臣盛宣懷
四月二十八日

344
四月二十九日引
見人員
學部三十九人
鑲藍旗滿洲二人
共四十一人

345
鈐章
宣統三年四月二十九日內閣奉
上諭五月二十六日夏至大祀
地於
方澤遣豫親王懋林恭代行禮
四從壇派錫露榮埜錫明秀綸各分獻欽此
臣奕
臣那
臣徐

346
鈐章
宣統三年四月二十九日內閣奉
上諭本日引見北洋大學畢業生考列優等之朱焜郭養剛陳祖詒于震吳熾棻鄺英傑梁朝玉詹榮錫楊卓鈕翔青水崇遜均著賞給進士出身改為翰林院庶吉士考列中等之周鎬川趙玉田鄭禮謙孫亦謙劉永嘉呂金藻黑樹銘陳朝棟水崇龐均著賞給進士出身以主事分部儘先補用其同日引見山西西學專齋考列優等之仇元璹成元治劉學聖考列中等之左儒武講郭元章孫晉

祺趙魁元池莊李蔭鐘常克勳解雲輅曾紀春来
佩棻侯德旺張景良葛尚功紫維梓孫鴻業均著
賞給進士出身欽此

臣奕
臣那
臣徐
臣唐景崇

347

鈐章
欽奉
諭旨理藩部會奏派員實地擇要調查併預計行程
及調查辦法一摺著依議欽此

四月二十九日

臣奕
臣那
臣徐
臣唐景崇
臣紹昌
臣壽耆

348

鈐章
欽奉
諭旨憲政編查館奏遵限考核京外各衙門第三年
第二屆籌備憲政成績一摺知道了欽此

臣奕
臣那
臣徐

349

鈐章
欽奉
諭旨此次廷試游學畢業生著於五月初九日起分
三日帶領引見欽此

四月二十九日

臣奕
臣那
臣徐

350

鈐章
欽奉
諭旨理藩部代奏敖漢郡王色淩敦魯布呈請分旗

治理一摺著依議欽此

臣奕

臣那

臣徐

臣壽耆

四月二十九日

351

鈐章

宣統三年五月初一日内閣奉

上諭福建巡警道員缺著呂承澍補授勸業道員缺

著張星炳補授欽此

臣奕

臣那

臣徐

352

鈐章

欽奉

諭旨貝勒載洵等奏謹陳現修

崇陵工程情形一摺知道了欽此

五月初一日

臣奕

臣那

臣徐

353

鈐章

宣統三年五月初二日内閣奉

上諭甘肅新疆布政使著陳際唐補授欽此

臣奕

臣那

臣徐

354

鈐章

宣統三年五月初二日内閣奉

上諭甘肅新疆鎮迪道員缺著楊增新調補並加提

法使銜欽此

臣奕

臣那

臣徐

355

鈐章

宣統三年五月初二日内閣奉

上諭前據御史瑞賢奏藩司大員素行貪鄙當經諭

令長庚確查茲據查明覆奏新疆藩司王樹枏被

參各節皆無實據惟素有吸煙之名用人亦間有

未當之處新疆布政使王樹枏著開缺調京查驗

調補山西河東道榮霈署新疆伊塔道迪化府知

府潘震據稱煙癮確已斷淨著山西新疆巡撫隨

時察看署迪化府准補莎車府知府劉文龍雖無
行賄買缺確據惟聲名平常操守難信著即行革
職借補迪化縣典史試用巡檢蔡世長承鑄金銀
各幣顯有幹混且係改名朦捐著革職永不敘用
葉城縣知縣張應選屢膺要缺衆論未孚著開缺
察看餘著照所議辦理該部知道欽此

臣奕
臣那
臣徐

356

鈐章

宣統三年五月初二日内閣奉
上諭禁衛軍步標統帶官應龍翔著派充陸軍第二
十九混成協統領官並賞給陸軍協都統銜欽此

臣奕
臣那
臣徐

357

鈐章

宣統三年五月初二日内閣奉
上諭陸軍四十二協統領官蕭星垣著派充陸軍第
二十一鎮統制官並賞給陸軍副都統銜欽此

臣奕
臣那
臣徐

358

鈐章

欽奉
諭旨陸軍部片奏期滿協領總管引見時應否交陸
軍部記名抑或交内閣記名等語著交内閣記名
欽此

臣奕
臣那
臣徐

五月初二日

359

鈐章

欽奉
諭旨翰林院侍讀文華奏學堂畢業生授職請按照
所學科目分部補用一摺著内閣議奏欽此

臣奕
臣那
臣徐
五月初二日

360
鈐章
欽奉
諭旨內務府奏懇撥款項以濟急需一摺著度支部
議奏欽此
臣奕
臣那
臣徐
五月初二日

361
鈐章
宣統三年五月初三日內閣奉
上諭看大理院少卿王世琪等奏湘路加抽各股請
一律停止一摺前因鐵路幹路改歸國有曾經降
旨停收川湘兩省租股並飭將此外另立名目捐
作修路之款查明請旨辦理誠以閭閻困苦日甚
一日鐵路既歸官辦凡因辦路累民之舉應即悉
數蠲除俾得稍輕擔負茲據湖南京官聯名奏稱
該省路股除田租外尚有米捐鹽捐房捐各名目
似此層層剝削不惟取之富戶且至擾及貧民倘
不一律停收仍不足以示體恤詳閱該員等所奏
頗能仰體朝廷德意俯察民生疾苦著即將湖南省
所有因路抽收米捐鹽捐房捐各股與前項租股
概行停止其已收之款仍著郵傳部督辦鐵路大
臣湖南巡撫恪遵前旨一併詳細查明妥擬辦法
奏聞不使有絲毫虧損並著該撫刊刻謄黃再行
曉諭毋任隱匿遲延以廣仁施而紓民力欽此
臣奕假
臣那
臣徐

362
鈐章
宣統三年五月初三日內閣奉
上諭奉宸苑奏書正因病呈請開缺一摺奉宸苑

卿書正着准其開缺欽此

臣奕假
臣那
臣徐

363
鈐章
欽奉
諭旨都察院代奏河南京官吏部右丞孫紹陽等呈稱已故道員袁保齡勳勤卓著遺愛在人懇請宣付史館立傳一摺袁保齡生平事蹟著宣付史館附列袁甲三傳後欽此

臣奕假
臣那
臣徐

五月初三日

364
鈐章
欽奉

諭旨都察院奏查明已革郎選知府郎中文錦被參冤抑鈔呇呈覽一摺文錦著交吏部帶領引見欽此

臣奕假
臣那
臣徐

365
鈐章
欽奉
諭旨禁煙大臣奏調驗大員煙癖已除請飭照舊供職一摺著依議欽此

臣奕假
臣那
臣徐

五月初三日

366

鈐章

欽奉

諭旨給事中石長信片奏法律學堂乙班畢業請查照甲班成案量予變通等語著該部知道欽此

全抄摺

原件交學部

抄交法部

臣奕劻

臣那

臣徐

五月初三日

367

鈐章

欽奉

諭旨給事中石長信奏皖省水患日深急宜疏導一摺著該部知道欽此

臣奕劻

368

原件同抄摺

交民政部

另抄交農工商部

五月初三日

臣那

臣徐

鈐章

宣統三年五月初四日內閣奉

上諭楊文鼎奏湖南諮議局呈稱湘路力能自辦不甘借債據情代奏一摺鐵路幹路收歸國有業經定為政策明白宣示並飭將川湘兩省租股一律停止及將已收之股妥籌辦法係因商辦幹路徒增民累朝廷為減輕小民擔負起見改定政策仍不使少有虧損在百姓當樂從之不暇豈有反抗之理該省諮議局不免誤會所呈各節語多失實迹近要挾楊文鼎身任地方息事安民是其專責既經明降諭旨果能仰體朝廷愛民之意曉以利害剴切開導羣疑當不難盡釋乃於甫經決定政策

竟率行代為瀆奏殊屬不合著俟旨嚴行申飭昨
又降旨飭將湖南省因路抽收之米鹽房各捐概
行停止朝廷體恤民艱無微不至仍著該撫懍遵
迭次諭旨一面切實勸諭一面會同妥善辦法如
有匪徒暗中鼓動致生事端即著從嚴懲辦倘再
措置失宜釀成重案定惟該撫是問欽此

臣奕　臣那　臣徐

369

鈐章

宣統三年五月初四日奉
旨奉宸苑卿著奎珍補授欽此

滿屋保召

臣奕　臣那　臣徐

370

鈐章

欽奉
諭旨學部會奏設立中央教育會擬具章程繕單呈
覽一摺又片奏會員所需旅費川資分別酌給等
語均著依議欽此

五月初四日

臣奕　臣那　臣徐　臣唐

371

鈐章

欽奉
諭旨順天府奏申明順天警務權限請飭部立案一
摺著該衙門知道欽此

五月初四日

臣奕　臣那　臣徐

372

鈐章

宣統三年五月初六日內閣奉
上諭張英麟等奏山東南境州縣被災甚劇重以江

皖飢民紛擾懇恩頒發帑項併辦速賑一摺山東
連歲歉收物力困敝今春雨雪愆期農田被淹尤
以兗沂曹三府濟甯州各屬爲最重小民流離困
苦殊深憫惻除前經孫寶琦籌銀五萬兩並電飭
江皖籌賑大臣盛宣懷等撥銀二萬兩分投賑濟
外著再賞銀三萬兩由度支部給發該撫迅即派
委妥員切實查明散放以惠災黎欽此

臣奕
臣那
臣徐

373

鈐章

宣統三年五月初六日内閣奉

上諭王人文電奏據四川諮議局呈稱川省紳民自
奉鐵路收歸國有之命紛紛函電請飭暫緩接收
并請緩刊謄黄等語覽奏殊堪詫異鐵路收歸國
有乃以商民集款艱難路工無告成之望川省較
湘省爲尤甚且有虧倒鉅款情事朘削脂膏徒歸
中飽殃民誤國人所共知朝廷是以毅然收爲國
有並停收租股以恤民艱既經定爲政策決無反
汗之理該省諮議局不明此意輒行要求並有緩
刊謄黄之請是必所收路款侵蝕已多有不可告
人之處一經宣布此中底蘊恐不能始終掩飾
保該局非受經手劣紳之請託希圖朦混爲延宕
時期接續抽收之計不然前降諭旨指明停止租
股並飭妥籌辦法何至誤爲捐款強詞奪理情僞
顯然該署督目擊情形一切弊竇應所深悉乃竟
率行代奏殊屬不合王人文著傳旨嚴行申飭仍
著迅速刊刻謄黄徧行曉諭並隨時剴切開導俾
衆周知至已收租股並著趕即查明由度支部郵
傳部督辦鐵路大臣會同該署督妥籌切實辦法請
旨辦理欽此

臣奕
臣那
臣徐

374

鈐章

欽奉
諭旨郵傳部奏部事日繁請調員差遣一摺著依議
欽此

臣奕
臣那
臣徐
臣盛宣懷

五月初六日

375

鈐章

宣統三年五月初七日内閣奉
上諭陳名侃奏因病續假並請派員署缺一摺陳名侃著再賞假一箇月都察院副都御史著朱益藩兼署欽此

臣奕
臣那
臣徐

376

鈐章

欽奉
諭旨理藩部奏蒙古郡王因病請假旅行一摺帕勒塔著賞假四十日在京調理毋庸旅行欽此

臣奕
臣那
臣徐
臣壽耆

五月初七日

硃○ 377

宗人府府丞朱益藩
翰林院學士周克寬
侍讀學士黄思永 現在出差
王錫蕃
侍講學士李士鉁
楊捷三
周爰諏
順天府府丞裴維侒
掌印給事中陳田

裁缺陸軍部丞係屬人才候補丞參未予又年公過

378 裁缺內閣侍讀學士劉宇泰 現在出差
甘大璋

379 五月初九日引
見人員
學部一百四十九人

380 滿頭班
花翎二品銜領班三品章京英秀
花翎三品銜幫領班四品章京成俊
花翎三品銜在任即選道俟升四品後 賞加二品銜章京郎中鍾佩
三品銜在任即選知府章京郎中麟祥
五品銜章京候補侍讀中書海桂
章京候補員外郎伊密揚阿
花翎四品銜章京員外郎存瑞
花翎三品銜俟升四品後 賞加二品銜額外章京上行走裕銘
漢頭班
花翎二品銜領班三品章京楊壽樞
二品銜幫領班四品章京徐宗溥

三品銜章京郎中劉慶篤
花翎三品銜章京員外郎趙國良
三品銜章京員外郎張潤
三品銜章京員外郎宋孖聯
花翎員外郎銜章京候補主事曾文玉
章京編修黄彥鴻
章京候補中書秦樹忠
額外章京禮部候補主事彭士華
滿二班
花翎二品銜領班三品章京文年
花翎二品銜幫領班四品章京榮奎
花翎三品銜 記名道府俟升四品後 賞加二品銜章京郎中常泰
花翎四品銜章京員外郎鴻恩
四品銜章京主事興康
四品銜章京員外郎星輅
章京錄事官松海
額外章京法部候補主事伊星阿
漢二班
二品銜領班三品章京易貞

二品銜領班上行走三品章京華世奎
花翎幫領班四品章京趙廷珍
三品銜記名繁缺知府章京郎中孫笱經
花翎四品銜章京主事盧文明
四品銜章京主事邢維經
三品頂戴章京郎中萬雲路
花翎四品銜章京主事雷延壽
花翎四品銜章京編修楊渭
章京候補主事呂式斌
章京候補中書江保侍

381

鈐章

欽奉

諭旨貝勒載濤等奏陸軍貴胄學堂開辦經費收發各款暨餘銀繳還開單呈覽一摺知道了欽此

臣奕

臣那

臣徐

五月初九日

382

鈐章

欽奉

諭旨貝勒載濤等奏陸軍貴胄學堂額支活支經費第一屆收發各款暨餘款繳還開單呈覽一摺知道了欽此

臣奕

臣那

臣徐

五月初九日

383

五月初十日引見人員

學部一百四十七人

384

鈐章

欽奉

諭旨御史陳善同片奏各省省城商埠新設之審判檢察等廳遇事衝突交訴互相推諉請飭各省督撫嚴督提法使嚴切考覈妥擬章程等語所奏不

為無見著法部按照所陳各節認真整頓妥慎籌
議具奏欽此

臣奕
臣那
臣徐

五月初十日

鈐章

宣統三年五月十一日內閣奉
上諭此次引見之廷試游學畢業生進士江古懷何
育杰鍾世銘劉冕執俞同奎高勝儒凌春鴻吳乃
琛孫昌潤羅忠詒劉國珍刁作謙陳祖良梁賡奎
陳訓昶董如奉林葆恒葉可樑朱天奎韓楷均著
授職翰林院編修諸翔王蔚文謝培筠李新益羅
聽餘汪果孫多鈺薛宜琪崔潮吳鼎昌劉先騭沈
王楨方擎劉慶綬趙世瑄廖炎楊壽桐均著授職
翰林院檢討朱公釗張嘉森胡驥黃曾銘唐在賢
鍾偉薛楷方時簡韓振華江順德屠宏嚴恩棫彭
炳張修敏楊德森朱葆勤黃瀛元席聘臣均著改

為翰林院庶吉士舉人周翰翁敬棠董元春汪燨
芝郭寶慈張正坊彭清鵬張聯魁吳在章何長祺
張廷霖余紹宋徐造鳳李宣諫范磊陳訓旭張大
椿徐維震唐在章李澂邵長光金曾澄梅詒穀汪
行恕談荔孫蔣履曾金泰周錫經均著以主事按
照所學科目分部補用廖世功孫慶澤曹位康張
友棟朱顯邦汪廷襄方興楚萬嘉璧錢懋勛楊汝
驤何壽彭林祖繩張明綸曾牖楊明劉桐董保元
張嘈郭登瀚余名銓楊熙光李兆麟錢均何鼓棠
何陶李景鎬黃以仁秦銘博余煥東施霖葉昌燾
程承邁祝長慶武濬源楊彥清鄭桓韓榮昌王麟
書嚴式超陳日平諸人龍杜慎媿張淑寀鄭斷高巨璵
程鵬年陳文中張德憲馬英俊錢鴻鈞梁同愷周
秉鈞許文光田煜璠李協中熊嶧潘大道魏斯炅
汪汝梅王毓芳袁鳳曦郭恩澤李士烔雷震孔紹
堯榮陞王邦屏李維翰周達壽郁華范潤書屈燨
楊同穰黃寶森黃公邁袁梅陳模吳錫忠陳英張
競勇盧柱生朱文熊陳襄廷陳受中鍾寶華陳希
曾伍學澧鄒樹聲葉瑞棻韓殿琦李鍾瀛鄭文易

歐陽啟勳劉健蕭鴻烈張寬光徐元誥胡國臣陳煦周鴻熙林瑩余道暄龍靈張恩綬陳彥彬郭秀如陳復潔徐覲謝家鴻黃德馨李昀余和治胡善思高贊鼎曹楨晏才傑沈鴻杜雲程郭章鑾嚴端李廷斌胡樟鄺維楨唐士杰王鑄李鵬經倪紹雯鄒延桀洪榮圻楊耀卿劉炤吳灼昭薛光鍔何超李盛鐔程家頹姚潤仁許壽裳黃永孚袁家普張繼業均著以七品小京官按照所學科目分部俟三年俸滿作為候補主事高國煐孫鍾黃翼顧時濟謝正權孫世偉沈東鍇成祚蹇先驄楊兆鵬李一國玠蔣道南馬柱彭繼昌熊彥石大經李柯徐藻楹金其堡黃紹儁田汝翼鄧瑞槃李邦燦萬歇忠王鍾翀劉鏡清何焯時吳燮黃宗麟歐陽景東孫德震倪啟瑞李慶芳啟彬葉諱然邵箴張萬田祝撰望周澤春雷鴻斯欒方忠源駱繼漢楊拱丁鑑修邱開駿吳玉成沈復汪炳南鄔肇元張邦華夏嵩蔣羲明胡源鴻葉大榮黃鳳翔黃炳言夏國賓張炳星劉導沈秉誠陽光球滕驥陳翱蕭露華黃蹇王邕周衡王曉東徐麟祥胡光普吳秉成胡光

晉關和鈞鄭際平張蓋臣嚴慎修羅家衡石福籛馬光鑲馬有恆陳榮鏡孫壽恩王潤周蓋臣郭襄臣陳佑清王懋昭張競立羅仁博任秉璋黨積齡陳國鏞曹彥李培鑾張福照蔡元康龍圖劉啟晴何蔚雷寶森吳懿徐炳成仇預黃甲馬有略張振鏞嚴少陵黃如棟孫景賢陳藻錢崇固申鍾嶽黃行藻曹廣涵周英胡薰陳佐漢李涵真周大鈞鄭憲武徐家瑞殷汝熊黃耀鳳徐金熊王靖先周寶鑾郝文燦胡樹楷鄭隆驤邵文鎔鄭汝璋姚履亨張金燦童顯漢宋仲佳巫德源龔鼎銓劉大魁楊悌劉石蓀蘇壽松尹耕莘吳會英王澄清黃傳綸張清槐熊兆周楊蔭喬金元潤王海鑄唐文晉光晟盧尚同蕭增秀劉蕃朱其振黃際遇鄭更戴棣齡廖恩煦李培業漆運鈞張國棟岳秀華陳鴻慈薛良瞿翔鮑鑅王光鼎董森俞仁愈張家亨章家駿馮霈瞿祖熊均著以七品小京官按照所學科目分部補用劉安欽顧寶瑚周步瑛王道昌均著以知縣分省即用王英瀚李惠人莊浩劉傑夫梁元輔段世垣袁本貴李世恩池文藻胡傳恩張德潢

邱冠棻潘先祖鍾銑黃中塏陳福民陸家鼒劉光
筠張燿何宗瀚趙恒默均著以知縣分省試用分
部郎中朱斯芾張鴻鼎孫嘉祿薛宜瑞
蒯壽樞均著按照所學科目分部俟奏留後各以
該部郎中即用分部員外郎但燾蔣瑩英均著按
照所學科目分部俟奏留後各以該部員外郎即
用農工商部學習主事趙從懿著以主事仍歸原
衙門俟奏留後以主事即用裁缺陸軍部主事李
兗揩分部主事吳鐸李燿忠淩肇倫程恩均著按
照所學科目分部俟奏留後各以該部主事即用
分省知府趙之驌著仍以知府分省補用指分山
東補用同知江忠章著仍以同知歸原省補用同
知直隸州用直隸補用知州祝毓瑛著仍以知州
歸原省即用並留原保升階湖北補用知縣黃希
仲著仍以知縣歸原省即用補行廷試之舉人向
瑞琨高彤墀沈祚廷前因辦理南洋勸業會經張
人駿奏請獎勵向瑞琨高彤墀均著以主事按照
所學科目分部補用沈祚廷著以知州分省試用
欽此

臣奕

386 五月十一日引
見人員
學部一百四十八人

臣那
臣徐
臣唐

387 鈐章
宣統三年五月十一日內閣奉
上諭度支部奏請簡安徽清理財政監理官一摺趙
從蕃著開去廣西勸業道缺賞加四品卿銜充安
徽清理財政正監理官欽此

臣奕
臣那
臣徐

388 鈐章
宣統三年五月十一日內閣奉
上諭江西吉安府知府員缺著恆康補授欽此

389
鈐章
宣統三年五月十一日奉
旨李士鈐著轉補翰林院侍讀學士翰林院侍講學
士著薛寶辰補授欽此
臣奕
臣那
臣徐

五月十一日
臣奕
臣那
臣徐

390
五月十三日引
見人員
吏部三十八人
鑾輿衛六人
正黄旗漢軍二人
正白旗漢軍二人
正紅旗漢軍七人
内務府十五人
武備院四人
精捷營二人
共七十六人

391
鈐章
宣統三年五月十二日内閣奉
上諭廣西勸業道員缺著胡翔林補授欽此
臣奕
臣那
臣徐

392
廣西勸業道員缺請
旨簡放

393
鈐章
宣統三年五月十三日内閣奉
上諭載澤奏請裁撤督辦鹽政大臣一摺前因各省

鹽務疲敝特命該大臣督辦鹽政以資整頓該大
臣任事以來措施尚妥裨益良多現在財用支絀
鹽務為國家稅關係甚重仍著該大臣照常督辦
以期日有起色所請裁撤督辦鹽政之處著毋庸
議欽此

臣奕
臣那
臣徐

394

鈐章

欽奉

諭旨本日引見之已革郎中文錦著以同知用欽此

臣奕
臣那
臣徐

五月十三日

395

鈐章

欽奉

諭旨本日引見之明保補缺後直隸州用江西試用
知州金沛田著以直隸州知州仍留原省補用欽此

臣奕
臣那
臣徐

五月十三日

396

明保補缺後直隸州用江西試用知州金沛田
旨著以直隸州知州仍留原省補用

397

鈐章

欽奉

諭旨本日引見之已革直隸試用通判文瑞著開復
原官欽此

臣奕
臣那
臣徐

五月十三日

398 被參寃抑已革直隸試用通判文瑞
旨著開復原官

399
臣奕等跪
奏為據情代奏恭謝
天恩事據三品章京華世奎呈稱准吏部知照本月
十一日吏部奏前署黑龍江巡撫程德全前湖
南布政使吳引孫前軍機領班三品章京華世
奎等應否援案給蔭請
旨遵行一摺奉
旨准其給蔭欽此該章京跪聆之下感激莫名茲據
呈請代奏叩謝
天恩前來臣等謹據情代陳叩謝伏乞
皇上聖鑒謹
奏
宣統三年五月十三日奉
旨知道了欽此

宣統三年五月十三日
內閣總理大臣和碩慶親王臣奕
內閣協理大臣大學士臣那
內閣協理大臣大學士臣徐

400
鈐章
欽奉
諭旨內閣會奏議覆三多電奏蒙地密邇俄疆亟宜
築路調營一摺著依議欽此
臣奕
臣那
臣徐
臣鄒嘉來
臣善耆
臣載澤
臣唐景崇
臣蔭昌
臣載洵

401

鈐章

欽奉

諭旨內閣會奏議覆李經羲電奏滇省事機危迫請

飭內外協助一摺著依議欽此

臣紹　昌

臣溥　倫

臣盛宣懷

臣壽　耆

臣奕

臣那

臣徐

臣鄒嘉來

臣善　耆

臣載　澤

臣唐景崇

臣廕　昌

臣載　洵

臣紹　昌

402

鈐章

欽奉

諭旨都察院代遞奉天諮議局副議長袁金鎧等條

陳增練備補兵呈一件著該衙門酌覈具奏欽此

臣溥　倫

臣盛宣懷

臣壽　耆

臣奕

臣那

臣徐

五月十四日

403

鈐章

宣統三年五月十五日內閣奉

上諭署大學士那桐現已服滿著仍授為文淵閣大

學士欽此

臣奕

臣那

臣徐

404

鈐章

宣統三年五月十五日内閣奉

上諭直隸交涉使著王克敏補授欽此

臣奕

臣那

臣徐

405

鈐章

欽奉

諭旨都統增祺前派有恭奉

冊

寶之差著改派紹昌敬謹將事增祺著即撤下欽此

臣奕

臣那

臣徐

五月十六日

406

鈐章

宣統三年五月十六日内閣奉

上諭睿親王魁斌奉恩鎮國公毓敏均派有恭奉

冊

寶之差臨期遽行請假實屬非是均著傳旨嚴行申飭

魁斌毋庸賞假毓敏著於明日銷假屆期敬謹將

事欽此

臣奕

臣那

臣徐

407

鈐章

宣統三年五月十六日内閣奉

上諭湖北高等檢察廳檢察長著蘗駿聲試署欽此

臣奕

臣那

臣徐

臣紹昌

408

鈐章

宣統三年五月十六日内閣奉

上諭黑龍江高等審判廳廳丞著汪守珍試署欽此

臣奕
臣那
臣徐
臣紹昌

409

五月十七日引

見人員

度支部四人

陸軍部六人

值年旗十八人

鑲黃旗蒙古八人

正藍旗蒙古二人

前鋒護軍營二十七人

共五十七人

410

鈐章

欽奉

諭旨農工商部奏南洋勸業會列入一等應給獎勵各員開單呈覽一摺又片奏翰林院侍讀學士黃思永請賞加二品頂戴安徽候補道許鼎霖與給三代正一品封典等語均著依議欽此

五月十七日

臣奕
臣那
臣徐
臣溥倫

411

鈐章

欽奉

諭旨盛宣懷奏各省官紳報効災振鉅款請優獎一摺所有報効鉅款之楊蔚等十六員均著照所請獎勵又片奏節婦蔣馬氏等捐助振款請旌表建坊等語著照所請該部知道欽此

五月十八日

臣奕假
臣那
臣徐

412

鈐章

欽奉

諭旨御史黄瑞麒奏借款官修幹路宜仍留商股一摺又片奏請飭將停收以前所收米鹽各款悉數解交公司不准挪用等語著度支部郵傳部督辦粵漢川漢鐵路大臣悉心妥議具奏欽此

臣奕 假

臣那

臣徐

五月十八日

413

鈐章

欽奉

諭旨郵傳部奏鐵路推行日廣擬請釐定全國軌制一摺又奏請以夏既澤等調補丞政廳七品小京官各缺一片又奏請以補用道李福全接充京奉鐵路洋務總辦一片均著依議欽此

臣奕 假

臣那

臣徐

五月十八日

414

鈐章

宣統三年五月十九日内閣奉

上諭靈熙奏因病懇請開缺一摺正白旗蒙古副都統靈熙著准其開缺欽此

臣奕 假

臣那

臣徐

415

鈐章

欽奉

諭旨御史孫培元片奏請將高等學堂畢業得獎内閣中書中書科中書等員有願改就小京官者一律准其呈改等語著該部議奏欽此

合原片 原件交學部 抄片交吏部

臣奕 假

臣那

五月十九日

臣徐

416

鈐章

宣統三年五月二十日内閣奉
上諭此次京察一等覆帶引見各員已經召見完竣
所有圈出之吳炯何作猷李端棨林東郊尹慶舉
鐵格孫筍經毓厚饒寶書恒文張錯榮厚蔡中燮
如銓郭集琛謙榮王士傑王李烈晏孝儒崇耀劉
嘉斌成允吉同鈞陳棣堂顧祖彭冒廣生榮凱裕
芳文俊札拉芬王金鎔惠銘樂善顧紹鈞春常樸
奎均著記名以道府用欽此

臣奕
臣那
臣徐

417

鈐章

宣統三年五月二十日内閣奉
上諭奉天奉天府知府員缺著都林布調補欽此

臣奕
臣那
臣徐

418

鈐章

宣統三年五月二十日奉
旨正白旗蒙古副都統著那晉補授欽此

臣奕
臣那
臣徐

419

鈐章

欽奉
諭旨資政院奏續辦速記學堂並將原定章程酌量
修改繕單呈覽一摺著依議欽此

五月二十日

臣奕
臣那
臣徐

420

鈐章

欽奉

諭旨税務處奏總税務司赫德因病未痊懇請續假

並請派安格聯署理總税務司員缺一摺赫德著

再賞假一年餘依議欽此

五月二十日

臣奕

臣那

臣徐

421

鈐章

欽奉

諭旨御史德壽奏醫學爲民命所託宜設法提倡一

摺著民政部知道欽此

署名

五月二十日

臣奕

臣那

臣徐

422

鈐章

欽奉

諭旨御史德壽奏錢業倒閉日多商民受害實甚亟

宜試辦紙幣一摺著度支部知道欽此

署名

五月二十日

臣奕

臣那

臣徐

423

鈐章

宣統三年五月二十一日内閣奉

上諭丁寶銓奏假期又將屆滿病仍未痊籲懇開缺

一摺山西巡撫丁寶銓著准其開缺欽此

臣奕 假

臣那

臣徐

424

鈔章

宣統三年五月二十一日內閣奉

上諭度支部會奏遵旨籌畫川粵漢幹路收回詳細辦法各摺片鉄路收歸國有因以維持路政實以體恤民艱前經降旨停收川湘等省各項股捐並疊次諭令將已收之款妥籌辦法茲據奏稱請將粵川湘鄂四省所抽所招之公司股票盡數驗明收回由度支部郵傳部特出國家鉄路股票常年六釐給息嗣後如有餘利按股分給倘願抽本五年後亦可分十五年抽本未到期者並准將此項股票向大清交通銀行照行規隨時抵押其不願換國家鐵路股票者均准分別辦理以昭平允粵路全係商股因路工遲滯糜費太甚票價不及五成現每股從優先行發還六成其餘虧耗之四成並准格外體恤發給國家無利股票路成獲利之日准在本路餘利項下分十年攤給湘路商股照本發還其餘米捐租股等款准其發給國家保利股票鄂路商股並准一律照本發還其因路動用賑糶捐款准照湖南米捐辦理川路宜昌實用工料之款四百數十萬兩准給國家保利股票其現存七百餘萬兩願否入股或歸本省興辦實業仍聽其便等語籌畫尚屬妥協著督辦粵漢川漢鐵路大臣迅速前往會同各該省督撫遵照所擬辦法將所有收款分別查明細數實力奉行朝廷於此事審慎周詳仁至義盡經此次規定後倘有不逞之徒仍藉路事為名希圖煽惑滋生事端應由該督撫嚴拏首要盡法懲辦毋稍寬徇以保治安欽此

臣奕

臣那

臣徐

臣載澤

臣盛宣懷

425

鈔章

宣統三年五月二十二日內閣奉

上諭山西巡撫著陳寶琛補授欽此

臣奕

426

鈐章

宣統三年五月二十二日内閣奉

上諭黑龍江龍江府知府員缺著范守佑補授欽此

臣那　臣徐

臣奕　臣那　臣徐

427

五月二十三日引

見人員

吏部十七人

郵傳部十四人

共三十一人

428

各部侍郎名單

外務部左侍郎胡惟德

右侍郎曹汝霖

民政部左侍郎烏珍

右侍郎林紹年　現署學部右侍郎

度支部左侍郎紹英

右侍郎陳邦瑞

學部左侍郎寶熙

右侍郎李家駒　現充資政院副總裁

法部左侍郎沈家本

右侍郎王垿

農工商部左侍郎熙彦

右侍郎楊士琦

郵傳部左侍郎汪大燮　現在出差

右侍郎吴郁生

理藩部左侍郎達壽

右侍郎恩順

吏部左侍郎于式枚

右侍郎沈雲沛　現在請假

禮部左侍郎景厚

右侍郎郭曾炘

倉場侍郎桂春

俞廉三

429

裁缺内閣學士名單

麒德

瑞豐

毓隆

榮勳

溥善

楊佩璋

李映芳（郷）

陳寶琛

許澤新

硃口

430

鈐章

宣統三年五月二十三日内閣奉

上諭沈雲沛奏假期屆滿病仍未痊懇請開缺一摺吏部右侍郎沈雲沛著准其開缺仍留幫辦津浦鐵路事務欽此

臣奕

臣那

臣徐

431

鈐章

宣統三年五月二十三日内閣奉

上諭趙濱彦著開缺來京另候簡用湖南布政使著鄭孝胥補授欽此

臣奕

臣那

臣徐

432

鈐章

宣統三年五月二十三日内閣奉

上諭吏部右侍郎著榮勳補授欽此

臣奕

臣那

臣徐

433

鈐章

宣統三年五月二十三日内閣奉

上諭陳寶琛現已補授山西巡撫著派侍郎于式枚總理禮學館事宜欽此

臣奕

臣那
臣徐

434

鈐章
欽奉
諭旨本日引見明保湖北候補道盛春頤著交內閣
存記欽此
五月二十三日
臣奕
臣那
臣徐

435

鈐章
欽奉
諭旨本日引見州縣事實列入最優等陝西三原縣
知縣蔡寶善著在任以直隸州知州候補欽此
五月二十三日
臣奕
臣那
臣徐

436

考核州縣事實最優等陝西三原縣知縣蔡寶善
旨著在任以直隸州知州候補

437

鈐章
欽奉
諭旨吏部奏聲明請旨一摺已故升用同知留江補
用通判鶴鳴著照歿於王事例議卹欽此
五月二十三日
臣奕
臣那
臣徐

438

鈐章
宣統三年五月二十四日內閣奉
上諭陝西延榆綏道員缺著瑞清補授欽此
臣奕
臣那
臣徐

439

鈐章

宣統三年五月二十四日內閣奉

上諭陝西西安府知府員缺緊要著該撫於通省知府內揀員調補所遺員缺著陸增煒補授欽此

臣奕
臣那
臣徐

440

鈐章

欽奉

諭旨學部奏中央教育會遵章開會請派張謇充該會會長張元濟傅增湘充該會副會長一摺著依議欽此

臣奕
臣那
臣徐
臣唐

五月二十四日

441

鈐章

欽奉

諭旨學部奏遵章酌擬中央教育會會議規則繕單呈覽一摺著依議欽此

五月二十四日

臣奕
臣那
臣徐
臣唐

442

鈐章

欽奉

諭旨御史陳善同奏借款修路利固甚溥害亦相當就借款合同另擬安插已收股款辦法一摺著度支部郵傳部督辦粵漢川漢鐵路大臣知道欽此

臣奕
臣那
臣徐

五月二十四日

443

鈐章

欽奉

諭旨御史陳善同奏近年銀號票莊屢見倒閉國民兩困請速行保商政策一摺著該部知道欽此

臣奕

臣那

臣徐

五月二十四日

444

鈐章

宣統三年五月二十五日内閣奉

上諭江蘇督練公所參議官步隊副參領艾忠琦著派充陸軍第二十三協統領官並賞給陸軍協都統銜欽此

臣奕

臣那

臣徐

臣廕昌

445

鈐章

欽奉

諭旨禁烟大臣奏調驗大員烟癖已除請飭照舊供職一摺著依議欽此

臣奕

臣那

臣徐

五月二十六日

446

鈐章

欽奉

諭旨禁煙大臣片奏禁煙公所提調河南涉縣知縣顧壽椿請回籍修墓並請開缺歸直隸州知州仍留原省補用等語著依議欽此

臣奕

臣那
臣徐
五月二十六日

447
鈐章
宣統三年五月二十七日內閣奉
上諭內閣會奏酌擬內閣屬官官制暨內閣法制院
官制繕單呈覽一摺朕詳加披覽尚屬妥協著先
將此兩項官制頒布除應簡之閣丞各員另行簡
補外著即遵照設內閣承宣廳及制誥敘官統計
印鑄各局應設之內閣法制院亦即同時並設所
有憲政編查館吏部中書科稽察欽奉上諭事件
處批本處等衙門著一併裁撤其所管事項與已
經裁撤之舊設內閣軍機處會議政務處所管事
項凡應併入內閣辦理者統即分別接管舊隸軍
機大臣之繙書房著改隸於翰林院至各衙門應
行劃入事項及應劃歸各衙門事項均著妥慎交
接以清權限而專責成餘俱照所擬辦理此外各
項官規及京外官制仍著遵照修正籌備清單妥
速擬訂陸續奏聞候旨頒布施行俾臻完備欽此
臣奕
臣那
臣徐
臣鄒嘉來
臣善耆
臣載澤
臣唐景崇
臣廕昌
臣載洵
臣紹昌
臣溥倫
臣盛宣懷
臣壽耆

448
鈐章
宣統三年五月二十七日內閣奉
上諭內閣閣丞著華世奎補授內閣承宣廳廳長著

趙廷珍補授副廳長著英秀補授内閣制誥局局長著楊壽樞補授副局長著裕隆補授内閣敘官局局長著寶銘補授副局長著張鍇補授内閣統計局局長著楊度補授副局長著張國淦補授内閣印鑄局局長著陸宗輿補授副局長著黄瑞麒補授欽此

臣奕
臣那
臣徐

449

鈐章

宣統三年五月二十七日内閣奉

上諭内閣法制院院使著李家駒補授副使著章宗祥補授吴廷燮林炳章徐宗溥阮忠樞均著補授内閣法制院參議欽此

臣奕
臣那
臣徐

450

鈐章

宣統三年五月二十七日内閣奉

上諭李家駒現充資政院副總裁内閣法制院院使著劉若曾署理章宗祥現在出差内閣法制院副使著吴廷燮暫行署理欽此

臣奕
臣那
臣徐

451

鈐章

宣統三年五月二十七日内閣奉

上諭所有此次裁缺各員均著仍食原俸欽此

臣奕
臣那
臣徐

452

鈐章

宣統三年五月二十七日内閣奉

上諭此次裁缺之吏部侍郎于式枚柴勳均著聽候

簡任吏部右丞孫紹陽軍機領班三品章京易貞
均著以三品京堂及交涉使提學使提法使候補
軍機領班三品章京文年著以副都統記名吏部
左參議毓善著以四品京堂及道員候補其次裁
缺合員並著妥籌分別改用辦法奏請施行欽此

臣奕
臣那
臣徐

453

鈐章

宣統三年五月二十七日內閣奉
上諭陸軍部奏湖北等省督練公所軍事參議官職
缺遴擬各員請旨派充一摺試署湖北兵備處總
辦鐵忠著派充湖北督練公所軍事參議官並賞
給陸軍協都統銜浙江兵備處總辦蒲爾遵袁思
永著派充浙江督練公所軍事參議官並賞給陸
軍協都統銜直隸前總參議陸軍副都統銜陸軍
正參領舒清阿著派充直隸督練公所軍事參議
官江蘇兵備處總辦吳茂節著派充江蘇督練公
所軍事參議官並賞給陸軍正參領銜存記分省
道劉邦驥著派充湖南督練公所軍事參議官
並賞給陸軍正參領銜安徽參議處總辦直隸補
用道唐啓垚著派充安徽督練公所軍事參議官
並賞給陸軍正參領銜江西兵備參議等處總辦
存記道張孝煜著派充江西督練公所軍事參議
官並賞給陸軍正參領銜山西統領官陸軍協都統銜
補用道姚鴻法著派充山西督練公所軍事參議官
陝西統領官陸軍協都統銜陸軍協參領毛繼成
著派充陝西督練公所軍事參議官陸軍協參領
蔣雁行著派充江北督練公所軍事參議官並賞
給陸軍正參領銜欽此

臣奕
臣那
臣徐
臣廕昌

454

鈐章

宣統三年五月二十七日內閣奉
上諭禁衛軍軍諮官固倫額駙品級世襲一等誠嘉

毅勇公麟光著賞給固倫額駙爵章欽此

臣奕 臣那 臣徐

455

鈐章

宣統三年五月二十七日內閣奉

上諭奉恩鎮國公毓岐奏丁生父憂請賞假百日一摺王公丁憂應由宗人府具奏該公自行奏請殊屬不合毓岐著交宗人府議處欽此

臣奕 臣那 臣徐

456

鈐章

宣統三年五月二十七日內閣奉

上諭陸軍第八十一標統帶官劉詢著派充陸軍第四十二協統領官並賞給陸軍協都統銜欽此

臣奕 臣那

臣徐 臣廕昌

457

鈐章

欽奉

諭旨內閣會奏議覆侍讀文華奏學堂畢業生授職請按照所學科目分部補用一摺知道了欽此

臣奕 臣那 臣徐 臣唐

五月二十七日

458

鈐章

欽奉

諭旨憲政編查館奏考覈第三年第二屆續報各省籌備憲政成績一摺知道了欽此

臣奕 臣那 臣徐

五月二十七日

459

鈐章

欽奉

諭旨憲政編查館奏議覆張鳴岐奏籌辦審判期限

區域請酌量變通一摺着依議欽此

臣奕 臣那 臣徐

五月二十七日

460

鈐章

宣統三年五月二十八日內閣奉

上諭內閣現在接收吏部事宜著派達壽幫同清理

歸併欽此

臣奕 臣那 臣徐

461

鈐章

宣統三年五月二十八日內閣奉

上諭李家駒現補授內閣法制院院使學部右侍郎

著于式枚補授欽此

臣奕 臣那 臣徐

462

鈐章

宣統三年五月二十八日內閣奉

上諭吳廷燮現署內閣法制院副使內閣法制院參

議著李景銖暫行署理欽此

臣奕 臣那 臣徐

463

鈐章

宣統三年五月二十八日內閣奉

上諭章宗祥現補授內閣法制院副使內城巡警總

廳廳丞著王善荃調補吳錢孫著補授外城巡警

總廳廳丞欽此

臣奕

464

鈐章

宣統三年五月二十八日内閣奉

上諭外務部右侍郎曹汝霖著賞給二等第一寶星

外務部右丞高而謙左參議曾述棨右參議陳懋

鼎均著賞給二等第二寶星欽此

臣那

臣徐

臣奕

臣那

臣徐

465

應調侍郎名單

外務部左侍郎胡惟德

右侍郎曹汝霖

民政部左侍郎烏珍

右侍郎林紹年 現署學部右侍郎

度支部左侍郎紹英

右侍郎陳邦瑞

學部左侍郎寶熙

禮部左侍郎景厚

右侍郎郭曾炘

陸軍副大臣壽勳

海軍副大臣譚學衡

法部左侍郎沈家本

右侍郎王垿

農工商部左侍郎熙彦

右侍郎楊士琦

郵傳部左侍郎汪大燮 現在出差

右侍郎吴郁生

理藩部左侍郎達壽

右侍郎恩順

倉塲侍郎桂春

俞廉三

大理院卿定成

466

應升侍郎名單

都察院副都御史伊克坦

陳名侃

宗人府府丞朱益藩

大理院少卿劉若曾

翰林院學士錫鈞

周克寬

467

外務部右侍郎曹汝霖請

賞二等第一寶星

外務部左丞高而謙參議曾述棨陳懋鼎請

賞二等第二寶星

468

鈐章

欽奉

諭旨順天府奏宣統三年預算案查照資政院議決

數目分別留減並追加歲入追減歲出繕單呈覽

一摺著度支部知道又片奏裁併派辦等處並分

科治事等語知道了欽此

錄二十一番交度支部
又抄交順天府

臣奕

臣那

五月二十九日

臣徐

469

鈴章

宣統三年六月初一日內閣奉

上諭王人文奏提學使呈請開缺回籍修墓一摺四

川提學使劉嘉琛著准其開缺欽此

臣奕

臣那

臣徐

470

鈴章

宣統三年六月初一日內閣奉

上諭四川提學使著方履中試署欽此

臣奕

臣那

臣徐

471

鈴章

欽奉

諭旨資政院院章前於光緒三十四年由資政院總

裁會同軍機大臣具奏復於宣統元年經資政院

會奏續擬院章並將前奏各章改訂頒布施行現

在已閱兩年時勢又有不同核與新頒法令未盡

脗合亟應將資政院院章修改以免窒礙而利推

行著資政院總裁副總裁會同內閣總協理大臣

悉心斟酌妥速改訂具奏候朕欽定頒行欽此

六月初一日

臣奕

臣那

臣徐

472

鈴章

欽奉

諭旨陸軍部奏保定陸軍軍械局所管大楊村火藥

庫暨駐紮保定陸軍第二鎮演武廳火藥庫被焚

情形一摺一月之間兩次失慎此中有無情弊著

該部嚴查究辦據實具奏欽此

六月初一日

臣奕

臣那

臣徐

473
鈐章
欽奉
諭旨郵傳部會奏議覆滇省減收隨糧路股一摺著
依議欽此
臣奕
臣那
臣徐
六月初一日

474
鈐章
欽奉
諭旨盛宣懷奏各省官紳報效災振鉅款請優獎一
摺所有報效鉅款之白承顯等十七員均著照所
請獎勵又片奏開復原銜已革雲南黑鹽井提舉
李訓鋐報效鉅款奏請優獎等語李訓鋐著開復
原官欽此
六月初一日

475
鈐章
宣統三年六月初三日内閣奉
上諭周彪著開缺雲南鶴麗鎮總兵員缺著張繼良
署理欽此
臣奕
臣那
臣徐
六月初一日

476
鈐章
宣統三年六月初三日内閣奉
上諭山西平陽府知府員缺著耆昌補授欽此
臣奕
臣那
臣徐

477

鈐章

宣統三年六月初四日内閣奉

上諭廣西提督著陸榮廷補授欽此

臣奕

臣那

臣徐

478

鈐章

宣統三年六月初四日内閣奉

上諭龍濟光著派充陸軍第二十五鎮統制官並賞

給陸軍副都統銜欽此

臣奕

臣那

臣徐

臣廕昌

479

鈐章

宣統三年六月初四日内閣奉

上諭廣東陸軍混成協統領官將尊簋著賞給陸軍

協都統銜欽此

臣奕

臣那

臣徐

臣廕昌

480

光緒元年十二月十二日欽奉

慈安端裕康慶皇太后

慈禧端佑康頤皇太后懿旨皇帝沖齡踐阼亟宜乘時

典學日就月將以裕養正之功而端出治之本著欽

天監於明年四月内選擇吉期皇帝在毓慶宫入學

讀書著派署侍郎内閣學士翁同龢侍郎夏同善授

皇帝讀其各朝夕納誨盡心講貫用收啟沃之效皇

帝讀書課程及毓慶宫一切事宜著醇親王妥為照

料至國語清文係我朝根本皇帝應行肄習蒙古語

言文字及騎射等事亦應兼肄著派御前大臣隨時

教習並著醇親王一體照料欽此

481

鈐章

宣統三年六月初五日内閣奉

上諭廣西左江鎮總兵員缺著李永芳補授欽此
臣奕
臣那
臣徐

482
廣西左江鎮總兵員缺請
旨簡放

483
鈐章
欽奉
諭旨貝勒載洵等奏謹陳現修
崇陵工程情形一摺知道了欽此

484
鈐章
欽奉

六月初五日
臣奕
臣那
臣徐

諭旨本月二十八日
德宗景皇帝聖誕著派睿親王魁斌恭詣
梁格莊
行宮暫安殿敬謹行禮欽此

六月初六日
臣奕
臣那
臣徐

485
鈐章
欽奉
諭旨榮慶等奏估修
文廟工程擬定做法估計錢糧開單呈覽一摺又片奏
監督監修飯食紙張等項請領經費等語均著依
議欽此

六月初六日
臣奕
臣那
臣徐

486

鈐章

欽奉

諭旨禁煙大臣奏調驗大員煙瘾已除請飭照舊供

職一摺着依議又片奏揀員接充提調等語知道

了欽此

六月初六日

臣奕

臣那

臣徐

487

鈐章

宣統三年六月初八日內閣奉

上諭湖南提法使著劉鍾琳調署欽此

臣奕

臣那

臣徐

488

鈐章

宣統三年六月初八日內閣奉

上諭督辦鹽政大臣奏請仍留張鎮芳署直隸長蘆

鹽運使並懇恩免其議處等語已補湖南提法使

張鎮芳著調署 直隸長蘆鹽運使餘依議欽此

臣奕

臣那

臣徐

臣載澤

489

鈐章

欽奉

諭旨資政院會奏遵旨改訂資政院院章繕單呈覽

一摺著依議欽此

臣奕

臣那

臣徐

六月初八日

490

承宣廳廳長趙廷珍

副廳長英秀

前四品章京成俊
榮奎
郎中鍾佩
員外郎趙國良
主事盧文明
郎中孫笥經
麟祥
劉慶篤
常泰
裕銘
員外郎張潤
鴻恩
主事邢維經
興廉
郎中萬雲路
員外郎宋子聯
星輅
主事雷延壽
錄事松海

候補侍讀海桂
候補員外郎伊密揚阿
編修楊渭

491

候補主事曾文玉
編修黃彥鴻
員外郎存瑞
候補主事呂式斌
候補中書江保傳
秦樹忠
候補主事伊星阿
彭士華

492

鈐章

宣統三年六月初十日內閣奉
上諭陳夔龍等奏考察辦學各員優劣分別舉劾一
摺所有辦學最優之直隸署東光縣知縣張徵乾
任縣知縣謝禹麟署祁州知州畠龍三前署威縣
知縣邱廷棨霸州知州劉儁祁吳橋縣教諭兼縣

視學馬錫蕃吳橋縣勸學總董劉祖蓊豐潤縣勸學總董楊全第霸州勸學總董張文田均着傳旨
嘉奬雄縣知縣張允翰才識庸闇漠視學務平鄉縣知縣程遐師委靡性成學務廢弛均着即行革職延慶州知州周文藻情形隔膜不知振興衡水縣知縣全樹棠敷衍因循毫無振作均着以縣丞降補
新樂縣知縣麥汝良年力就衰難期振作着原品休致署棗强縣知縣阜平縣知縣普容習於因循延擱要政正任保安州知州呂懋光才力短絀莫覩成績均開缺另補餘着照所議辦理該衙門知道欽此

臣奕
臣那
臣徐

493

鈐章

宣統三年六月初十日内閣奉
上諭都察院代奏直省諮議局議員呈請另行組織内閣一摺黜陟百司係君上大權載在
先朝欽定憲法大綱並註明議員不得干預值兹預備立憲之時凡我君民上下何得稍出乎大綱範圍之外乃該議員等一再陳請議論漸近嚚張若不亟爲申明日久恐滋流弊朝廷用人審時度勢一秉大公爾臣民等均當懍遵
欽定憲法大綱不得率行干請以符君主立憲之本意欽此

臣奕
臣那
臣徐

494

鈐章

宣統三年六月初十日内閣奉
上諭浙江甯紹台道員缺著文溥補授欽此

臣奕
臣那
臣徐

495

鈐章

欽奉

諭旨修訂法律大臣奏遵議粵東禁賭條例繕單呈

覽一摺著內閣法制院覆核具奏欽此

臣奕

臣那

臣徐

六月初十日

496

此次

朝廷釐定官制設立內閣以立責任政府之基礎執立

憲政治之樞機內閣總理大臣為國務大臣之領

袖任重責繁本爵自慚薄德益之衰朽辱承斯乏固

辭不獲受事以來時深兢懼顧念閣制要旨在定

政治之方針保持行政之統一是雖總理大臣

之專責然輔弼

朝廷贊襄大政同心協力以圖進行則國務大臣共此

責也本爵仰承

宸謨熟籌政綱敬循在官言官之誼以告我

同列

洪維我

孝欽顯皇后

德宗景皇帝鑒時局之艱危考列邦之政治知非立憲不

足以自強於是有九年籌備之

詔我

皇上繼述

前徽重申

巽命又有縮短立憲年限之

詔於是籌備之期孔迫進行之事益繁若財政若民政

若教育若實業若交通若司法若軍備若理藩若

外交以及附屬事務殆難枚舉蓋幾無一非國家

要政無一可以偏廢者誠以交通時代與閉關時

代不同立憲時代又與專制時代不同昔以保守

為主者今則以進取為宗昔行消極主義而可以

保安者今則非行積極主義不可以圖存是則大

勢所趨不得不然而政策必與時會相應者也

政策既用積極主義而以進取為宗矣則以上所

舉諸要政何一不當竭全力以圖之然何一不需

財用以舉之夫國家之事業無窮而國家之財力有限將欲舉諸要政同時並進雖在至富之國尚恐不濟況如我國現在情形遽以有限之財辦無限之事不待智者而後知其力之不能逮也然則財政者政治之母將欲實行此政策非從整理財政入手不為功斷可知矣

然整理財政云者須合全局而計畫之也以目前之財力供目前之政費入不敷出為數已鉅況此後政策進行歲出日有增加又將何所取給是昔以量入為出為主義者今則必以量出為入為主義而後財務行政方可得而言焉夫整理之事端緒孔多舉其綱要如稅制之統系宜如何組織稅則之輕重宜如何釐定徵收出納機關宜隨時改良歲計事務法規宜力求完備以至幣制之畫一通行銀行之聯絡維持均為重要之圖本原之計應如何統籌全局詳析規畫度支大臣夙夜兢兢不遺餘力舉凡一切方法當必有籌之已熟者

雖然整理財政非但就現有之財而整齊畫一之也國家財力祇有此數況當小民困苦之時豈忍為竭澤而漁之計故整理財政尤須培植財源財源既厚則無論增加租稅募集公債皆屬易行國家歲計不患不增所謂民富斯國富也財源安在厥惟實業故振興實業斯為培植財源之要圖而經濟行政不得不與財務行政同時並進矣

實業之途多端綜其大要不出農工商三事西國自古即有重農主義重工主義重商主義之不同而論者或謂中國以農立國全國生計系於農事是宜重農或謂中國地大物博原料宏富倘能講求製造實為莫大利源是宜重工或又謂通商以來已成商戰世界必厚商力利權乃自我操是宜重商愚以為農工商三事相資為用理無偏廢事可並舉不過措置之時略有先後之序耳農工商大臣講求實業夙具苦心應如何提倡以資創始改良以圖進步與夫獎勵之方保護維持之法一一意經營諒不難漸收實效

整理財政振興實業二者最為當務之急近年度

支部農工商部各已有所奏陳次第見諸施行矣本爵夙表同情今確定為政治方針想亦我同列所共韙者也惟既暨國務大臣之同意而定政治之方針更賴主管大臣之謀謨以為行政之計畫蓋政治有輕重緩急之分行政亦有輕重緩急之序故自政治言之於重要國務之內互相比較則以整理財政振興實業為最重最急自行政言之則整理財政振興實業各自有輕重緩急之可言又從而區分之以為行政之計畫何者在所必先何者在所宜後辦理之法若何所需之年期幾何歲需之經需幾何逐一規畫編為預算措諸實行庶政之方針可達矣

此外教育交通亦最為緊要其餘一切政務今雖不在最急之列並非謂可以廢而不舉所當就現所籌辦者切實經理而徐俟擴充故各主管大臣所為行政之計畫與財政實業計畫之法無異也且與二者有相輔而行者焉如教育行政之計畫則於普及教育師範教育實業教育高等教育四者之中當以實業教育與普及教育並重而普及教育之旨趣及教材又皆以啟發實業之精神為主如交通行政之計畫則於路政航政郵政電政四者之中以路航二事與實業關係最切規畫即以此為急而規定路綫擴張航綫亦以有關實業者為先務其餘各部行政計畫亦復準此俾與政治方針一氣貫注將來實業發達財源漸裕財政自充則一切政務經費有著不難次第擴充蓋事有相成而無相悖者也

溯我
朝
列聖相承與民休息垂三百年邇者國步艱難
朝廷宵旰憂勤無時不以國計民生為廑念上年資政院議員所建議亦以經營財政實業為先務者居多本爵上秉
聖謨下採輿論用是竭其愚慮定為政綱凡我同列諒共此心所望和衷共濟策勵進行則
國家之福也

497

鈐章

欽奉

諭旨内閣奏接收吏部印信文件分別歸併酌擬暫
行章程繕單呈覽一摺著依議欽此

六月十一日

臣奕
臣那
臣徐

498

鈐章

欽奉

諭旨李殿林等奏裁撤吏部交代清楚一摺知道了
又片奏開支餘銀如何移交等語著交内閣接收
欽此

臣奕
臣那
臣徐

六月十一日

499

鈐章

欽奉

諭旨禮親王世鐸等奏八旗預算覈減窒礙難行據
實陳明一摺著照向章辦理度支部知道欽此

原件内初擬交度支部
抄交欽此之字

六月十一日

臣奕
臣那
臣徐

500

鈐章

欽奉

諭旨禮親王世鐸等奏八旗預算覈減窒礙難行據
實陳明一摺著照向章辦理度支部知道欽此

臣奕
臣那
臣徐

原件内初擬交度支部
抄交欽此之字

六月十一日

501

鈐章

欽奉

諭旨郵傳部奏船路郵電四政經費不敷應行追認
先行敘明理由一摺著度支部知道欽此

鈐章第五本件今將郵傳部一摺交度支部另抄交郵傳部

臣奕
臣那
臣徐
臣盛宣懷

六月十二日

502

鈐章

宣統三年六月十三日內閣奉
上諭直隸巡警道舒鴻貽著開缺留於直隸遇有相
當缺出請旨簡放所遺直隸巡警道員缺著葉崇
質試署欽此

臣奕
臣那
臣徐

503

鈐章

宣統三年六月十三日內閣奉
上諭直隸通永道著錫齡阿調補林志道著調補湖
南衡永郴桂道欽此

臣奕
臣那
臣徐

504

鈐章

宣統三年六月十四日奉
旨聯豫奏請補授噶布倫之缺一摺滾噶頓柱四朗
棍繳登珍曲札均著准其補授噶布倫欽此

臣奕
臣那
臣徐

505

宣統三年六月十五日內閣奉
上諭
監國攝政王面奉
隆裕皇太后懿旨皇帝沖齡踐阼寅紹丕基現當養正
之年亟宜及時典學以裕聖功而端治本著欽天監
於本年七月內選擇吉期皇帝在毓慶宮入學讀書
著派大學士陸潤庠侍郎陳寶琛授皇帝讀其各朝

夕納誨盡心啟沃務於帝王之學古今中外治亂之
原詳晰講論隨事箴規當此世界大通大明競進舉
凡數十年來通行之憲政發明之學理尤當按切時
勢擇之務精語之務詳仍不外乎孔子格致誠正修
齊治平之要旨庶幾鞠成日新之德即以培成郅治
之基皇帝讀書課程及毓慶宮一切事宜由監國攝
政王妥為照料至於國語清文乃係我朝根本著派
記名副都統伊克坦隨時教習並由監國攝政王一
體照料欽此

鈐章

臣奕　臣那　臣徐

506

鈐章

宣統三年六月十五日內閣奉
上諭陸潤庠著開去禁煙大臣差使欽此

臣奕　臣那　臣徐

507

鈐章

宣統三年六月十五日內閣奉
上諭山西巡撫陳寶琛著開缺以侍郎候補都察院
副都御史伊克坦著開缺以副都統記名欽此

臣奕　臣那　臣徐

508

鈐章

宣統三年六月十五日內閣奉
上諭榮慶著充弼德院院長鄒嘉來著充弼德院副
院長欽此

臣奕　臣那　臣徐

509

鈐章

宣統三年六月十五日內閣奉
上諭兼管順天府府尹事務一差著即裁撤欽此

臣奕

臣那 臣徐

510

鈐章

宣統三年六月十五日內閣奉

上諭趙爾巽奏周肇祥因公來奉請將該員留於東
三省差委等語四川巡警道周肇祥著開缺准其
留於東三省差委酌量補用欽此

臣奕 臣那 臣徐

511

鈐章

宣統三年六月十五日內閣奉

上諭四川巡警道員缺著徐樾補授欽此

臣奕 臣那 臣徐

512

鈐章

欽奉

諭旨那晉趙爾巽奏陸軍第三鎮暨混成等協校閱
著有成效出力各員照章擬獎繕單呈覽一摺著
該衙門議奏單併發又奏記名總兵曹錕等請從
優鼓勵一片記名總兵曹錕著俟補總兵後以提
督升用補用道王荃本段啟勳劉恩源劉濬均著
以道員記名簡放補用知府岳開先著以道員仍
留原省補用候選同知直隸州知州管雲臣著以
知府儘先補用補用知縣史久亨著以同知直隸
州知州仍歸候補班前補用欽此

六月十五日

臣奕 臣那 臣徐

513

鈐章

欽奉

諭旨那晉奏校閱陸軍第三鎮暨混成兩協在事尤

為出力各隨員照章擬奬繕單呈覽一摺著該衙
門議奏單併發欽此

六月十五日

臣奕
臣那
臣徐

514

鈐章

欽奉
諭旨御史陳善同奏請慎選高等實業專門最優等
畢業生赴美國就學等語著該部知道欽此

六月十五日

臣奕
臣那
臣徐

515

鈐章

宣統三年六月十六日内閣奉
上諭侍郎陳寶琛著加恩在紫禁城内騎馬欽此

臣奕
臣那
臣徐

516

鈐章

宣統三年六月十六日内閣奉
上諭都察院副都御史著朱益藩補授欽此

臣奕
臣那
臣徐

517

鈐章

宣統三年六月十六日内閣奉
上諭宗人府府丞著許秉琦補授欽此

臣奕
臣那
臣徐

518

鈐章

宣統三年六月十六日内閣奉

上諭山西巡撫著陸鍾琦補授欽此

臣奕
臣那
臣徐

519
鈐章
宣統三年六月十六日内閣奉
上諭江蘇布政使著齊耀琳補授翁斌孫著補授直
隸提法使欽此

臣奕
臣那
臣徐

520
鈐章
欽奉
諭旨大學士陸潤庠等現在毓慶宮行走差務重要
著加恩陸潤庠每月賞給養廉銀一千兩陳寶琛
每月賞給養廉銀八百兩伊克坦每月賞給養廉
銀六百兩欽此

521
宗人府府丞朱益藩
大理院少卿劉若曾現署法制院院使
翰林院學士錫鈞
周克寬
侍讀學士景褑
恩祥
黃思永現在出差
王錫蕃
侍講學士延清
世榮
李士鉁
周爰諏
楊捷三
順天府府丞裴維侒

六月十六日
臣奕
臣那
臣徐

掌印給事中忠廉
陳田

522
鈐章
宣統三年六月十七日内閣奉
上諭山西勸業道員缺著王大貞補授欽此
臣奕
臣那
臣徐
假

523
山西勸業道員缺請
旨簡放

524
六月十八日引
見人員
外務部四人
學部二人
禮部六人
正黃旗滿洲四人
正白旗蒙古九人
正紅旗滿洲十一人
正藍旗滿洲十四人
内務府三人
上駟院二人
武備院六人
共六十一人

525
鈐章
欽奉
諭旨内閣會奏議覆江蘇巡撫程德全奏廳縣區域
不便行政亟應量為變更一摺著依議欽此
臣奕
臣那
臣徐
臣善
耆
六月十八日

526
鈐章
欽奉
諭旨内閣會奏議覆前甘肅新疆巡撫聯魁奏請將

温宿縣分防柯坪縣丞改為府屬分防巡檢一摺

著依議欽此

摺子叙旨內

六月十八日

臣奕

臣那

臣徐

臣善耆

臣載澤

527

鈐章

欽奉

諭旨貝勒毓朗等奏貴胄法政學堂第一屆常年經費撙節動支擴充校舍並繳餘款一摺又片奏添班經費擬就撙節款內開支等語均知道了欽此

臣奕

臣那

臣徐

六月十八日

臣奕劻等跪

528

奏為恭報開用印信日期及繳銷已裁各衙門印信關防恭摺仰祈

聖鑒事竊臣等前經奏請鑄造內閣印信並聲明未經鑄就以前暫用軍機處舊印在案茲准禮部將鑄就內閣印信一顆移交臣衙門印鑄局齎送前來臣等當即祇領謹擇於本月十八日辰刻開用前辦理軍機處舊印擬即敬謹封固恭繳其餘歸併內閣之已裁各衙門印信關防除吏部堂司各印已於清理吏部檔案後奏交印鑄局銷燬外所有中書科印信一顆憲政編查館內閣典籍廳關防二顆會議政務處木質關防一顆一併飭由廳局分別銷燬所有開用印信日期及繳銷各印信關防緣由謹恭摺具陳伏乞

皇上聖鑒謹

奏

宣統三年六月十八日奏

旨知道了欽此

內閣總理大臣和碩慶親王臣奕劻
內閣協理大臣大學士臣那桐
內閣協理大臣大學士臣徐世昌

529

再臣衙門現經設立承宣廳制誥局敘官局統計局印鑄局及法制院所有各廳局院彼此文移收存案卷均應鈐用印信以昭信守擬請添鑄承宣廳印信一顆文曰內閣承宣廳之印制誥局印信一顆文曰內閣制誥局之印敘官局印信一顆文曰內閣敘官局之印統計局印信一顆文曰內閣統計局之印印鑄局印信一顆文曰內閣印鑄局之印法制院印信一顆文曰內閣法制院之印如蒙

俞允即由臣等飭印鑄局照式鑄造以資鈐用謹附片具陳伏乞

聖鑒謹

奏

宣統三年六月十八日奉

旨依議欽此

530

鈐章

宣統三年六月十九日內閣奉

上諭堃岫奏查明準噶爾旗被災較重請飭部速籌賑撫一摺準噶爾旗屢年災歉去年又復亢旱兼以去冬今春連遭大雪蒙民產業牲畜倒斃殆盡困苦情形殊堪憫念加恩著賞給帑銀一萬兩由度支部給發交堃岫派委妥員前往災區查明被災輕重分別妥為散放毋任失所用副朝廷軫念蒙艱之至意餘著照所議辦理該部知道欽此

臣奕　臣那　臣徐

531

鈐章

宣統三年六月十九日內閣奉

上諭前近畿陸軍督練處參議官蔡成勳著派充浙江暫編陸軍第二十一鎮第四十一協統領官並賞給陸軍協都統銜欽此

臣奕

臣那
臣徐
臣廕昌

532

鈐章

宣統三年六月十九日內閣奉

上諭前陸軍速成學堂監督護理總辦陳文運著派
充陸軍第三鎮第六協統領官並賞給陸軍協都
統銜欽此

臣奕
臣那
臣徐
臣廕昌

533

鈐章

宣統三年六月十九日內閣奉

上諭陸軍第二十三鎮步隊第八十九標統帶官裴
其勳著派充吉林暫編陸軍第二十三鎮第四十
六協統領官並賞給陸軍協都統銜欽此

臣奕

臣那
臣徐
臣廕昌

534

鈐章

宣統三年六月十九日內閣奉

上諭山西參謀處總辦譚振德著派充山西暫編陸
軍第四十三混成協統領官並賞給陸軍協都統
銜欽此

臣奕
臣那
臣徐
臣廕昌

535

鈐章

宣統三年六月二十日內閣奉

上諭陳夔龍奏特參庸劣不職各員一摺直隸沙河
縣知縣雷其源聽斷糊塗怨聲載道調署任邱縣
蠡縣知縣張祖厚捕務廢弛縱盜殃民肥鄉縣知縣
張新曾優柔玩忽頗滋民怨房山縣典史張桂森

阜城縣典史范奎垣疏防逾限罔顧職守均著即
行革職試用知州陳寶銘膽大妄為聲名惡劣鑽
營奔競有玷官常著革職驅逐回籍不准逗遛前
署束鹿縣候補直隸州知州張敬效性情迂緩難
膺繁劇著以州判降補新河縣知縣陳曾翰才具
平庸難期振作前署臨榆縣保定縣知縣馬慶
麟辦事粗疏被控有案均著以縣丞降補定興縣
知縣王錦陽年老顢頇難膺民社著勒令休致開
州知州孫德成才力竭蹶不勝繁要甯津縣知縣
韓樹梅性近偏執防疫不力均著開缺另補又片
奏裁缺龍固營都司岳駿聲盜賣官樹侵吞公款
著即行革職並將盜賣樹木價值及侵蝕公款勒
限追繳餘著照所議辦理該衙門知道欽此

臣奕
臣那假
臣徐

536

上諭 宣統三年六月二十一日內閣奉

監國攝政王面奉
隆裕皇太后懿旨欽天監奏遵擇入學讀書吉期一摺
著於本年七月十八日辰刻皇帝入學讀書欽此
鈐章

臣奕
臣那
臣徐

537

鈐章
欽奉
諭旨籌辦江皖振務大臣盛宣懷奏江皖新捐收數
甚薄借墊各款尚難歸償請查照兩次部議展期
勸辦以清款目並將災區善後事宜妥速籌辦一
摺著依議又片奏捐款緊要請將新授直隸提法
使現署山西提法使翁斌孫暫留署任等語著毋
庸議欽此

臣奕
臣那
臣徐

六月二十二日

538

欽奉

鈴章

諭旨䈥德院奏遵擬䈥德院辦事及議事細則繕單

呈覽一摺著依議欽此

臣奕

臣那

臣徐

六月二十二日

539

鈴章

欽奉

諭旨䈥德院奏䈥德院覓定地址懇恩撥給以便修

築一摺著依議又片奏䈥德院工程督飭廳員核

實估計得有成數再請飭部分期撥款等語知道

了欽此

六月二十二日

540

鈴章

欽奉

諭旨禮親王世鐸等奏內外火器營豫算核減窒礙

難行據實陳明一摺著仍照向章支領該部知道

欽此

原件分户支部
另抄交禮親王

臣奕

臣那

臣徐

六月二十二日

541

鈴章

欽奉

諭旨盛宣懷奏各省官紳報効灾振鉅款懇准照案

優奬一摺池鑒清等三十四名均著照所請奬勵

臣奕

臣那

臣徐

六月二十三日

又片奏州同職銜梁京魁報効振捐銀兩請准建
坊等語着依議欽此

六月二十四日

臣奕
臣那
臣徐

542

鈐章

宣統三年六月二十五日內閣奉
上諭內閣會奏酌擬典禮院官制繕單呈覽一摺典
禮事宜至為隆重亟宜設立專院恪恭將事著即
將典禮院官制頒布以禮部暨典禮院所有禮部
舊管事項有關於行政者均劃歸各行政衙門管
理其各衙門舊管之關於典禮無關行政應歸該
院辦理事項即劃入該院管理著內閣會同各部
及該院詳細釐定具奏以專責成而崇鉅典欽此

臣奕
臣那
臣徐

臣鄒嘉來
臣善耆
臣載澤
臣唐景崇
臣廕昌
臣載洵
臣紹昌
臣溥倫
臣盛宣懷
臣壽耆

543

鈐章

宣統三年六月二十五日內閣奉
上諭協辦大學士李殿林着授為典禮院掌院學士
郭曾炘着授為典禮院副掌院學士欽此

臣奕
臣那
臣徐

544

鈐章

宣統三年六月二十五日内閣奉

上諭典禮院總務廳廳長著端緒補授欽此

臣奕 臣那 臣徐

545

鈐章

宣統三年六月二十五日内閣奉

上諭此次裁缺之禮部侍郎景厚著聽候簡任仍食原

俸欽此

臣奕 臣那 臣徐

546

鈐章

宣統三年六月二十五日内閣奉

上諭典禮院學士著毓隆溥善楊佩璋李聯芳許澤

新英縣劉果易貞補授典禮院直學士著朱彭壽

孫紹陽渠本翹朱恩紱曹廣權李推英延昌毓善

補授欽此

臣奕 臣那 臣徐

547

六月二十六日引

見人員

宗人府二人

内閣十五人

海軍部一人

步軍統領衙門十二人

嚮導處十二人

共四十二人

548

硃○

裁缺尚書名單

協辦大學士裁缺吏部尚書李殿林

549

開缺尚書名單

前外務部尚書呂海寰

550

候補侍郎名單

裁缺陸軍部右侍郎姚錫光

裁缺吏部右侍郎榮勳

候補侍郎丁振鐸

李經邁

端方 現在出差

551

禮部尚書侍郎名單

協辦大學士禮部尚書榮慶 現充弼德院院長

禮部左侍郎景厚

右侍郎郭曾炘

552

裁缺內閣學士名單

裁缺內閣學士麒德 現署鑲黃旗漢軍副都統

毓隆

溥善

楊佩璋

李聯芳

許澤新

553

候補三品京堂名單

裁缺軍機領班三品章京易貞

裁缺陸軍部左丞朱彭壽

裁缺吏部右丞孫紹陽

裁缺太僕寺卿張振勳 現未回京

候補三品京堂渠本翹

張翼

朱恩紱

554

禮部丞參名單

左丞英綿

右丞劉果

左參議曹廣權

右參議李摧英

555

裁缺四品京堂名單

裁缺太僕寺少卿隆恩

裁缺光祿寺少卿德本

陳鍾信 現在告假

556

硃O

裁缺内閣侍讀學士名單

裁缺内閣侍讀學士奎善

延昌

瑞沅

恩綸

崇鐙

劉宇泰

甘大璋

557

硃O

候補四五品京堂名單

裁缺吏部左參議毓善

候補四品京堂趙炳麟 現在回籍

候補四五品京堂左景祐 現在出洋

558

禮部奏保丞參人員名單

候補參議度支部郎中晏安瀾

河南汝州直隸州知州黔昌

禮部郎中歐陽熙

禮部郎中謙榮

硃O

分省補用道聶寶琛

禮部郎中瑞緒

山西大同府知府前禮部郎中李德炳

禮部員外郎裕舒

禮部郎中多福

禮部郎中王士傑

禮部員外郎和珍

禮部員外郎崇埜

禮部員外郎髙秀

陜西鳳翔府知府前禮部員外郎德祐

禮部郎中李世祥

湖北候補道宋育仁

559

鈐章

宣統三年六月二十六日内閣奉

上諭直隸廣平府知府員缺著吳庭芝補授欽此

臣奕 臣那 臣徐

560
鈐章
欽奉
諭旨禮親王世鐸等奏健銳營預算核減窒礙難行
據實陳明一摺着仍照向章支領該部知道欽此
臣奕
臣那
臣徐
六月二十六日

561
直隸廣平府知府劉中度修墓遺缺遵照新章請
旨簡放
六月二十六日

562
鈐章
欽奉
諭旨本日引見之明保江西試用知縣汪都良着發
回原省以知縣儘先即補欽此
臣奕
臣那
臣徐
六月二十六日

563
明保江西試用知縣汪都良
旨着發回原省以知縣儘先即補

564
鈐章
欽奉
諭旨本日引見之差滿四川補用道周鳳崗着交內
閣存記欽此
臣奕
臣那
臣徐
六月二十六日

565
鈐章
欽奉
諭旨本日引見之閩缺浙江鹽運使衡吉着於本月
二十七日預備召見欽此
臣奕
臣那
臣徐
六月二十六日

566

鈐章

欽奉

諭旨資政院奏議員缺額遵章繕單請旨補選一摺

著黎湛枝恩華錢承鋕范源廉陳錦濤為議員欽此

六月二十七日

臣奕

臣那

臣徐

567

鈐章

欽奉

諭旨盛宣懷奏籌撥湘省振款派員迅速起解一摺

知道了欽此

六月二十七日

臣奕

臣那

臣徐

568

鈐章

宣統三年六月二十八日內閣奉

上諭浙江金衢嚴道員缺著劉學謙補授欽此

臣奕

臣那

臣徐

569

浙江金衢嚴道王綽告病遺缺遵照新章請

旨簡放

570

鈐章

宣統三年六月二十八日內閣奉

上諭前據楊文鼎兩次電奏湘省災情當經諭令妥

為撫恤並飭盛宣懷撥款協濟茲復據該撫電奏

稱常德府城自六月十五日以後雨大風狂河流

洶湧水勢幾與城平所屬各縣同被淹灌淹斃人

甚多牲畜器物蕩盡無餘等語覽奏殊堪憫惻加

恩著賞給帑銀六萬兩由度支部給發該撫即派

委妥員馳赴災區核實散放毋令失所餘著照所

議辦理該部知道欽此

臣奕

571

鈐章

諭旨二十七日召見之開缺浙江鹽運使衡吉著交

欽奉

内閣存記欽此

臣那

臣徐

六月二十九日

臣奕

臣那

臣徐

572

鈐章

宣統三年六月三十日内閣奉

上諭雲南迤西道著魏家驊調補其所署之雲南提法使著該督另行揀員奏署狀葆燧著試署雲南迤東道欽此

臣奕

573

鈐章

宣統三年六月三十日内閣奉

上諭禁煙為方今要政前因外務部與駐京英國使臣續訂條件所議辦法尚屬妥協業經降旨通飭認真釐頓以期早絶根株現在各省禁種禁吸雖有成效者自可查明先行分期禁運其栽種未絶吸户尚多之省分務當嚴申禁令痛自湔除應如何稽核零賣查禁吸户著遵照歷次頒行禁煙章程畫一辦理惟不得限制商人大宗貿易所有廣東等省於續訂條件以前所施行各項限制及徵收各捐已令立即停止若再另立名目徒事苛擾既與增加税釐之原議不符且於按省禁運之辦法有碍此次禁煙之舉深得友邦贊成各該省地方官必應按照條件切實奉行以期次第禁絶克竟全功倘不認真經理故事拖延以致妨礙全局定惟該督撫是問欽此

臣那

臣徐

目奕 臣邢 臣徐

574

鈐章

欽奉

諭旨御史陳善同奏內閣初立宜剔釐弊以懋新猷

敬陳六端一摺著內閣知道欽此

臣奕

臣那

臣徐

閏六月初一日

575

筱石制軍閣下啟者日前請假曾奏已經

代陳奉

旨允准近日

政體當已漸就痊可

朝廷倚任方殷時承

監國攝政王垂問北洋地方重要

閣下措置妥協並承

天語褒嘉假滿後務希如期當奏銷假仰慰

宸廑敬請

台安

那慶徐

同啓

閏六月初一日

576

鈐章

宣統三年閏六月初二日內閣奉

上諭沈秉堃奏藩司因病懇請開缺一摺廣西布政

使魏景桐著准其開缺欽此

臣奕

臣那

臣徐

577

鈐章

宣統三年閏六月初二日內閣奉

上諭廣西布政使著王芝祥補授歐陽中鵠著補授

廣西提法使欽此

臣奕

臣那

臣徐

578

上諭廣西右江道員缺著謙榮補授欽此

鈐章

宣統三年閏六月初二日內閣奉

臣奕 臣那 臣徐

579

上諭陝西延安府知府員缺著王聞長補授欽此

鈐章

宣統三年閏六月初二日內閣奉

臣奕 臣那 臣徐

580

陝西延安府知府愛星阿丁憂開缺遵照新章請

旨簡放

581

鈐章

欽奉

諭旨都察院奏代遞浙江乍浦駐防協領杉棨條陳

請墾地畝開闢利源呈一件著該部議奏欽此

原件交民政部 合抄奏呈

抄交度支部 農工商部

閏六月初二日

臣奕 臣那 臣徐

582

鈐章

欽奉

諭旨都察院奏已革直隸候補知州前署密雲縣知縣陳雄藩被參冤抑鈔咨呈覽一摺陳雄藩著交

內閣帶領引見欽此

合原件一並交館存

閏六月初二日

臣奕 臣那 臣徐

583

鈐章

宣統三年閏六月初三日內閣奉

上諭寶熙著充禁煙大臣欽此

臣奕 臣那 臣徐

584

鈐章

欽奉

諭旨法部奏京師地方審判廳審明交等人犯按律

定擬一摺著依議欽此

臣奕 臣那 臣徐

閏六月初三日

585

鈐章

欽奉

諭旨貝勒載洵等奏謹陳現修

崇陵工程情形一摺知道了又片奏工程緊要匠夫八

等如有罷工滋鬧情事擬查明有要交地方官從

重懲辦等語著依議欽此

臣奕 臣那 臣徐

閏六月初三日

586

鈐章

宣統三年閏六月初四日內閣奉

上諭恩壽奏久病未愈曠職難安懇請開缺一摺陝

西巡撫恩壽著准其開缺回旗調理欽此

臣奕假 臣那 臣徐

587

鈐章

宣統三年閏六月初四日內閣奉

上諭陝西巡撫著余誠格補授未到任以前著錢能

訓暫行護理欽此

臣奕 假

臣那
臣徐

588

鈐章

欽奉

諭旨陸潤庠等奏遵章酌擬毓慶宮功課時刻章程

繕單呈覽一摺著依議欽此

閏六月初四日

臣奕
臣那
臣徐

589

鈐章

宣統三年閏六月初五日內閣奉

上諭湖北布政使著連甲調補欽此

臣奕
臣那
臣徐

590

鈐章

宣統三年閏六月初五日內閣奉

上諭安徽布政使著吳品珩補授張毅著補授安徽

提法使欽此

臣奕
臣那
臣徐

591

鈐章

宣統三年閏六月初五日內閣奉

上諭甘肅甘涼道員缺著吳炯補授欽此

臣奕
臣那
臣徐

592

鈐章

宣統三年閏六月初五日內閣奉

上諭吉林吉林府知府員缺著何壽朋補授欽此

臣奕

593

鈐章

宣統三年閏六月初五日内閣奉

上諭馮汝騤奏特參庸劣不職各員請旨懲處一摺江西補用知府邵之紀工於欺飾罔上徇私德化縣知縣前署彭澤縣錢志銘信任門丁用刑率意彭澤縣知縣前署星子縣許廷恩居心嗜利罔恤民艱贛縣桂源司巡檢前署鄱陽縣典史翟寶書擅受擅理幾釀命案均著即行革職又片奏測繪學堂總辦江西丁憂補用道陳旋樞濫用非人任意開支該學堂提調候補知縣王慶璋罔利營私不知自愛收支委員廣東試用縣丞申錫齡工於舞弊侵吞有據著即一併革職其浮冒之款並著勒令陳旋樞申錫齡照數賠繳申錫齡俟賠繳後驅逐回籍交地方官嚴加管束陳旋樞係該撫奏請留江補用人員茲據自行檢舉請交閣議處馮汝騤著加恩免其議處餘著照所議辦理該衙門知道欽此

臣那

臣徐

594

閏六月初六日引見人員

民政部二人

陸軍部三人

步軍統領衙門四人

正白旗滿洲十一人

鑲白旗滿洲四人

前鋒護軍營二十五人

共四十九人

臣奕

臣那

臣徐

595

鈐章

宣統三年閏六月初六日内閣奉

上諭盛宣懷奏撥解皖省振款趕放急振並請飭下該省督撫及查振大臣將工振事宜會籌分辦一摺安徽無為州等處災情甚鉅覽奏深為憫惻著

盛宣懷等寬籌款項源源接濟妥爲撫恤毋任失
所所有未潰已決各隄圩著兩江總督安徽巡撫
迅即派員分别查勘妥籌堵築以澹沈災而奠民
生欽此

臣奕
臣那
臣徐

596

鈐章

欽奉
諭旨郵傳部奏福建鐵路公司應行舉員接管並籌
善後事宜一摺著依議又片奏改派京漢鐵路總
辦各員等語知道了欽此

臣奕
臣那
臣徐

閏六月初六日

597

鈐章

宣統三年閏六月初七日内閣奉
上諭世增著調補甘肅布政使雲南布政使著高而
謙補授欽此

臣奕
臣那
臣徐

598

鈐章

宣統三年閏六月初七日内閣奉
上諭甘肅布政使陳燦著開缺另候簡用欽此

臣奕
臣那
臣徐

599

鈐章

宣統三年閏六月初七日内閣奉
上諭施肇基著轉補外務部左丞外務部右丞著曾
述棨補授陳懋鼎著轉補外務部左參議外務部

右參議著顏惠慶補授欽此

臣奕
臣那
臣徐

600

鈐章

宣統三年閏六月初七日内閣奉

上諭昨據盛宣懷奏皖省無為州等處水災堤放急賑各節當經諭令該大臣等寬籌欵項源源接濟妥為撫恤並著兩江總督安徽巡撫派員分別查勘茲據張人駿等電奏本年五六月間大雨時行江潮暴發皖省濱江沿河各屬災情奇重等語覽奏實深憫惻加恩著賞給帑銀五萬兩由度支部給發著該督撫等迅速派員前往災區核實散放務令實惠均霑毋任失所用副朝廷軫念災黎之至意餘著照所請辦理該部知道欽此

臣奕
臣那
臣徐

601

鈐章

宣統三年閏六月初七日内閣奉

上諭前據大理院奏職官影謀誆騙得贓恃符狡展請旨分別革職解任當經諭令將法部候補主事明安泰即行革職副都統霍倫泰先行解任一併歸案訊辦茲據奏稱審明按例定擬等語霍倫泰身為大員明安泰在司法衙門供職宜如何束身自愛恪守官箴乃因貪圖寇李氏財產設謀誆騙銀物先後至六千餘兩之多並有將寇李氏關禁家内捏寫借字逼令畫押情事迨法部具奏之後仍敢影謀詐騙贓款纍纍其種種不法情形實屬罪無可逭解任正紅旗漢軍副都統霍倫泰著即行革職與伊弟已革法部候補主事明安泰均著發往巴藏効力贖罪餘均照所議辦理其在逃之錫恒錫珍等著民政部步軍統領衙門順天府一體嚴拏歸案訊辦以肅國紀而儆官邪該衙門知道欽此

臣奕
臣那
臣徐

602

鈐章

欽奉

諭旨榮慶等奏恭報

文廟工程進匠興修日期一摺知道了欽此

閏六月初七日

臣奕　臣那　臣徐

603

鈐章

欽奉

諭旨御史蕭丙炎奏各省地方自治辦理失宜請飭

嚴加整頓一摺著該衙門知道又片奏俸滿截取

人員請飭參酌舊制量為變通等語著內閣議奏

欽此

閏六月初七日

臣奕　臣那　臣徐

鈐章並片原件交民政部

抄交法制院

604

承宣廳廳長趙廷珍

副廳長英秀

前四品章京成俊

榮奎

郎中鍾佩

員外郎趙國良

主事盧文明

郎中孫笥經

麟祥

劉慶篤

常泰

侍讀裕銘

員外郎張潤

鴻恩

主事邢維經

興廉

郎中萬雲路

員外郎宋子聯

星輅

主事雷延壽
錄事松海
候補侍讀海桂
候補員外郎伊密揚阿
編修楊渭
候補主事曾文玉
編修黃彥鴻
員外郎存瑞
候補主事呂式斌
候補中書江保傅
秦樹忠
候補主事伊星阿
彭士華

605

鈐章

欽奉
諭旨內閣會奏議覆馮汝騤奏贛省入不敷出請飭
核明支配一摺著依議欽此

臣奕假

606

鈐章

欽奉
諭旨津浦鐵路大臣徐世昌等奏津浦鐵路南段淮
河橋工告成并南北兩段工程進步情形一摺知
道了欽此

閏六月初九日

臣那
臣徐

臣奕假
臣那
臣徐

閏六月初九日

607

鈐章

宣統三年閏六月初十日內閣奉
上諭瑞澂奏舉劾屬員請分別勸懲一摺湖北荊州
府知府祺俊署漢陽縣知縣利川縣知縣張振聲
調署蘄州知州孝感縣知縣郭毓璋大治縣知縣

穎汝驥調署恩施縣知縣來鳳縣知縣田應璜調署安陸縣知縣補用直隸州知州吳本義既據該督臚陳政績均著傳旨嘉獎署蘄州知州補用直隸州知州李祖蔭深居簡出百務廢弛聽信丁役擱置重案署廣濟縣知縣試用知縣周焆縱容差役遇案索詐縱匪殃民均著即行革職永不敘用前署襄陽縣知縣分缺間知縣徐久緒舊案苛罰違例病民前充宜昌警務長補用知縣張遇辰嗜酒冶遊毫無顧忌前充釐捐局司事試用通判金墉卑污苟賤行止不端前署沔陽州州判試用直隸州州同羅時清擅受詞訟縱丁訛詐前署長樂縣灣潭縣丞試用州判彭康壽諱盜不報前充漢口偵探隊長試用州吏目汪如蓮得規庇匪均著即行革職汪如蓮庇匪事發聞風逃遁情節較重並著飭拏歸案審辦該部知道欽此

臣奕劻 臣那 臣徐

608 鈐章

宣統三年閏六月初十日內閣奉

上諭江甯勸業道員缺著李哲濬補授欽此

臣奕劻 臣那 臣徐

609 鈐章

宣統三年閏六月十一日內閣奉

上諭七月初一日孟秋時享

太廟遣載功恭代行禮

後殿派溥偉行禮東廡西廡派希璋錫明各分獻欽此

臣奕劻 臣那 臣徐

610 宣統三年閏六月十二日內閣奉

上諭

監國攝政王面奉

隆裕皇太后懿旨度支部奏糾參內務府堂司各官一摺據稱內務府於近年款目任意浮冒開銷并杭州織造一切陋規未能革除等語實爲非是著將該承辦司員等交該衙門查取職名分別議處該堂官等失於覺察均著傳
懿旨申飭以後一切用款及工程款目總當嚴加核實用副深宮崇尚節儉之至意欽此

鈐章

臣奕 假
臣那
臣徐

611

鈐章

宣統三年閏六月十二日內閣奉
上諭世續奏假期又滿病仍未痊懇再賞假並請派署要差一摺大學士世續向來辦事勤慎不辭勞瘁著再賞假十五日安心調理毋庸派署假滿即行銷假欽此

臣奕 假
臣那
臣徐

612

鈐章

宣統三年閏六月十三日內閣奉
上諭陸軍部奏續行遴擬福建等省督練公所軍事參議官請旨派充一摺奉天教練處總辦補用道岳開先著派充福建督練公所軍事參議官前廣東參議官道員吳錫永著派充廣東督練公所軍事參議官前江甯參謀處總辦吳紹璘著派充江甯督練公所軍事參議官均賞給陸軍協都統銜奉天參謀處總辦儘先補用知府管雲臣著派充河南督練公所軍事參議官前直隸參謀處總辦升用總兵留直儘先補用副將陸錦著派充山東督練公所軍事參議官均賞給陸軍正參領銜欽此

臣奕
臣那
臣徐
臣廕昌

613

鈐章

宣統三年閏六月十三日內閣奉

上諭陸軍礮隊第六標統帶官馬良著派充陸軍第九協統領官並賞給陸軍協都統銜欽此

臣奕
臣那
臣徐
臣廕昌

614

鈐章

欽奉

諭旨內閣會奏覆核廣東禁賭條例繕單呈覽一摺著依議欽此

臣奕
臣那
臣徐
臣善耆
臣紹昌

閏六月十三日

615

鈐章

宣統三年閏六月十四日內閣奉

上諭余誠格著調補湖南巡撫陝西巡撫著楊文鼎調補均著迅速赴任毋庸來京陛見欽此

臣奕
臣那
臣徐

616

鈐章

欽奉

諭旨都察院代遞雲南京官張錯等為滇省內政外交日益窘迫懇恩迅賜主持呈一件著該部知道

欽此

錄交軍咨府原件交外務部 抄交 陸軍部 度支部 郵傳部 農工商部

臣奕
臣那
臣徐

617

內閣為知會事查資政院改訂院章第十五條前條所列第一至第四各款議案應由國務大臣擬定具奏請旨於開會時交議等語現在開會伊邇除已經奏頒

各件曾聲明俟資政院開會時提交追議者屆
時由本閣咨交追議外其餘應行提議各事即希
貴部先期擬具草案送閣會議屆期請
旨交議為此知會

中廳繕發

閏六月十四日

618

鈐章

欽奉

諭旨吳士鑑奏請改江北提督為淮北提督倡練新
軍扼要移駐以靖地方一摺著內閣軍諮府會議
具奏欽此

閏六月十五日

臣奕
臣那
臣徐

619

鈐章

宣統三年閏六月十六日內閣奉

上諭農工商部奏整頓棉業攙雜水泥諸弊一摺棉
花為土貨大宗每年出口為數甚鉅亟宜推廣銷
場力圖進步乃內地商販希圖小利往往攙雜水
泥致與行銷有礙於棉業前途所關匪細著該部妥
訂檢查辦法明定罰章通行各省一律遵辦上海
為通商巨埠尤宜加意防維著督辦稅務大臣飭
由滬關切實查驗並著南洋大臣飭上海商務總
會遴選通曉棉業人員幫同經理果能辦有成效
准由該部奏明給獎以清積弊而闢利源欽此

臣奕
臣那
臣徐
臣溥倫

620

鈐章

欽奉

諭旨御前大臣面奏現在
梁格莊代御前大臣值班之御前行走乾清門行
走王公等每有推諉曠班情形者由御前大臣即

為酌分輪流班次以後再有曠誤着即指名嚴參
欽此
閏六月十六日
臣奕
臣那
臣徐

621
鈐章
欽奉
諭旨農工商部奏前派司員巡歷南洋各埠情形並
籌擬辦法一摺著依議欽此
閏六月十六日
臣奕
臣那
臣徐
臣溥倫

622
鈐章
宣統三年閏六月十七日內閣奉

上諭皇室大典關繫重要著派溥倫載澤會同宗人
府妥慎纂擬候朕親加裁定欽此
臣奕
臣那
臣徐

623
鈐章
宣統三年閏六月十七日內閣奉
上諭廣東廉州府知府員缺着李瑞棻補授欽此
臣奕
臣那
臣徐

624
廣東廉州府知府員缺請
旨簡放

625
鈐章
欽奉
諭旨郵傳部會奏遵訂鐵路鋼軌驗收章程繕單繪

圖呈覽一摺著依議欽此

閏六月十七日

臣奕 臣那 臣徐 臣盛宣懷

626

鈐章

欽奉

諭旨郵傳部奏議覆長庚奏請籌修歸化城至包頭
鎮鐵路一摺著依議欽此

閏六月十七日

臣奕 臣那 臣徐 臣盛宣懷

627

鈐章

欽奉

諭旨郵傳部奏統籌郵政經費懇將六關認定款項
照數撥給一摺又片奏購運郵政華洋物料仍照
成案免稅等語均著度支部督辦稅務大臣議奏
欽此

抄了 度支部 稅務大臣

閏六月十七日

臣奕 臣那 臣徐 臣盛宣懷

628

鈐章

欽奉

諭旨盛宣懷奏各省官紳報効災振鉅款懇准照案
優獎一摺四品卿銜二品頂戴廣西試用道李銘
恩著賞給頭品頂戴其章慶等二十一員均照所
請獎勵餘依議又片奏前禮部筆帖式增俊之妻
巴雅拉氏五品封職尹恩榮等之母尹王氏各捐
振款請建坊等語著依議該衙門知道欽此

臣奕 臣那

臣徐

閏六月十七日

629

鈐章

宣統三年閏六月十八日內閣奉

上諭雲南迤西道魏家驊著開缺所遺員缺著陳貽範補授欽此

臣奕 臣那 臣徐

630

鈐章

宣統三年閏六月十八日內閣奉

上諭廣東惠州府知府員缺著鐵格補授欽此

臣奕 臣那 臣徐

631

廣東惠州府知府員缺請旨簡放

632

鈐章

宣統三年閏六月十九日內閣奉

上諭前吉林將軍銘安公忠亮直學識俱優由翰林受三朝知遇迭掌文衡游躋卿貳擢任吉林將軍舉凡徵兵裕餉弭盜興學一切措施悉臻妥善尤以設民官興地利為籌邊急務思深慮遠洞燭幾先在任六年苦心擘畫毅力進行獨任其難不避勞怨尋因病請假開缺回旗調理前以年登大耋鄉舉重逢特賞太子少保銜方冀克享期頤長承恩眷茲聞溘逝軫惜殊深加恩著賞給陀羅經被派貝子溥倫帶領侍衛十員即日前往奠醊晉贈太子太保銜照將軍例賜卹任內一切處分悉予開復應得卹典該衙門查例具奏伊孫民政部候補郎中紹蔭著以郎中即補以示篤念耆臣至意欽此

臣奕

臣那
臣徐

633
光緒元年二月十一日內閣奉
上諭盛京將軍都興阿老成謹慤懋著勳勞由侍衛
洊升將軍克稱厥職從前出師江皖陝甘等省辦
理軍務均能得力前因患病請假調理方冀漸次
就痊長資倚畀茲聞溘逝軫惜殊深著加恩追贈
太子太保銜照將軍例賜卹任內一切處分悉予
開復應得卹典該衙門察例具奏賞銀一千兩治
喪由盛京戶部給發靈柩回旗時著沿途地方官
妥為照料伊子三等侍衛阜勒洪額著俟百日孝
滿後由該旗帶領引見伊孫尚安泰著俟及歲時
由該旗帶領引見用示篤念藎臣至意欽此

634
光緒二年十月二十六日內閣奉
上諭署盛京將軍刑部尚書崇實老成練達才識俱
優受
先朝知遇之隆由翰林洊躋卿貳旋由駐藏大臣升授
成都將軍署理四川總督
穆宗毅皇帝優加倚畀內擢正卿簡任部旗事務勤慎
恪恭克盡厥職上年命往奉天查辦事件即令署
理盛京將軍勦辦馬賊整飭吏治均能盡心籌畫
悉協機宜昨因患病奏請開缺寬予假期方冀調
養就痊長承恩眷茲聞溘逝悼惜殊深著加恩追贈
太子少保銜照尚書例賜卹任內一切處分悉予開
復應得卹典該衙門察例具奏其靈柩回旗時著沿
途地方官妥為照料並准其入城治喪伊孫景賢
著賞給舉人准其一體會試用示眷念藎臣至意
欽此

635
光緒七年二月十七日內閣奉
上諭前任盛京將軍奕湘由委散秩大臣荷累朝
知遇之隆歷任將軍都統尚書補授內大臣前在盛京
將軍任內因病開缺調理暨蒙
恩賞食半俸加貝子銜旋經賞食全俸方冀克享遐齡
長承恩眷茲聞溘逝軫惜殊深加恩著賞給陀羅
經被派貝勒載漪帶領侍衛十員即日前往奠醊

賞銀一千兩經理喪事由廣儲司給發照將軍例
賜卹任內一切處分悉予開復應得卹典該衙門
察例具奏伊子主事載卓著賞給員外郎伊孫溥
麐著賞給主事用示篤念耆臣至意欽此

636

鈐章

宣統三年閏六月二十日內閣奉
上諭載振陸潤庠增祺陳寶琛丁振鐸姚錫光沈雲
沛誠勳清銳朱祖謀著充任弼德院顧問大臣國
務大臣奕劻那桐徐世昌梁敦彥善耆載澤唐景
崇廕昌載洵紹昌溥倫盛宣懷壽耆宗人府宗令
世鐸內務府大臣奎俊繼祿均著兼任弼德院顧
問大臣欽此

臣奕 臣那 臣徐

637

鈐章

宣統三年閏六月二十日內閣奉
上諭弼德院參議著景褑施愚陳雲誥恩華陶葆廉
張一麐補授內閣法制院參議吳廷燮外務部左
參議陳懋鼎學部左參議林灝深農工商部左參
議誠璋著兼任弼德院參議欽此

臣奕 臣那 臣徐

638

鈐章

宣統三年閏六月二十日內閣奉
上諭弼德院秘書廳秘書長著田智枚補授欽此

臣奕 臣那 臣徐

639

鈐章

宣統三年閏六月二十日內閣奉
上諭御史陳善同奏參疆臣一摺江蘇補用知府應
德閎前經李經羲奏調赴滇特旨允行旋據瑞澂
奏請留蘇未經照准乃程德全請將該員派充幕

職時並未聲敘前案該員捐升道員尚未引見又
復委署藩司均屬不合江蘇巡撫程德全著交內
閣議處江蘇布政使甯雄琳未到任以前著張人
駿另行遴員奏署欽此

臣奕
臣那
臣徐

640

鈐章

欽奉
諭旨內閣會奏擬訂弼德院參議官任用章程繕單
呈覽一摺又奏弼德院秘書長秘書官任用辦法一片均
著依議欽此

臣奕
臣那
臣徐

閏六月二十日

641

鈐章

欽奉
諭旨弼德院奏請鑄印信一摺又奏請頒給大清會
典二部一片均著依議欽此

臣奕
臣那
臣徐

閏六月二十日

642

鈐章

宣統三年閏六月二十一日內閣奉
上諭善耆著調補理藩大臣民政大臣著桂春署理
欽此

臣奕
臣那
臣徐

643

鈐章

宣統三年閏六月二十一日內閣奉
上諭倉場侍郎著瑞豐署理欽此

臣奕
臣那
臣徐

644

宣統三年閏六月二十一日内閣奉

上諭張鳴岐電奏十九日未刻水師提督李準由城
外水師公所進城路經南門内雙門底地方突有
匪徒在路旁用炸彈向該提督拋擲致傷右手腰
際等處該提督即時力疾督率護衛弁勇上前捕
拿匪仍連擲炸彈二枚並施放手槍向該提督轟
擊該提督躍登屋頂與匪相持當場格斃匪徒一
名拿獲一名等語覽奏殊堪詫異廣東水師提督
李準此次經受重創猶能奮不顧身親自格斃匪
徒洵屬勇猛異常深堪嘉尚該提督傷勢究竟如
何朝廷殊深廑系著張鳴岐傳旨慰問並賞給御
藥房治傷藥品迅速發交妥為療治俾得早日就
痊仍將醫治情形隨時電奏廣東省城地方屢有
匪徒轟擊大員之事足見伏莽甚多豈容任其猖
獗著張鳴岐李準督飭兵警嚴密偵跴認真搜捕
毋得少留餘孽免再滋生事端欽此

臣奕
臣那
臣徐

鈐章

645

宣統三年閏六月二十二日内閣奉

上諭張鳴岐奏耆紳鄉舉重逢據情籲懇恩施一摺
廣東在籍紳士五品銜前陝西朝邑縣知縣李廣
綬年登大耋早列賢書現屆該員鄉舉之年花甲
適周洵屬科名盛事李廣綬加恩著賞加知府銜
以惠耆年欽此

臣奕
臣那
臣徐

646

鈐章

宣統三年閏六月二十二日内閣奉

上諭江蘇高等檢察廳檢察長著孫壽臣試署欽此

臣奕
臣那
臣徐
臣紹昌

647

鈐章

宣統三年閏六月二十二日內閣奉

上諭甘肅高等檢察廳檢察長著德祺試署欽此

臣奕

臣那

臣徐

臣紹昌

648

鈐章

欽奉

諭旨貝勒載潤等奏陸軍貴胄學堂擬添新班學生

應需經費請飭部核議籌撥一摺著度支部議奏

欽此

閏六月二十二日

臣奕

臣那

臣徐

649

鈐章

欽奉

諭旨御史蕭丙炎奏各省府廳州縣設立審檢等廳諸多

窒礙一摺又片奏擬請通飭各省設立特別地方

審判廳等語均著法部知道欽此

閏六月二十二日

臣奕

臣那

臣徐

650

閏六月二十三日引

見人員

內閣二十一人

學部三人

陸軍部七人

農工商部六人

欽天監二人

鑲黃旗漢軍五人

正白旗漢軍二人

正紅旗蒙古二人

正紅旗漢軍四人

鑲藍旗滿洲六人
內務府六人
中正殿二人
內務府護軍營十八人
共七十六人

651

鈐章

宣統三年閏六月二十三日內閣奉

上諭本日引見創辦實業成效卓著之翰林院庶吉士王鴻翔著授職編修欽此

臣奕
臣那
臣徐
臣唐景崇

652

鈐章

宣統三年閏六月二十三日內閣奉

上諭翰林院庶吉士三年期滿請旨授職一摺翰林院庶吉士陳止猷著授職檢討欽此

臣奕
臣那
臣徐

653

鈐章

欽奉

諭旨本日引見之已革直隸補用知州前署密雲縣知縣陳雄藩已革江西餘干縣知縣何其坦原參處分情節較重均著毋庸開復欽此

臣奕
臣那
臣徐

閏六月二十三日

654

被參究撤已革直隸補用知州前署密雲縣知縣陳雄藩

旨著開復原官

旨著以州同用

閏六月二十三日

655
被參寃抑已革江西餘干縣知縣何其坦
旨著開復原官
旨著以縣丞用
閏六月二十三日

656
鈐章
宣統三年閏六月二十四日内閣奉
上諭馬金敘著調補河南南陽鎮總兵福建漳州鎮
總兵著郭殿邦調補欽此
臣奕　臣那　臣徐

657
鈐章
欽奉
諭旨陸軍部奏宿衛營出力文武各員請獎繕單呈覽
一摺著依議又奏宿衛營尤為出力各員請從優
獎勵一片提督銜甘肅河州鎮總兵何宗蓮著在
任以提督記名簡放福建興泉永道慶蕃著在任
以應升之缺升用并賞加二品銜三品銜儘先選
用知府繼昌著以道員記名簡放署理陝西漢中
鎮總兵二品銜存記道江朝宗著賞加副都統銜
吉林補用道容賢著以道員記名簡放陸軍軍需
正參領蘇錫第著賞加二品銜欽此
臣奕　臣那　臣徐　臣廕昌
閏六月二十四日

658
應
派
實錄館滿副總裁名單
司法大臣紹昌
署民政大臣桂春
民政部左侍郎烏珍
度支部左侍郎紹英

硃〇

學部左侍郎寶熙
理藩部左侍郎達壽
大理院正卿定成

659
鈐章
宣統三年閏六月二十五日内閣奉
上諭著派寶熙充
實錄館副總裁欽此
臣奕
臣那
臣徐

660
鈐章
宣統三年閏六月二十五日内閣奉
上諭内閣奏遵旨議處一摺江蘇巡撫程德全應得
降二級調用處分著加恩改為降二級留任欽此
臣奕
臣那
臣徐

661
鈐章
欽奉
諭旨内閣奏改設内閣官報以為公布法律命令機
關酌擬條例繕單呈覽一摺著依議欽此
臣奕
臣那
臣徐
閏六月二十五日

662
鈐章
欽奉
諭旨内閣會奏請裁各省府治省縣併歸該府直轄
提取原有款項設立地方審判廳以飭民治而重
司法一摺著依議欽此
臣奕
臣那
臣徐
臣鄒嘉來
臣桂春

臣載澤
臣唐景崇
臣廕昌
臣載洵
臣紹昌
臣溥倫
臣盛宣懷
臣善耆

閏六月二十五日

663

鈐章

欽奉

諭旨度支部左丞陳宗媯等奏為已故裁缺陸軍部郎中馬毓楨之妾烈婦焦氏仰藥殉節懇恩旌表一摺著准其旌表該衙門知道欽此

閏六月二十五日

臣奕
臣那
臣徐

664

鈐章

欽奉

諭旨都察院代奏裁缺中書陳震福條陳南洋各島僑民關繫緊要亟應興教勸富以繫人心呈一件著內閣會議具奏欽此

閏六月二十五日

臣奕
臣那
臣徐

665

鈐章

宣統三年閏六月二十六日內閣奉

上諭張鳴岐奏舉劾文武員弁以示勸懲一摺廣東廣州府知府嚴家熾著惠州府知府試用知府徐書祥潮州府知府陳兆棠欽州直隸州知州單壽堃署瓊山縣知縣正任番禺縣知縣史允端海陽縣知縣謝質既據該督臚陳政績均著傳旨嘉獎試用直隸州知州蔡垚爔前在東莞縣署任內任性妄為殘民以逞試用通判王仁棠前在瓊山縣

着任內越獄重案匿不具報化州知州潤惠馭下
不嚴迭被控告揀發知州趙鶴清辦理清鄉糊塗
疲玩清遠縣知縣朱永觀瞻徇朦蔽罔恤民冤陸
豐縣知縣許成熙前在開建縣署任內偏袒差役
辦事顢頇興寧縣知縣馮琛乖謬性成不明事理
教習知縣程維清前在佛山同知署任內於匪徒
鬧捐恇怯因循毫無布置截取知縣熊範前在長
寧縣署任內縱容差役藉端需索補用知縣淩啟
瑞辦理清鄉遷延粉飾詹功澤前充汕頭警務長
性情貪黷警政不修龔謙光清鄉不力借盜冒功
試用知縣李在杓前在龍川縣署任內任用劣胥
怠於聽斷何煜恆署開平信宜縣署任內操守難
信物議繁滋魏華烈前充餉械所委員估修營
舍工程草率 試用按經歷區柏年前充區官暴
戾橫行輿情不服縣丞陸樹銘前充佛山警務長
警務廢弛釀成重案茭塘司巡檢陳鎣庇賭收規
罔知自愛候補從九品姚雄輝內行多虧人言嘖
嘖張鴻宜病軀戀棧心地糊塗試用從九品易潤
章前在五斗司巡檢署任內坐視鬧捐一籌莫展

朱振基任意誣揑借事生端花縣典史王良彝典
獄疏忽聲名平常瓊山縣典史阮宗燿脫囚無獲
職守多虧候補守備譚世昌紀律不嚴縱勇滋事
彩陽堂汛千總黃士平前在佛山都司署任內匪
徒鬧捐不善彈壓市橋汛外委傅榮高候補千總
前署鍾村汛把總陸汝恭裁缺井汛把總前署東
圃汛外委羅德華均私收賭規俱著即行革職蔡
垚爔黃士平均著留營効力以觀後效試用巡
檢程起雷前充餉械所委員購買軍裝吞冒滋弊
著革職嚴追吞款前辦石龍稅務補用知縣任玉
樹久解稅款任催罔應著暫行革職勒限追繳南
韶連鎮總兵楊忠義高雷陽道榮元候補道惲學
基王祖慶韶州府知府聯堃瓊州府知府慶斌才
具平庸難資造就楊忠義榮元聯堃慶斌均著開
缺與惲學基王祖慶一併咨送回籍電白縣知縣
許南英前在三水縣署任內辦事不力著撤頂留
省察看該衙門知道欽此

臣奕
臣那
臣徐

666

鈐章

宣統三年閏六月二十七日內閣奉

上諭廣東南韶連鎮總兵員缺著鄧廷光補授欽此

臣奕

臣那

臣徐

667

廣東南韶連鎮總兵員缺請

旨簡放

668

鈐章

宣統三年閏六月二十七日內閣奉

上諭廣東高雷陽道員缺著彭言孝補授欽此

臣奕

臣那

臣徐

669

鈐章

宣統三年閏六月二十七日內閣奉

上諭廣東韶州府知府員缺著蔣廷黻補授欽此

臣奕

臣那

臣徐

670

廣東韶州府遴缺知府遵照新章請

旨簡放

671

鈐章

宣統三年閏六月二十七日內閣奉

上諭廣東瓊州府知府員缺著榮厚補授欽此

臣奕

臣那

臣徐

672

廣東高雷陽道瓊州府知府各員缺請

旨簡放

673

鈐章

宣統三年閏六月二十七日內閣奉

上諭廣西桂林府知府員缺緊要著該撫於通省知
府內揀員調補所遺員缺著林東郊補授欽此

臣奕
臣那
臣徐

674

鈐章

欽奉

諭旨榮慶奏請旨簡派大員會同承修要工一摺
著毋庸添派欽此

臣奕
臣那
臣徐

閏六月二十七日

675

鈐章

欽奉

諭旨御史葉芾棠奏閩省禁種罌粟業經淨絕懇請
禁運一摺著外務部知道欽此

臣奕
臣那
臣徐

閏六月二十七日

676

鈐章

欽奉

諭旨御史端謹奏中央教育會議案奇衰有妨學務
一摺著學部知道欽此

臣奕
臣那
臣徐

閏六月二十七日

677

鈐章

宣統三年閏六月二十八日內閣奉

上諭增韞奏舉劾屬員一摺浙江仁和縣知縣沈惟
賢著石門縣試用知縣盛鴻燾山陰縣知縣增春
會稽縣知縣陳德彝著餘姚縣試用知縣丁德威

調署黄巖縣太平縣知縣胡為和著蘭谿縣大挑
知縣黄為熊署浦江縣遂安縣知縣李棻開化縣
知縣吳寶鑑既據該撫臚陳政績均着傳旨嘉獎
候補同知路珩心地糊塗辦事草率著臨安縣補
用知縣彭循堯嗜賭若命百務廢弛著奉化縣補
用知縣魏桐權柄下移行同聾瞶代理嵊縣補用
知縣朱廷幹丁役弄權毫無察覺調署寧海縣金
華府通判張正芬辦事粗疏輿論不孚補用知縣
吳亮詢性情迂緩玩視要公餘杭縣典史華棨光
操守難信安吉縣典史王釗擅受詞訟寧波府經
歷鄒應福性情卑鄙署鄞縣典史試用從九陳承
言工於鑽營定海廳司獄莫踰制聲名甚壞長浦
司巡檢許元藩罔知檢束代理黄巖縣典史試用
巡檢戚有慶卑鄙近利均着即行革職道頭巡檢
葛文濬嗜好甚深着革職永不敘用署溫州府知府候
補知府馮敦典才具平庸難期表率著以同知降
補永康縣知縣崔釗優柔寡斷放棄職權著以府
經歷縣丞降補龍游縣知縣葛錫爵年力就衰難
期振作着勒令休致建德縣知縣羅文柅識見拘

殊難膺繁劇著開缺另補該衙門知道欽此
臣奕 臣那 臣徐

678

鈐章

宣統三年閏六月二十八日内閣奉

上諭湖北勸業道員缺著高松如補授欽此

臣奕 臣那 臣徐

679

鈐章

宣統三年閏六月二十八日内閣奉

上諭直隸津海關道員缺著陳瑜補授欽此

臣奕 臣那 臣徐

680
鈐章
宣統三年閏六月二十八日內閣奉
上諭湖北武昌府知府員缺緊要著該督於通省知
府內揀員調補所遺員缺著常泰補授欽此
臣奕
臣那
臣徐

681
鈐章
宣統三年閏六月二十八日內閣奉
上諭大清銀行正監督著葉景葵補授欽此
臣奕
臣那
臣徐
臣載澤

682
鈐章
欽奉
諭旨內閣奏請飭各衙門編纂現行法規並釐訂具
奏辦法繕單呈覽一摺著依議欽此
臣奕
臣那
臣徐
閏六月二十九日

683
鈐章
宣統三年七月初二日内閣奉
上諭甘肅新疆伊塔道員缺著潘震補授欽此
臣奕
臣那
臣徐

684
鈐章
宣統三年七月初三日内閣奉
上諭安徽池州府知府員缺著劉尚倫補授欽此
臣奕
臣那
臣徐

685
安徽池州府進缺知府遵照新章請
旨簡放

686
鈐章
欽奉

諭旨翰林院侍講富爾遜奏時局日艱亟宜變通京
外八旗兵制改編成鎮認真訓練一摺又片奏宜
由京外八旗各學堂内選擇學生數十名赴東西
洋學習海軍等語均著内閣會議具奏欽此
臣奕
臣那
臣徐
七月初四日

687
鈐章
宣統三年七月初五日内閣奉
上諭楊文鼎奏敬舉循良懇恩嘉獎一摺湖南調署
長沙府知府本任常德府知府戚朝卿卸署常德
府知府郴州直隸州知州候補知府譚彣元調署
永順府知府靖州直隸州知州李見荃調署長沙
縣知縣古丈坪同知候補知府沈瀛署桂陽直隸
州候補同知陳繼良署瀏陽縣知縣湘鄉縣知縣
朱國華調署寧鄉縣知縣永定縣知縣張致安郎
陽縣知縣邱景章署華容縣知縣即用知縣喬聯

昌武陵縣知縣廖世英既據該撫臚陳政績均著
傳旨嘉獎欽此

臣奕 臣那 臣徐

688

鈐章

宣統三年七月初六日內閣奉
上諭八月初四日祭
社稷壇遣載功恭代行禮欽此

臣奕 臣那 臣徐

689

鈐章

宣統三年七月初六日內閣奉
上諭安徽提學使吳同甲著留任欽此

臣奕 臣那

臣徐 臣唐景崇

690

鈐章

宣統三年七月初六日內閣奉
上諭朱家寶奏查明庸劣不職各員據實參劾一摺
安徽和州直隸州知州魏有聲性耽安逸玩視民
瘼廬州府同知臧著興離職誤工人言嘖嘖丁憂
鳳陽府通判時寶璜縱容差役任性妄為試用通
判楊慶霖藉差招搖操守難信宣城縣知縣李長
郁庸懦無能難期振奮試用知縣蔣頫濱志趣卑
陋不知自愛試用知縣劉秉枎才識庸闒罔恤名
檢無為州泥汊司巡檢謝士璵因循顢頇貽誤要
工均著即行革職鳳陽縣縣丞孫治調驗舞弊烟
癖未除試用巡檢張景辰天性涼薄逞兇釀命均
著革職永不敘用該衙門知道欽此

臣奕 臣那 臣徐

691 七月初八日引見人員

內閣十人

起居注二人

鑾輿衛五人

鑲黄旗滿洲十人

正黄旗蒙古十二人

鑲紅旗滿洲六人

鑲紅旗漢軍二人

前鋒護軍營二十八人

共七十五人

692 承宣廳廳長趙廷珍

副廳長英秀

前四品章京成俊

榮奎

郎中鍾佩

員外郎趙國良

主事盧文明

郎中孫筍經

麟祥

劉慶篤

裕銘

員外郎張潤

鴻恩

主事邢維經

興康

郎中萬雲路

員外郎宋子聯

星輅

主事雷延壽

錄事松海

候補侍讀海桂

候補員外郎伊密揚阿

編修楊渭

候補主事曾文玉

編修黄彦鴻

員外郎存瑞

候補主事呂式斌
候補中書江保傅
秦樹忠
候補主事伊星阿
彭士華

693
鈐章
宣統三年七月初八日内閣奉
上諭世續奏假期屆滿病難速痊懇恩開缺一摺大
學士世續著再賞假一箇月安心調理毋庸開缺
欽此
臣奕
臣那
臣徐

694
鈐章
宣統三年七月初八日内閣奉
上諭世續現在賞假資政院總裁著李家駒署理副
總裁著達壽署理欽此

臣奕
臣那
臣徐

695
鈐章
宣統三年七月初八日内閣奉
上諭理藩部左侍郎著榮勳署理欽此
臣奕
臣那
臣徐

696
鈐章
宣統三年七月初八日内閣奉
上諭松壽奏提督因病懇請開缺一摺福建提督洪
永安著准其開缺欽此
臣奕
臣那
臣徐

697

鈐章

宣統三年七月初八日内閣奉

上諭福建提督著孫道仁補授欽此

臣奕

臣那

臣徐

698

鈐章

宣統三年七月初八日内閣奉

上諭福建福甯鎮總兵員缺著丁季陞補授欽此

臣奕

臣那

臣徐

699

鈐章

欽奉

諭旨本日引見之明保江蘇試用道梅光遠奏調江甯差委分省試用道丁乃澄均著於本月初九日

預備召見欽此

700

鈐章

宣統三年七月初九日内閣奉

上諭著派湖廣總督瑞澂兩廣總督張鳴岐署四川總督趙爾豐湖南巡撫余誠格各於粵漢川漢所轄境内會同辦理鐵路事宜欽此

七月初八日

臣奕

臣那

臣徐

701

鈐章

欽奉

諭旨御史温肅片奏已故致遠船管帶副將鄧世昌以死勤事應如何加恩等語著海軍部查核具奏

欽此

臣奕

臣那

臣徐

702

七月初九日

臣奕 臣那 臣徐

鈐章

欽奉

諭旨御史溫肅奏逆黨潛結新軍宜速行分別汰留一摺著該衙門查核具奏欽此

鈐章原奏交件交軍諮府抄交陸軍部 [illegible]

臣奕 臣那 臣徐

703

鈐章

欽奉

諭旨本日召見之江蘇試用道梅光遠著以道員仍發江蘇補用分省試用道丁乃澄著以道員發往廣東補用均交內閣存記欽此

臣奕

704

七月初九日

臣那 臣徐

鈐章

欽奉

諭旨弼德院院長榮慶等奏請撥典禮院改建禮器庫款並價購民房及續撥開辦經費一摺著依議欽此

臣奕 臣那 臣徐

705

七月初十日

鈐章

欽奉

諭旨農工商部會奏製造度量權衡各種新器開單呈覽一摺知道了欽此

臣奕

臣那
臣徐
臣載澤
臣溥倫

七月初十日

706

鈐章

欽奉

諭旨農工商部會奏核議江皖水患亟宜疏導一摺

着依議欽此

臣奕
臣那
臣徐
臣桂春
臣溥倫

七月初十日

707

鈐章

欽奉

諭旨海軍部奏職員報効海軍鉅款懇請援案優獎

一摺二品頂戴候補五品京堂林爾嘉著賞加侍

郎銜欽此

臣奕
臣那
臣徐
臣載洵

七月十二日

708

鈐章

欽奉

諭旨郵傳部奏直省驛站業經收管謹將籌畫情形

暨應用經費一時尚難裁減一摺著依議欽此

臣奕
臣那
臣徐
臣盛宣懷

七月十二日

709

鈐章

欽奉

諭旨盛宣懷奏各省官紳報効災振鉅款懇照案優奬一摺榮濬等二十四名均准如所請奬勵又片奏候選知縣任德祥捐助振銀一千兩請爲其祖父母自行建坊等語著依議該衙門知道欽此

臣奕

臣那

臣徐

七月十二日

710

鈐章

欽奉

諭旨御史蕭丙炎奏民間求學維艱亟宜實行校外教育請飭部定章辦理一摺著學部知道欽此

臣奕

臣那

臣徐

七月十二日

711

内閣傳知值年旗各部院衙門本日奉

旨本月十八日所有進内奏事當差之王公百官均著穿補褂一日欽此相應傳知

貴衙門欽遵可也此交

七月十三日

712

鈐章

宣統三年七月十四日内閣奉

上諭出使俄國大臣著陸徵祥調補並賞加侍郎銜

欽此

臣奕

臣那

臣徐

713

鈐章

宣統三年七月十四日内閣奉

上諭出使和國大臣著劉鏡人補授欽此

臣奕

臣那

臣徐

714

鈐章

宣統三年七月十四日內閣奉

上諭程德全電奏本月初四五六等日大雨如注晝夜不息圩隄潰決田畝被淹災情較前尤重現在庫儲奇絀勉籌急振深恐不敷等語江蘇各屬屢被災祲情殊可憫加恩著賞給帑銀四萬兩由度支部給發該撫即派委妥員核實散放毋令失所餘著照所議辦理該衙門知道欽此

臣奕
臣那
臣徐

715

鈐章

宣統三年七月十四日內閣奉

上諭陳夔龍奏永定河漫口奪溜分別參辦並自請議處一摺前據該督電稱河水奇漲南三工尾漫溢當經降旨飭令竭力搶護茲據奏報詳細情形七月初六至初七日傾盆大雨歷兩日夜之久山洪奔注永定河南三工尾第二十號漫溢成口口門連上十九號約寬一百四五十丈雖因河勢奇漲人力難施在工各員究屬疏於防範調署南三工涿州州判本任北二下汛東安縣主簿章晉墀著革職留工効力代理南岸同知候補知縣張榮凝永定河道呂佩芬均著革職留任陳夔龍督率無方並著交內閣照例議處仍著將漫溢各工趕緊堵築並派委員速放急賑以拯災黎毋任失所餘著照所議辦理該衙門知道欽此

臣奕
臣那
臣徐

716

鈐章

欽奉

諭旨翰林院奏講習館期滿查照奏案擇尤保薦繕單呈覽一摺編修朱點衣等十八員均著交內閣存記欽此

臣奕
臣那
臣徐

七月十四日

717

鈐章

欽奉

諭旨吴士鑑奏請飭部臣實勘成都南北兩路綫一
摺着内閣會議具奏欽此

臣奕
臣那
臣徐

七月十四日

718

鈐章

宣統三年七月十五日内閣奉

上諭前據御史陳善同奏疆臣昏聵溺職據實糾參
一摺當經諭令李經羲確查茲據查明奏稱龐鴻
書撫黔數年處事公明并無袒庇劣幕玩丁情事
惟用人意存寬大閒或失於威斷等語龐鴻書現
已開缺著免其置議貴州巡警道賀國昌尚無賄
賣差缺袒護員警等事惟於李友二一案事前失
察咎有難辭著交内閣察議指分貴州試用通判
周篆訓酗酒尋釁行同無賴雲南補用巡檢周聲
漢承審要案處理荒謬貴州補用從九沈燮堂暱
比劣丁爭鬧滋議均著即行革職貴州補用知州
朱禮和雖無劣迹人欠謹飭著沈瑜慶隨時察看
另片奏黎平府知府陳鴻年體弱才平前當局差
辦事疎誤脩文縣知縣儲世鑫庸懦無能難期整
飭均著開缺察看貴州補用知府鮑世爵歷練未
深遇事輕率著以通判降補前充撫署幕職候選
同知胡壽彭性喜招搖洩漏機密并有因緣為奸
之事其子候選縣丞胡顯祖倖倖得官聲名尤劣
均著革職永不敘用并即行驅逐回籍交原籍地
方官嚴加管束前充撫署巡捕貴州補用巡檢熊
其光舉止躁妄藉事生風著即行革職勒令離黔
餘均照所議辦理内閣知道欽此

臣奕假
臣那
臣徐

719

鈐章

欽奉

諭旨內閣會奏遵議庫倫辦事大臣三多奏調查庫
倫各卡倫密陳中外邊情一摺著依議欽此

臣奕　假
臣那
臣徐
臣鄒嘉來
臣廕昌
臣善耆

七月十五日

720

鈐章

宣統三年七月十六日內閣奉
上諭雲南麗江府知府江蘊琛著開缺所遺員缺著
鈕傳善補授欽此

臣奕
臣那
臣徐

721

鈐章

宣統三年七月十七日內閣奉
上諭湖南京官署大理院少卿王世琪等奏聲明湘
路股款情形一摺據稱國家特因各省股本不敷
造路故籌鉅款以期速成既准商民一律附股並
無排除民股之心已為中外所共見惟湖南商股
不過百五十萬懇將房股租股皆准作為私股路
用鹽觔加價振糶米捐之款皆准作為地方公股
款皆實銀請一律給與分紅分息股票以後商民
繼續附股並請照收以免向隅等語所陳各節核
與五月二十一日諭旨各省所抽所招之公司股
票盡數驗明收回由部特出國家鐵路股票按股
分利辦法尚屬相符朝廷籌款收路祇在速成並
非排除民股湘省紳商已能仰體所擬各節尤見
愛國之誠自應准如所請即由該部將其公司股
票盡數驗明換給國路股票其振糶捐款鹽觔加
價兩項既歸路用亦准作為地方公股俾得一律
分紅分息藉充本省備荒及地方公共實業之用
責成公正紳士會同經理官為督察自經此次頒

諭之後該公司即應遵照迅速交收著郵傳部會
同督會辦鐵路大臣即日派員接管趕緊開工剋
期告成以重交通要政欽此

臣奕
臣那
臣徐

722

鈐章

欽奉

諭旨學部會奏酌擬停止各學堂實官奬勵並定畢
業名稱一摺著依議欽此

臣奕
臣那
臣徐
臣唐景崇

七月十七日

723

鈐章

宣統三年七月十九日内閣奉

上諭張鳴岐電奏潮州府屬地方本月十一日大雨

山水暴發江流陡漲東津隄驟決淹没田畝無算
次日海陽澄海等縣屬各隄又相繼沖決淹斃人
口不可勝數受災均屬甚重已先開義倉振濟派
員辦米赶放急振等語潮州府屬等地方猝被水
災衝潰各隄現在水勢雖退災區甚廣災情甚重
小民顛沛流離殊堪憫惻加恩著賞給帑銀四萬
兩由度支部給發該督即派委妥員核實散放加
意撫卹毋任失所餘著照所議辦理該衙門知道

欽此

臣奕
臣那
臣徐

724

鈐章

欽奉

諭旨現在四川亂黨藉爭路爲名煽惑商民罷市罷
課近復傳布自保商榷書意圖自立並有攻撲督
署肆行焚殺情事已經電諭趙爾豐分別良莠剿
撫兼施乃旅京紳商學界屢次開會聚集多人投

遞呈詞是不知該省匪徒搆亂情形暨朝廷綏靖
地方深意徒滋擾亂京畿重地亟應保衛治安尤
須嚴加防範著學部嚴飭各學堂管理各員認真
約束學生照常上課不准隨意出堂干預外事並
著民政部步軍統領衙門嚴行禁止聚衆開會
多派兵警加意彈壓如仍有開會演說紛遞呈詞
者立即勸阻解散倘或不遵即行分別拏辦並將
自稱四川代表劉聲元嚴密查拏押解回籍交地
方官嚴加管束各該衙門務當實力奉行毋稍疏
忽欽此

原件交學部抄交
民政部步軍統領衙門

臣奕
臣那
臣徐

七月十九日

725

鈐章

欽奉

諭旨盛宣懷奏籌撥永定河漫口振需並詳陳籌款
情形一摺著依議欽此

臣奕
臣那
臣徐

七月十九日

726

鈐章

欽奉

諭旨御史吳緯炳奏洋員干預部務宜防流弊一摺
着郵傳部知道欽此

臣奕
臣那
臣徐

七月十九日

727

鈐章

宣統三年七月二十日內閣奉

上諭自鐵路幹路收歸國有凡從前商股民股均經
飭部妥定辦法明白宣示既已減輕民累復不令
虧損民財朝廷體恤閭閻實已仁至義盡乃川又

未明此意聞會演說藉端爭執始不過無知愚氓
羣相附和繼則罷市罷課迹近嚣張屢經電飭趙
爾豐彈壓解散並飭郵傳部將路欵轇轕妥速清
理明示辦法以釋羣疑原冀早就敉平各安生業
迺不忍加罪吾民不料抗糧抗捐之議相繼而起
惟恐有匪徒從中煽誘別滋事端特派端方前往
查辦僅准酌帶兵勇兩隊俾免驚疑旬日以來該
省突有人散布自保商榷書意圖獨立並有約期
起事之舉經趙爾豐先期偵悉將首要擒獲本月
十五日竟有數千人先撲督署肆行燒殺並傷斃
弁兵似此目無法紀顯係逆黨勾結為亂於路事已
不相涉萬難再予姑容已電飭趙爾豐相機分別
剿辦該署督迅即懔遵前次電旨嚴飭新舊各軍
將倡亂匪徒及時撲滅毋任蔓延其被脅紳民均
係無辜尤當妥籌安撫不得稍有株連免致地方
糜爛如有為逆黨强迫列名會簿者即將該名冊
全行銷毀一概不究端方帶隊入川務須申明紀
律嚴加約束不准騷擾並沿途曉諭居民宣布德
意俾皆曉然朝廷不得已而用兵純係為除莠安
良起見以定衆志而遏亂萌至該省商民一切路
股仍着郵傳部督會辦鐵路大臣遵旨妥速辦理
經此次申諭之後該省紳民人等勿再輕信浮言
徒滋擾亂應即照常開市開課各安本分用副朕
諄諄誥誡之至意欽此

臣奕　臣那假　臣徐

728

鈐章

宣統三年七月二十日內閣奉
上諭李擢英奏因病懇請開缺一摺典禮院直學士
李擢英著准其開缺欽此

臣奕　臣那假　臣徐

729

鈐章

宣統三年七月二十日內閣奉
上諭典禮院直學士著端緒補授欽此

730

鈐章

宣統三年七月二十日内閣奉

上諭典禮院總務廳廳長著聶寶琛補授欽此

臣奕

臣那 假

臣徐

731

鈐章

欽奉

諭旨都察院代奏奉天補用知縣誠勤條陳柬者大

局呈一件著内閣軍諮府會議具奏欽此

抄交軍諮府会奏呈

臣奕

臣那 假

臣徐

七月二十日

732

鈐章

欽奉

諭旨都察院奏遵旨釐訂現行法規照章派員編纂

一摺知道了欽此

原件交都察院

同抄摺交修訂法律館

七月二十

臣奕

臣那 假

臣徐

733

鈐章

欽奉

諭旨都察院代奏縣丞用兼襲雲騎尉李滋然呈進

舊撰書籍四種呈一件知道了書交南書房閱看

欽此

同書四函

交南書房

七月二十日

臣奕

臣那 假

臣徐

734
鈐章
宣統三年七月二十一日内閣奉
上諭廣西高等審判廳廳丞著俞謝棠補授高等檢察廳檢察長著朱文劭補授欽此
臣奕
臣那
臣徐

735
鈐章
欽奉
諭旨民政部會奏起解劉聲元回籍情形一摺知道了欽此
臣奕
臣那
臣徐
七月二十一日

736
見人員
七月二十二日引
内閣二十人

737
度支部二人
學部五人
陸軍部十四人
鑲黄旗蒙古一人
鑲紅旗蒙古五人
鑲藍旗滿洲四人
共五十一人

見人員
七月二十二日引
内閣二十人
度支部二人
學部五人
陸軍部十四人
鑲黄旗蒙古一人
鑲紅旗蒙古五人
鑲藍旗滿洲四人
共五十一人

738

鈐章

宣統三年七月二十二日內閣奉

上諭禁煙大臣奏職官煙癖未除據實糾參各摺片開缺典禮院直學士李擢英前軍機章京孫筍經均著革職永不敘用所有為孫筍經出結官典禮院學士易貞內閣閣丞華世奎該大臣等奏稱出結係在本年續定章程以前可否量予末減等語易貞華世奎應得降一級調用處分均著改為罰俸一年欽此

臣奕

臣那

臣徐

739

鈐章

宣統三年七月二十二日內閣奉

上諭本日引見進士館游學畢業之陸軍部候補主事饒孟任法部候補主事王汝榆均著以員外郎仍留原衙門補用欽此

臣奕

740

鈐章

宣統三年七月二十二日內閣奉

上諭本日補行引見陸軍貴冑學堂畢業考列上等之陳繩著補授陸軍副軍校欽此

臣那

臣徐

臣奕

臣那

臣徐

741

陸軍貴冑學堂畢業考列上等陳繩

旨著以藍翎侍衛用

旨著以陸軍部主事學習

硃○旨著補授陸軍副軍校

742

鈐章

宣統三年七月二十二日內閣奉

上諭本日引見北洋大學堂畢業學生考列優等之

陳純著賞給進士出身改翰林院庶吉士欽此

臣奕
臣那
臣徐

743

鈐章

欽奉

諭旨本日引見之補行覆帶京察一等陸軍部郎中李盛和保舉候選道田吳炤均著於本月二十三日預備召見欽此

臣奕
臣那
臣徐

744

鈐章

欽奉

諭旨本日引見之縣丞用兼襲雲騎尉李滋然著以學部七品小京官用欽此

臣奕
臣那

745

縣丞用兼襲雲騎尉李滋然

硃○旨著以學部七品小京官用

旨著以知縣分省補用

七月二十二日

臣徐

746

鈐章

欽奉

諭旨農工商部會奏酌訂考核直省府廳州縣辦理實業勸懲專章繕單呈覽一摺著依議欽此

臣奕
臣那
臣徐

七月二十二日

747

鈐章

宣統三年七月二十三日内閣奉

上諭前因四川逆黨勾結爲亂當飭趙爾豐分别剿

撫並飭端方帶隊入川現據瑞澂及重慶等處電
陳四川省城城外聚有亂黨數萬人四面圍攻勢
甚危急等語成都電報現已數日不通附近各府
州縣亦復有亂黨煽惑鼓動川省大局岌岌可危
朝廷殊深焦慮昨已電飭端方剋期前進迅速到
川開缺兩廣總督岑春煊威望素著前任四川總
督熟悉該省情形該督病勢聞已就痊著即前往
四川會同趙爾豐辦理剿撫事宜岑春煊向來勇
於任事不辭勞瘁即著由上海乘輪即刻起程毋
稍遲延此次川民滋事本係不逞之徒藉端誘惑
迫脅愚氓以致釀成此變現在辦法自應分別良
莠勦撫兼施其倡亂匪徒亟須從嚴懲辦所有被
脅之人均係無辜赤子要在善為解散不得少有
株累以期地方早就敉平岑春煊未能立時到川
端方計已行抵川境著先行設法速解城圍俾免久
困並沿途妥為布置毋任滋蔓該大臣等其各懍
遵諭旨迅赴事機以紓朝廷西顧之憂而免川民
塗炭之苦欽此

臣奕 假

臣那
臣徐

748

鈐章

宣統三年七月二十三日內閣奉
上諭本日補行召見京察一等之陸軍部郎中李盛
和著記名以道府用欽此

臣奕 假
臣那
臣徐

749

鈐章

欽奉
諭旨本日召見之保舉候選道田吳炤著以道員分
省補用並交內閣存記欽此

七月二十三日

臣奕 假
臣那
臣徐

750

鈐章

欽奉

諭旨御史范之杰奏諮議局議員改選期迫請飭遵
章認真辦理一摺著内閣議奏欽此

七月二十三日

臣奕假
臣那
臣徐

751

鈐章

欽奉

諭旨郵傳部奏審定商辦輪船招商局股分有限公
司章程並改良辦法繕單呈覽一摺著依議欽此

七月二十三日

臣奕假
臣那
臣徐
臣盛宣懷

752

鈐章

宣統三年七月二十五日内閣奉
上諭專司訓練禁衛軍大臣郡王銜貝勒載濤輔國
公銜鎮國將軍載搢訓練有方不辭勞瘁均著加
恩賞穿黃馬褂所有該訓練處當差各員自軍諮
官以下准照異常勞績擇尤酌獎現在尚未成軍
訓練處暫毋裁撤仍責成載濤等認真訓練隨時
妥擬一切擴充辦法候旨遵行欽此

臣奕
臣那
臣徐

753

鈐章

宣統三年七月二十五日内閣奉
上諭前據專司訓練禁衛軍大臣載濤等奏稱禁衛
軍兩協已經成立請旨校閱等語昨經
監國攝政王親往校閱並頒給標旗該兩協官兵
均精神振奮動作如法頗能仰體朝廷整軍經武
之意成效昭著深堪嘉許所有兩協各官長著載
濤等擇尤以軍官擬補其補有軍官者著按其職

任酌量提陞各目兵等著每名賞銀二兩由度支
部發給以示鼓勵欽此

臣奕假
臣那
臣徐

754
鈐章
欽奉
諭旨阿穆爾靈圭等奏兩翼前鋒八旗護軍營預算
室礙難行據實陳明一摺着仍照向章支領該部
知道欽此

臣奕
臣那
臣徐

七月二十六日

755
鈐章
欽奉
諭旨禁煙大臣奏調驗大員煙癖已除請飭照舊供
職一摺著依議欽此

臣奕
臣那
臣徐

七月二十六日

756
鈐章
宣統三年七月二十七日奉
旨翰林院侍講學士著文華補授欽此

臣奕
臣那
臣徐

757

鈐章

欽奉

諭旨南書房片奏閱看學部七品小京官李滋然呈
進書籍四種綜覽所著各書於經學研究頗深堪
備乙覽應否加以褒獎等語李滋然著賞給主事
銜欽此

臣奕
臣那
臣徐

七月二十七日

758

鈐章

欽奉

諭旨御史忠浩奏幣制重要宜再詳定收換辦法以
防流弊一摺着度支部議奏欽此

臣奕
臣那

759

鈐章

七月二十七日

臣徐

宣統三年七月二十八日内閣奉
上諭趙爾豐電奏自十五日亂民圍攻督署之後是
夜即有大夥舖斗市口民團數千人麕集城下連
日又到有温江郫縣崇慶州灌縣成都華陽雙流
新津邛州蒲江大邑十餘州縣民團每縣數起每
起數千人或至萬人所到之處搶掠燒刦無所不
為附近居民紛紛逃徙當經調派陸軍及巡防軍
衛隊迎剿乃各該團恃其勢衆分四路圍城並放
槍礮傷我兵士迭經回擊猶敢抵死抗拒及勢
支始行敗退嗣有大股匪團數千人盤踞距
五十里之龍泉驛山頂扼守險要密列礮械揚
攻省城迨官軍馳往剿擊匪即開礮轟打迎
於黑夜猛撲山上占據山頂奪獲大礮數十
彈刀矛無算匪遂下山紛竄而西路犀浦中和場
等處匪徒亦經擊退匪復分股圍攻雙流縣城焚

燒關廂街寺官軍與之相持一晝夜城圍始稍鬆
解竄擾犀浦中和場並續竄唐家寺之匪亦先後敗
退自十六日至今連戰七日擒斬甚多奪獲刀矛
旗幟約二千餘件各路電綫悉被砍斷驛遞文件
皆被截阻搜殺現在各處仍復警報頻聞擬俟城
守稍固即抽隊迎勦先後陣擒被脅愚民均開導
寬免等語辦理尚合機宜該匪等先期散有調兵
木戳足見謀逆已非一日及至逆謀敗露立時
四處響應膽敢圍城抗拒肆行焚掠擾害良民俾
閭閻不得安堵又復扼險困守截斷聲援並有砍
斷各路電綫截阻驛遞文件及搜殺情事實屬有
意作亂似此悖逆情形業已衆目昭彰豈容任其
糜爛亟宜早圖廓清現在鄂軍已經 行抵川境
黔省援軍亦經開拔仍著趙爾豐嚴飭各軍分路
剿辦迅速擊散毋令匪燄日張仍分別良莠剿撫
兼施凡有被脅愚民悉從寬宥徧行曉諭妥籌安
撫以免株連而釋疑懼仍將辦理情形隨時電奏
至所奏設立籌防局辦理籌餉各事宜一節著度
支部知道欽此

臣奕 臣那 臣徐

760

鈐章

欽奉

諭旨內閣會奏議覆張人駿奏浦口商埠宜區別通
商口岸擴充辦理一摺著依議欽此

臣奕
臣那
臣徐
臣鄒嘉來
臣載澤 差
臣溥倫 假
臣盛宣懷

七月二十九日

761

鈐章

欽奉

諭旨内閣會奏議覆張鳴岐電奏廣東匪蹤徧境請
添勇十營專備全省策應一摺著依議欽此
七月二十九日
臣奕
臣那
臣徐
臣載澤（差）
臣廕昌

762
鈐章
欽奉
諭旨陸軍部奏陸軍第一鎮兵丁亟待退伍請飭查
明熱河圍場放墾情形以資安插一摺著内閣歸入
溥頲請以圍場仍歸熱河管轄前奏一併會議具
奏欽此
臣奕
臣那
臣徐
八月初一日

763
鈐章
欽奉
諭旨陸軍部奏查核八旗減馬增乾聲明請旨一摺
著八旗都統會同陸軍部妥議具奏欽此
臣奕
臣那
臣徐
八月初一日

764
鈐章
宣統三年八月初二日内閣奉
上諭增韞奏在籍提法使因修墓呈請開缺等語雲
南提法使沈曾桐著准其開缺欽此
臣奕
臣那
臣徐

765
鈐章
宣統三年八月初二日内閣奉
上諭雲南提法使著龔心湛補授欽此

臣奕
臣那
臣徐

766
鈐章
宣統三年八月初二日內閣奉
上諭總稅務司赫德於咸豐年間來華由粵海關副
稅務司游升總稅務司迭受
先朝恩遇歷經
賞加按察使銜布政使銜花翎頭品頂戴並雙龍二等
第一寶星三代正一品封典太子少保銜前因病
請假回國復
賞加尚書銜該總稅務司供職中國所有通商各口設
關征稅事宜均由其經手創辦以及辦理船廳設
同文館赴各國賽會設立郵政經始規畫悉臻妥
協遇有交涉時備諮詢在中國宣力五十餘年深
資贊助茲據稅務處呈遞出使英國大臣劉玉麟
來電遽聞溘逝軫惜殊深加恩著賞加太子太保
銜伊子赫承先著賞换雙龍二等第三寶星以示
優異欽此
臣奕
臣那
臣徐

767
鈐章
欽奉
諭旨張德彝胡惟德林紹年朱益藩著充考試游學
畢業生主試官欽此
臣奕
臣那
臣徐
八月初二日

768
鈐章
欽奉
諭旨學部奏請派游學畢業考試各科襄校官一摺
所有遴選之黃德章馮熙敏林志鈞沈王楨張煜
仝王鴻年李祖虞何福麟邵位濬何燏時程良楷

熊崇志夏錫祺周秉琨談錫恩曹文淵陳承修金
殿勳陳榥鄭清濂張鉞緒高近宸潘承福麟趾均
著充襄校官欽此

臣奕 臣那 臣徐

769

鈐章

欽奉

諭旨貝勒載洵等奏謹陳現修

崇陵工程情形一摺知道了欽此

八月初二日

臣奕 臣那 臣徐

770

鈐章

宣統三年八月初三日内閣奉

上諭雲南臨安開廣道員缺著榮凱補授欽此

臣奕

771

雲南臨安開廣道員缺請

旨簡放

臣那 臣徐

772

鈐章

欽奉

諭旨内閣奏接收吏部保案卷宗查有可疑情形請

旨撤銷澈查懲辦並繕單呈覽一摺著依議欽此

八月初四日

臣奕 臣那 臣徐

773

鈐章

欽奉

諭旨弼德院奏秘書廳先後酌調人員繕單呈覽一
摺著依議欽此

774

諭旨陸潤庠奏曲阜新設學堂請飭部另定章程一

摺著學部議奏欽此

鈐章

欽奉

八月初五日

臣奕

臣那

臣徐

775

諭旨郵傳部奏展築京奉路綫磋商就緒議定辦法

一摺著依議欽此

鈐章

欽奉

八月初五日

臣奕

臣那

臣徐

臣奕

臣那

776

諭旨順天府奏擬裁大宛兩縣並酌裁霸州密雲二

州縣併歸四路廳直轄一摺著内閣議奏欽此

鈐章

欽奉

八月初六日

臣徐

臣奕假

臣那

臣徐

777

承宣廳廳長趙廷珍

副廳長英秀

前四品章京成俊

榮奎

郎中鍾佩

員外郎趙國良

主事盧文明

郎中麟祥

八月初七日

劉慶篤
裕銘
員外郎張潤
鴻恩
主事邢維經
興廉
郎中萬雲路
員外郎宋子聯
星輅
主事雷延壽
錄事松海
候補侍讀海桂
候補員外郎伊密揚阿
編修楊渭
候補主事曾文玉
編修黃彥鴻
員外郎存瑞
候補主事呂式斌
候補中書江保傳

秦樹忠
候補主事伊星阿
彭士華

778

鈐章

宣統三年八月初八日內閣奉
上諭慶親王奕劻奏為職任重要精力難勝懇恩開去差缺一摺該親王雖年逾七旬精力尚健值此時會艱難百端待理又當憲政進行之際正賴老成碩望翊贊新猷該親王夙著公忠亦斷不能忘懷時局也所請開去內閣總理大臣管理外務部差缺著毋庸議欽此

臣奕（假）
臣那
臣徐

779

鈐章

欽奉
諭旨郵傳部片奏密籌借款收回商股情形等語著
該部議奏欽此

八月初八日

臣奕假
臣那
臣徐
臣盛宣懷

780

鈐章

欽奉

諭旨郵傳部奏議覆沈秉堃岑春煊電奏川省路股
辦法一摺著依議欽此

八月初八日

臣奕假
臣那
臣徐
臣盛宣懷

781

鈐章

宣統三年八月初九日內閣奉

上諭世續奏假期又滿病仍未痊懇請開缺一摺大
學士世續著再賞假一箇月安心調理毋庸開缺
欽此

臣奕
臣那
臣徐

782

鈐章

欽奉

諭旨內閣奏廳局留用調用人員請予留閣繕單呈
覽一摺著依議欽此

八月初九日

臣奕
臣那
臣徐

783

鈐章

欽奉

諭旨御史溫肅奏官員秋冬俸米可否飭部提前兩
月頒發等語著度支部知道欽此

八月初九日

臣奕
臣那
臣徐

784

致庫倫辦事大臣三
六橋都護閣下
來函均悉庫倫密邇俄疆蒙邊風氣閉塞辦事
諸多棘手久所深悉
執事涖任以來應付外交開通蒙智經營擘畫
具見苦心現在時事多艱正當力任其難勉思
自効似不宜遽萌退志冀卸仔肩況當四盟甫
經悔罪正賴
大力維持從容坐鎮遇有應商事件儘可由函
電往來未便遽行離庫來京致滋疑慮順頌
勛祺

那桐
慶親王同啟
徐世昌

八月初九日

785

致東三省總督趙
次珊制軍閣下
來函備悉所列各項方物既有今昔情形之不
同應否停免希由
尊處詳敘理由奏明請
旨遵行順頌
勛祺

八月初九日

786

八月十一日引
見人員
民政部四人
步軍統領衙門十二人
領侍衛內大臣三十四人
鑲黃旗滿洲四人
正紅旗滿洲五人
內務府七人
精捷營二人
共六十八人

787

鈐章
宣統三年八月十一日內閣奉
上諭朱家寶奏總兵大員在籍患病懇請開缺一摺
廣西左江鎮總兵李永芳著准其開缺欽此
臣奕

臣那
臣徐

788

鈐章

宣統三年八月十一日内閣奉

上諭廣西左江鎮總兵員缺著龍覲光補授欽此

臣奕
臣那
臣徐

789

鈐章

欽奉

諭旨度支部會奏度支部暫管預算編訂完竣繕具

表冊恭候欽定一摺著依議欽此

臣奕
臣那
臣徐

八月十一日

790

鈐章

宣統三年八月十二日内閣奉

上諭張人駿奏提督因病懇請開缺一摺江南提督

劉光才著准其開缺加恩賞食全俸欽此

臣奕
臣那
臣徐

791

鈐章

宣統三年八月十二日内閣奉

上諭江南提督著張勳調補張懷芝著補授甘肅提

督欽此

臣奕
臣那
臣徐

792

鈐章

欽奉

諭旨資政院奏議員缺額遵章繕單請旨補選一摺

著溥善德啟彥悳王季烈程明超為議員欽此

臣奕
臣那
臣徐

八月十二日

793

鈐章

宣統三年八月十三日內閣奉

上諭典禮院會奏遵旨編製國樂專章一摺聲音之
道與政相通前因國樂未有專章諭令禮部各衙
門妥慎編製茲據典禮院會同各該衙門將編製
專章繕單呈覽聲詞尚屬壯美節奏頗為叶和著
即定為國樂一體遵行餘著照所議辦理欽此

臣奕
臣那
臣徐

794

鈐章

欽奉

諭旨都察院代遞前翰林院侍講學士朱福詵等以

巳故兵部尚書徐用儀功在桑梓請於原籍地方
捐建專祠呈一件徐用儀著准其於原籍地方捐
建專祠該衙門知道欽此

原件交典禮院
合原呈
抄交民政部

臣奕 假
臣那
臣徐

八月十四日

795

鈐章

欽奉

諭旨都察院奏查明已革河南淅川廳同知錢繩祖
等被參冤抑錄咨呈覽一摺錢繩祖周應昌均著
交內閣引見欽此

同原摺
抄交敘官局

臣奕 假
臣那
臣徐

八月十四日

796

鈐章

欽奉

諭旨都察院奏釐訂法規先撮舉大要編成總綱摺

片單各一件知道了欽此

八月十四日

臣奕 假

臣那

臣徐

797

鈐章

宣統三年八月十六日內閣奉

上諭度支大臣載澤著兼任鹽政院鹽政大臣欽此

臣奕

臣那

臣徐

798

鈐章

宣統三年八月十六日內閣奉

上諭內閣會奏遵旨整頓國稅擬設京外鹽政專官

酌訂官制繕單呈覽一摺前因各省鹽務疲敝特

派大臣督辦以資整頓惟事體重大頭緒紛繁非

設立專官無以收挈領提綱之效著即將鹽政院

官制頒布以鹽政處改為鹽政院全國鹽務均歸

管理以一事權而重責成另片奏兩廣鹽政公所

暫行酌留山西省北鹽局淮南揚子總棧均暫仍

其舊陝甘花馬池等處鹽務委任該省藩司或統

捐局暫行兼辦等語著依議欽此

臣奕

臣那

臣徐

799

鈐章

欽奉

諭旨內閣會奏協議宣統四年全國預算一摺著依

議欽此

八月十六日

臣奕

臣那

臣徐

800

鈐章

欽奉

諭旨民政部奏查獲形迹可疑學生解樹强請交大理院訊辦一摺著依議欽此

八月十六日

臣奕
臣那
臣徐

801

鈐章

欽奉

諭旨民政部奏編設偵緝警備兩隊一摺著依議欽此

八月十六日

臣奕
臣那
臣徐

802

鈐章

欽奉

諭旨御史張瑞蔭片奏各學堂講經修身諸門添設師位等語著學部知道欽此

八月十七日

臣奕
臣那
臣徐

803

鈐章

欽奉

諭旨貝勒載洵奏遵旨前往西陵履勘行樁地畝陳報起程日期並酌帶隨員一摺知道了欽此

八月十八日

臣奕
臣那
臣徐

804

鈐章

欽奉

諭旨盛宣懷奏各省官紳報効災振鉅款懇准照前
案優獎一摺周忻等二十三名均照所請獎勵又
片奏同知銜王綿孫為伊母王湯氏捐助振款一
千兩請予建坊等語著依議欽此

原件上盛宣懷摘抄上氏以印

臣奕
臣那
臣徐

八月十八日

805

鈐章

欽奉

諭旨郵傳部會奏遵議西潼鐵路收歸官辦一摺著
依議欽此

臣奕
臣那
臣徐
臣載澤假

806

鈐章

宣統三年八月十九日內閣奉

上諭端方等奏湖北境內粵漢川漢鐵路遵旨收歸
國有取銷商辦公司並議定接收股款辦法一摺
前因鐵路收歸國有曾經諭令督辦粵漢川漢鐵
路大臣會同各該省督撫將所有收款遵照五月二
十一日諭旨分別辦理茲據奏稱鄂路股款約分
四項官招粵漢商股川漢商股皆係實銀應即欽
遵諭旨一律發給國家鐵路股票不願附股者發
還現銀其川漢彩票股與普通彩票不同早經按
戶換給股票逐次付息擬懇一併按照商股辦法
給與分利分紅股票至商招商股一項係零
星勸集股東散處無從遍詢擬由該省鐵路協會
紳士自行清理先將股本一律退還其有願附股
者再行繳銀領票以清界限此外尚有振糶捐一
款擬撥湘省成案撥作地方公股官紳會商意見

臣盛宣懷

八月十八日

相同業於八月初六日接收完竣等語該大臣等
辦理接收事宜暨所擬辦法均尚妥協湖廣總督
瑞澂辦事明敏於此次路事尤能盡心籌畫不負
委任該省士紳復能仰體朝廷德意率先遵辦洵
屬深明大義著傳旨嘉奬該大臣等迅即會同度
支部郵傳部按照籌擬各節分別清理尅期開工
以重交通要政餘均照所議辦理該部知道欽此

臣奕
臣那
臣徐

807

鈐章

欽奉
諭旨內閣奏法制院留用調用人員請予留閣繕單
呈覽一摺著依議欽此

臣奕
臣那
臣徐

八月十九日

808

鈐章

欽奉
諭旨理藩部奏清釐積弊以恤藩情一摺著依議欽此

臣奕
臣那
臣徐

八月十九日
臣善耆

809

鈐章

宣統三年八月二十一日內閣奉
上諭瑞澂電奏十八夜革匪創亂拏獲各匪正在提
訊核辦革匪餘黨勾結工程營輜重營突於十九
夜八鐘響應工程營則猛撲楚望台軍械局輜重
營則就營縱火斬關而入瑞澂督同張彪鐵忠王
履康分派軍警隨時布置並親率警察隊抵禦無
如匪分數路來攻其黨極衆其勢極猛瑞澂退登
楚豫兵輪移往漢口已電調湘豫巡防隊來鄂會
剿並請派大員多帶勁旅赴鄂剿辦等語覽奏殊
深駭異此次兵匪勾通蓄謀已久乃瑞澂毫無防
範預為布置竟至禍機猝發省城失陷實屬辜恩

溺職罪無可逭湖廣總督瑞澂著即行革職帶罪
圖功仍著暫署湖廣總督以觀後效即責成該署
督迅即將省城剋期克復毋稍延緩倘日久無功
定將該署督從重治罪並著軍諮府陸軍部迅派
陸軍兩鎮陸續開拔赴鄂剿辦一面由海軍部加
派兵輪飭薩鎮冰督率前進並飭程允和率長江
水師即日赴援陸軍大臣廕昌著督兵迅速前往
所有湖北各軍及赴援軍隊均歸節制調遣並著
瑞澂會同妥速籌辦務須及早撲滅毋令匪勢蔓
延欽此

810

鈐章

宣統三年八月二十二日內閣奉
上諭瑞澂兩次電奏兵匪構變始末情形各等語張
彪督練鄂軍已歷多年竟至兵匪勾結省城不守
可見其平日訓練無方而事前既毫無防範臨時
復漫無節制不能固結軍心竟敢倉皇棄營逃
出實屬大干軍紀罪無可逭統制官提督張彪著即
行革職並著瑞澂責令迅速痛勦逆匪克復省城
所有被脅兵士如非甘心從逆即行設法收撫倘
再畏葸觀望定當加等治罪現在廕昌所帶兵隊
已於今日專車陸續進發到鄂後即著瑞澂會同
籌畫迅赴事機所請飭部籌撥餉項一節著度支
部迅速籌撥欽此

臣奕
臣那
臣徐

811

鈐章

宣統三年八月二十二日內閣奉
上諭此次驗放陸軍游學畢業考列上等之楊言昌
著賞給陸軍步兵科舉人并授陸軍協軍校欽此

臣奕
臣那
臣徐

812

鈐章

欽奉
諭旨御史陳善同奏敬陳鄂省軍事機宜一摺著軍

諮府陸軍部知道欽此

八月二十二日

臣奕
臣那
臣徐

813

鈐章

欽奉

諭旨御史總奇參名臣祠宇日見圮頹亟宜保存一

摺著民政部知道欽此

八月二十二日

臣奕
臣那
臣徐

814

八月二十三日引

見人員

內閣三十八

815

鈐章

宣統三年八月二十三日內閣奉

上諭湖廣總督著袁世凱補授並督辦剿撫事宜四

川總督著岑春煊補授並督辦剿撫事宜均著迅

速赴任毋庸來京陛見該督等世受國恩當此事

機緊迫自當力顧大局勉任艱難毋得固辭以副

委任俟袁世凱岑春煊到任後瑞澂趙爾豐再行

交卸欽此

臣奕
臣那
臣徐

816

鈐章

宣統三年八月二十三日內閣奉

上諭袁世凱現簡授湖廣總督所有該省軍隊暨各

路援軍均歸該督節制調遣蔭昌薩鎮冰所帶水

陸各軍並著袁世凱會同調遣迅赴事機以期早

日戡定欽此

臣奕

臣那
臣徐

817
鈐章
宣統三年八月二十三日内閣奉
上諭岑春煊現簡授四川總督所有該省軍隊暨各
路援軍均歸該督節制調遣欽此
臣奕
臣那
臣徐

818
鈐章
宣統三年八月二十三日奉
旨翰林院侍講著阿聯補授欽此
臣奕
臣那
臣徐

819
鈐章
欽奉

諭旨内閣會奏議覆新疆巡撫袁大化奏請修築東
西鐵路一摺着依議欽此
臣奕
臣那
臣徐
臣鄒嘉來
臣桂春
臣載澤
臣唐景崇
臣廕昌差
臣載洵
臣紹昌
臣溥倫
臣盛宣懷
臣善耆
八月二十三日

820
鈐章
欽奉

諭旨內閣會奏議覆廣西巡撫沈秉堃奏振興實業
擬請整頓教育特設銀行一摺著依議欽此

臣奕
臣那
臣徐
臣載澤
臣唐景崇
臣溥倫
臣盛宣懷

八月二十三日

821

鈐章

欽奉

諭旨學部奏第三次教育統計圖表辦理完竣繕册
呈覽一摺知道了册留覽欽此

臣奕
臣那
臣徐
臣唐景崇

八月二十三日

822

鈐章

欽奉

諭旨現在派兵赴鄂亟應編配成軍著將陸軍第四
鎮暨混成第三協混成第十一協編為第一軍已
派廕昌督率赴鄂其陸軍第五鎮暨混成第五協
混成第三十九協著編為第二軍派馮國璋督率
迅速籌備聽候調遣至京師地方重要亟應認真
彈壓著將禁衛軍暨陸軍第一鎮編為第三軍派
貝勒載濤督率駐守近畿專司巡護該貝勒務當
妥慎籌備加意防維毋稍疎虞欽此

臣奕
臣那
臣徐

八月二十三日

823

鈐章

欽奉

諭旨本日引見被參寬抑之已革福建崇安縣知縣
陸錦燧已革湖南補用知縣紀靖周均著開復原

官欽此

824
已革福建崇安縣知縣陸錦燧已革湖南補用
知縣紀靖周
硃○旨均著開復原官
八月二十三日
臣奕
臣那
臣徐

825
鈐章
欽奉
諭旨本日引見被參寬抑之已革永不敘用浙江候
補道朱疇著開復原銜欽此
八月二十三日
臣奕
臣那
臣徐

826
已革永不敘用浙江候補道朱疇
硃○旨著開復原銜

827
鈐章
宣統三年八月二十四日内閣奉
上諭王人文著撤去侍郎銜開去川滇邊務大臣趙
爾豐著仍充川滇邊務大臣四川總督岑春煊未
到任以前所有川中剿撫事宜仍著趙爾豐懔遵
迭次諭旨督飭各軍迅速辦理不得意存諉卸致
悮事機欽此
臣奕
臣那
臣徐

828
鈐章
宣統三年八月二十四日内閣奉
上諭廣東惠州府知府員缺緊要著該督於通省知
府内揀員調補所遺員缺著文增補授欽此
臣奕

829
旨簡放廣東惠州府遺缺知府員缺請
臣那
臣徐

830
鈐章
宣統三年八月二十四日内閣奉
上諭貴州銅仁府知府員缺著饒芝祥補授欽此
臣奕
臣那
臣徐

831
貴州銅仁府選缺知府員缺請
旨簡放

832
鈐章
宣統三年八月二十五日内閣奉
上諭順天府奏援案請賞米石各摺片現在節近寒

合近畿一帶貧民生計維艱所有朝陽安定西直等門外三處粥廠共恩賞粟米一千二百石藍靛廠粥廠恩賞粟米三百石資善堂暖廠恩賞粟米三百石同仁粥廠恩賞粟米三百石廣仁堂恩賞粟米三百石敦節會善堂恩賞粟米一百五十石均著加恩賞給由順天府具領發交各該處員紳妥為散放仍著俟各處教養局開辦後另行變通辦理王恕園等處粥廠業已改設教養局習藝所所有米石仍著照案賞給以惠窮黎欽此
臣奕
臣那
臣徐

833
鈐章
宣統三年八月二十五日内閣奉
上諭廣東巡警道員缺著劉道仁補授欽此
臣奕
臣那
臣徐

834 廣東巡警道員缺請
旨簡放

835 鈐章
宣統三年八月二十五日内閣奉
上諭鹽政院鹽政丞著晏安瀾補授總務廳廳長著
張茂炯署理參議著周蘊華署理南鹽廳廳長著
吳晉夔署理北鹽廳廳長著雷多壽署理欽此
臣奕
臣那
臣徐

836 鈐章
宣統三年八月二十五日内閣奉
上諭前廣西兵備處總辦蔡鍔著派充陸軍第三十
七協統領官陸軍步隊第七十四標統帶官曲同
豐著派充陸軍第三十八協統領官並均賞給陸
軍協都統銜欽此
臣奕
臣那
臣徐

837 鈐章
欽奉
諭旨内閣印鑄局局長陸宗輿奏請飭部明定官銀
行紙鈔信用辦法一摺著度支部按照所陳迅速察
核妥擬辦法具奏欽此
臣奕
臣那
臣徐
八月二十五日

838 鈐章
欽奉
諭旨順天府奏援案請賞京倉米石開辦平糶以濟
民食一摺著照所請度支部知道欽此
臣奕
臣那
臣徐
八月二十五日

839

鈐章
欽奉
諭旨順天府奏畿輔重地防範宜嚴擬酌添馬步軍
隊一摺著照所請該衙門知道欽此

臣奕 臣那 臣徐

八月二十五日

840

鈐章
欽奉
諭旨資政院奏恭報資政院召集情形遵章奏請開
會一摺知道了欽此

臣奕 臣那 臣徐

八月二十五日

841

鈐章
欽奉
諭旨御史蕭丙炎奏銀行信用亟宜維持謹陳管見
一摺著度支部知道又片奏請飭禁止京中米石
運往天津售賣等語著該衙門知道欽此

臣奕 臣那 臣徐

抄交度支部 同本擬
順天府
摘抄交民政部 同本行
崇文門

八月二十六日

842

查各省保薦之孝廉方正業經臣等奏定於本月
二十五日在
保和殿考試請

843

簡派大臣閱看試卷除例應迴避各員例不開列外
謹將名銜門送到銜名繕單進
呈伏候
欽點於二十六日清晨
發下傳集各員聽候宣
旨再此次考試各生計有三百餘名查照上年成案
擬請仍
派十二人謹
奏

陸潤庠
硃○李殿林
○唐景崇
○紹昌
張英麟
○郭曾炘
林紹年
○寶熙
于式枚
○王垿

844

熙彥
達壽
顧璜
秦綬章
○朱益藩
定成
王世琪
○趙廷珍
○楊佩璋
易貞
○朱彭壽
○孫紹陽
延昌
錫鈞
○周克寬
在明明德論
振興實業策

845

臣李殿林唐景崇紹昌郭曾炘寶熙王垿朱益濬趙廷玠楊佩璋朱彭壽孫紹楊周允寬跪

奏蒙

發下直隸等省孝廉方正試卷三百四十一本臣等公同

校閱謹擬一等三十六名二等三十六名黏貼黃籤進

呈恭候

欽定俟

發下後再行拆閱彌封另繕名單呈

覽謹

奏

846

臣等查對另頁文句人名均屬相符謹開列名

單恭呈

御覽謹

奏

847

一等三十六名

靖祖培

曾秀章

高永清

蕭之俊

陳瑛

夏光鼎

陳葆泉

雷方豫

池虬

唐玠

羅明福

劉尚忠

成諤

易隆馨

程明棟

胡安瀾

劉鴻綱

彭雙壽

薛珠

管士荃

宋振聲

吳蔭曾

高毓德

甯湘英
歐陽鼒
張克儉
張維鎬
袁登甲
吴道達
吕正德
王蘭增
黄立人
饒聲厔
吕繡章
宋承鼎
陳觀光
二等三十六名
姜思孝
韓東洲
郭湘
徐忠健
湯柏棻

趙振鎬
雷壽春
宋之熏
丁相林
陳汝霖
高誼
段獻升
徐振翰
姚湘
范秀錦
范冠羣
張承傑
侯建言
劉源嵲
曹澤潤
程相朝
龔玉爍
詹炳宇
金銘勳

朱鴻鐸
許育瑄
馬良貴
陳康陶
蕭相邦
王之佐
徐志成
張之瑞
莊以臨
李慶申
林鴻
吳賜寶

848

鈐章

欽奉

諭旨度支部奏陳明辦過第四年第一屆籌備事宜

並現在籌備情形一摺著內閣知道欽此

臣奕

抄交法制院

臣那

臣徐

八月二十七日

849

鈐章

欽奉

諭旨度支部奏試辦宣統四年全國預算繕表呈覽

並滙陳辦理情形一摺著內閣會議具奏欽此

臣奕

臣那

臣徐

八月二十七日

850

慰廷宮保閣下頃誦

來函並

蓋壽各節所開手摺已照錄呈

監國攝政王並交澤公閱過均可照辦即請

分別電奏請

旨遵行餘屬院參議詳細電奏陳先此布覆即頌

勛綏惟希

密陳

那

慶親王 全啓

徐

八月廿七日

851

鈐章

宣統三年八月二十八日內閣奉

上諭兩月以來四川湖北相繼肇亂均係匪黨潛謀不軌擾害治安朝廷向來政尚寬大凡屬國民無不一視同仁從無格外苛求之舉此次逆匪無端搆煽據城抗拒蹂躪地方以致無辜良民橫遭塗炭其為首作亂之人實屬罪大惡極自為法所不容惟念迫於不得已之被脅兵民類皆情有可原不能不網開一面其有為匪所逼身被裹脅者如早自拔來歸無論兵民均准予以自新不咎既往倘有殺賊立功擒縛匪黨以獻者並加以不次之賞如搜獲逆黨名冊立即銷燬毋得稍事株連致滋擾累川鄂兩省被擾地方猝遭此變固已荼毒不堪即賊匪未到之處亦不免風鶴頻驚致有遷避流離之苦著蔭昌袁世凱岑春煊端方沿途宣布

朝廷德意妥為撫輯並剴切曉諭軍民人等勿為邪說所誘隨聲附和勿為謠言所惑徒事張皇經此次申諭之後爾軍民人等當共曉然於是非之所在即利害之所關務當各守本分以副朕靖亂爱民之意欽此

臣奕

臣那

臣徐

852

鈐章

宣統三年八月二十八日內閣奉

上諭陸軍部會奏遵議各省綠營巡防隊擬請一律暫緩裁減一摺據稱裁減綠營巡防隊係顧全財政起見惟當此時局艱危綠營巡防隊可以輔陸軍巡警所不及等語所有宣統三年預算案內各省奏明礙難裁減之綠營巡防隊均著

免其裁減並四年預算除直隸江贛等省仍照奏
准各案辦理外餘著一律暫免裁減欽此

臣奕
臣那
臣徐
臣載澤
臣廕昌 差

853

鈐章

宣統三年八月二十八日內閣奉
上諭袁世凱現已補授湖廣總督所有長江一帶水
陸各軍均著暫歸該督節制調遣會同沿江各該
督撫妥籌辦理欽此

臣奕
臣那
臣徐

854

鈐章

宣統三年八月二十八日內閣奉
上諭壽耆著留京當差荊州將軍著連魁補授欽此

855

鈐章

宣統三年八月二十八日內閣奉
上諭甘肅甘州府知府員缺著何作猷補授欽此

臣奕
臣那
臣徐

臣奕
臣那
臣徐

856

鈐章

宣統三年八月二十八日內閣奉
上諭陸鍾琦奏在籍耆紳鄉舉重逢籲懇恩施一摺
已革浙江諸暨縣知縣劉引之早歲登科殫心著
述現屆該員鄉舉之年花甲適周洵屬藝林盛事
劉引之加恩著開復原官以惠耆儒欽此

臣奕
臣那
臣徐

857

鈐章

諭旨内閣奏查明前吏部司員舞弊情形請先行革

欽奉

職分别看管緝拏從嚴究辦一摺著依議欽此

八月二十八日

臣奕

臣那

臣徐

858

鈐章

諭旨農工商部奏遵章臚陳第四年第一屆農工商

欽奉

籌備事宜一摺著内閣知道欽此

八月二十八日

臣奕

臣那

臣徐

臣溥倫

859

鈐章

諭旨瑞豐等奏倉儲支絀亟應先事妥籌並嚴禁江

欽奉

浙奸商運米出洋以塞漏卮而重民食一摺又片

奏大通橋漢監督朱澂任滿請援案再留一任等

語均著依議欽此

八月二十八日

臣奕

臣那

臣徐

860

宣統三年八月二十九日内閣奉

上諭

監國攝政王面奉

隆裕皇太后懿旨近來南省迭被水災今年湖北又有

匪黨作亂俯念飢民難民流離蕩析深為憫惻亟宜

加恩振撫現將

孝欽顯皇后所遺宫中内帑内撥銀二十萬兩由内務

府發交袁世凱派委妥員在湖北一帶核實振濟以

惠安民欽此
鈐章
臣奕
臣那
臣徐

861
上諭松壽電奏據漳州道府等電稟本月初八日大雨連宵達旦至十二日龍溪南靖兩縣河水陡漲沖決隄岸淤塞河道坍塌房屋淹斃人口災情奇重民食維艱等語覽奏殊深憫惻加恩著賞給帑銀二萬兩由度支部給發該督迅派妥員核實散放毋令失所餘著照所議辦理該部知道欽此
鈐章
宣統三年八月二十九日内閣奉
臣奕
臣那
臣徐

862
上諭度支部奏請簡山西清理財政正監理官一摺福建候補知府謝啟華著賞加四品卿銜充山西清理財政正監理官欽此
鈐章
宣統三年八月二十九日内閣奉
臣奕
臣那
臣徐
臣

863
諭旨資政院奏議員缺額遵章繕單請旨補選一摺著陳瀹然朱獻文商衍瀛為議員欽此
鈐章
欽奉
八月二十九日
臣奕
臣那
臣徐

864

鈐章

欽奉

諭旨郵傳部奏京張鐵路兼辦雞鳴山煤礦謹陳歷

年辦理情形一摺著依議欽此

臣奕

臣那

臣徐

865

六橋都護閣下頃接

來函備悉壹是札薩克盟長深明大義自應設

法保全其關於交涉事宜應由外務部隨時注

意所擬設立交涉局一節係為與外人接洽起

見即照

尊議辦理仍望隨時宣布

德意妥慎籌維以結蒙心此覆並候

時安

奕

那　同啟

徐

八月二十九日

866

八月三十日引

見人員

學部二十四人

鑾輿衛六員

正白旗滿洲十三人

前鋒護軍營二十九人

共七十二人

867

鈐章

宣統三年八月三十日內閣奉

上諭本日引見北洋大學畢業生考列最優等之胡

振褆李成章均著賞給進士出身並授職翰林院

編修何炳麟著賞給進士出身並授職翰林院檢

討考列優等之張務滋蘇企由均著賞給進士出

身改為翰林院庶吉士考列中等之張壽祺著賞

給進士出身以主事分部儘先補用考列下等之

吳大業錢俊均著賞給同進士出身以知縣分省

補用其同日引見山西西學專齋畢業考列最優等之

楊仁顯考列優等之劉世勛郭顯廣潘連茹王迎

祉楊朝相王縉雲考列中等之王蓋臣溫承讓張

868

宴林趙國佐許喆棨薦膺郭希汾張篪胡德亮均

著賞給進士出身欽此

臣奕
臣那
臣徐

宣統三年八月三十日内閣奉

上諭浙江交涉使着王豐鎬補授欽此

欽章

臣奕 假
臣那
臣徐

869

鈐章

宣統三年九月初一日内閣奉
上諭朕寅紹丕基於今三載勤求治理夙夜兢兢茲
屆資政院第二次開院之期爾議員等其敬聽朕
命方今世界文明憲政尤為當務之急自上年十
月仰體
先朝與民更新之意俯順内外臣工之請特降諭旨縮
改於宣統五年開設議院並修改籌備事宜清單
期限則年近一年籌畫乃日繁一日該院負國民
之重望實協議之權輿前者已略具規模今茲當
更有進步所有應議事項急宜集衆思以廣益求
一是以折衷以期漸有端倪日臻完備除上年該
院未經議竣各案仍應接議外朕特命國務大臣
將各項案件陸續籌擬照章交議爾議員等洞觀
國勢熟審輿情其各體念時艱發攄忠愛總使法
立而民不擾論定而事可行用以鞏固邦基弼成
郅治朕有厚望焉將此特諭知之欽此

臣奕 假
臣那
臣徐

870

鈐章

欽奉
諭旨本日資政院開院著派禮親王世鐸前往恭代
行開院禮欽此

原件存資政院

臣奕 假
臣那
臣徐

九月初一日

871

監國攝政王訓詞
溯自上年資政院開院以來已經兩歲凡關於
憲政事項本監國攝政王與王大臣等悉心籌
畫日促進行昕夕從事惟恐不及現又屆該院
第二次開會之期各議員等學問日進閱歷較
深凡國家安危所繫與吾民休戚所關以及一
切事實理論自當研究漸精抉擇愈審必能出
所蘊蓄共矢虛公協贊謀猷代宣民隱上副
朝廷孜孜求治之至意各議員其交勉焉

872

鈐章

宣統三年九月初二日内閣奉

上諭大理院奏訊明學生横遭誣陷形迹並無可疑請予開釋各摺片此案既據訊明全係子虚解樹强著即開釋准其一體騐放該學生無辜受累定係有人誣陷著民政部江蘇巡撫按照該院所陳各節嚴切究辦毋稍含混嗣後京外各衙門遇有訐發之案務當研訊虚實至投遞匿名信函尤應根究來歷固不可過事張皇亦不可少涉疏懈仍當隨時偵察認真辦理以重法律而安善良欽此

臣奕假

臣那

臣徐

873

鈐章

宣統三年九月初二日内閣奉

上諭雲南普洱鎮總兵員缺著孔慶塘補授欽此

臣奕假

臣那

臣徐

874

鈐章

宣統三年九月初二日内閣奉

上諭段祺瑞現在有差江北提督著楊慕時護理未到任以前著奭良暫行兼護欽此

臣奕假

臣那

臣徐

875

鈐章

欽奉

諭旨給事中涂國盛奏鄂陷現已自餘難民困斃無算請飭督辦賑務大臣盛宣懷酌撥巨款電商善堂義紳援案設救濟會速救餘生一摺著督辦賑務大臣知道欽此

九月初二日

臣奕

臣那

臣徐

876

宣統三年九月初三日內閣奉

上諭

監國攝政王面奉

隆裕皇太后懿旨今年各省水災甚多其被災尤重之

直隸吉林江蘇安徽山東浙江湖南廣東各省亟

念殊深着每省撥出宮中內帑銀三萬兩由內務

府發交該督撫派委妥員核實散放以賑飢民欽此

欽章

臣奕　臣那　臣徐

877

被災各省

直隸

吉林

江蘇

安徽

山東

浙江

湖南

廣東

878

欽章

宣統三年九月初三日內閣奉

上諭內閣印鑄局局長著黃瑞麒暫行署理副局長

著歐陽熙暫行署理欽此

臣奕　臣那　臣徐

879

欽章

欽奉

諭旨資政院奏第二次閉會欽奉諭旨訓勉敬陳感

激下忱一摺知道了欽此

九月初三日

臣奕　臣那　臣徐

880

查內閣印鑄局局長陸宗輿據報丁親母憂例
應開缺惟內閣設立未久印鑄局務由該員經
手創辦甫有頭緒未便遽易生手查前會議政
務處奏定章程滿漢司員以下丁憂開缺如有
經手要差或專門差務俟百日孝滿後准該堂
官奏留仍回原署當差等語惟該員品秩較崇
可否俟穿孝百日後仍留局當差並作為署任
之處臣等未敢擅擬伏候
聖裁如蒙
俞允所有印鑄局局長一缺擬請
簡員暫行署理以重責成謹
奏
宣統三年九月初三日奉
旨依議欽此

881

鈐章
宣統三年九月初四日內閣奉
上諭出使美墨秘古大臣著施肇基補授欽此
臣奕假
臣那
臣徐

882

鈐章
宣統三年九月初四日內閣奉
上諭出使法國大臣劉式訓著留任欽此
臣奕
臣那
臣徐

883

鈐章
宣統三年九月初四日內閣奉
上諭外務部左丞著周自齊署理欽此
臣奕
臣那
臣徐

884

鈐章
宣統三年九月初四日內閣奉
上諭志森著開缺來京另候簡用山東布政使著趙

濱彥補授欽此

臣奕
臣那
臣徐

885

鈐章

欽奉

諭旨陸軍部奏資政院核定陸軍部試辦宣統三年
預算款目分別照減及實用不敷各情敘明理由
繕單呈覽一摺著度支部知道欽此

發往度支部
知會陸軍部

九月初四日

臣奕
臣那
臣徐

886

鈐章

宣統三年九月初五日內閣奉

上諭

監國攝政王面奉

隆裕皇太后懿旨現在設立慈善救濟會者賞宮中內
帑銀三萬兩以資拯濟欽此

臣奕
臣那
臣徐

887

鈐章

宣統三年九月初五日內閣奉

上諭孟冬時享

太廟遣懋林恭代行禮

後殿派載功行禮兩廡派延康錫露各分獻欽此

臣奕
臣那
臣徐

888

鈐章

宣統三年九月初五日內閣奉

上諭資政院奏部臣違法侵權激生變亂據實糾參
一摺據稱禍亂之源皆郵傳大臣盛宣懷欺朦

朝廷違法斂怨有以致之該大臣手握交通機關不惜專愎擅權隔絕上下之情於應交院協議交閣議決之案一切不顧於閣制發表之後二日首先破壞單銜入奏罔上欺民塗附政策釀成禍階此次川亂之起大半原因即以該部奏定僅給實用工料之款以國家保利股票不能與鄂路商股一律照本發還又將施典章等所虧倒數百萬棄置不顧怨苦鬱結上下爭持川亂既作人心浮動革黨叛軍乘機竊發該大臣實為誤國首惡等語鐵路國有本係朝廷體恤商民政策乃盛宣懷不能仰承德意辦理諸多不善盛宣懷受國厚恩竟敢違法行私貽誤大局實屬辜恩溺職郵傳大臣盛宣懷著即行革職永不敘用內閣總理大臣慶親王奕劻協理大臣大學士那桐徐世昌於盛宣懷朦混具奏時率行署名亦有不合著交該衙門議處嗣後該大臣等於一切用人行政事宜務當不避嫌怨竭誠贊畫以維大局而濟時艱欽此

臣奕
臣那
臣徐

889

鈐章

宣統三年九月初五日內閣奉

上諭郵傳大臣著唐紹怡補授迅速來京供職未到任以前著吳郁生暫行兼署欽此

臣奕
臣那
臣徐

890

鈐章

宣統三年九月初五日內閣奉

上諭禁煙大臣奏職官煙癖未除據實糾參一摺度支部候補主事楊典誥著革職永不敘用所有為楊典誥出結之度支部員外郎色克圖度支部主事黃鳳藻均著降一級調用欽此

臣奕
臣那
臣徐

891

鈐章

宣統三年九月初五日內閣奉

上諭昨據盛宣懷奏設立慈善救濟會派員赴鄂救濟被難人民一摺此次湖北變亂武漢居民同遭慘禍現旣不得已而用兵凡軍前之受傷被難軍民其困苦尤堪憫念著即設立慈善救濟會盛宣懷現已革職著尚書呂海寰妥速籌辦並督飭派往各員於醫傷救難兩事認真救濟又片奏派令沈敦和福開森前往辦理救濟事宜又片奏在京設立會所選派得力人員隨同規畫各等語均著呂海寰酌核辦理該衙門知道欽此

臣奕 臣那 臣徐

892

鈐章

宣統三年九月初五日內閣奉

上諭直隸巡警道員缺著葉崇質補授欽此

臣奕 臣那 臣徐

893

鈐章

宣統三年九月初五日內閣奉

上諭浙江處州府知府員缺著雙壽補授欽此

臣奕 臣那 臣徐

894

浙江處州府知府員缺請

旨簡放

895

鈐章

宣統三年九月初五日內閣奉

上諭前派端方前往四川查辦鐵路事宜嗣後（據）都察院代奏四川京官曾鑑等為川民爭路致釀重案懇飭秉公查辦以維大局而遏亂源呈一件又經諭令端方按照所陳各節秉公查明具奏茲據端方電奏稱行抵川境迭據各屬士紳代表呈訴並先後接據委員報告及所聞官紳議論詳加考核查得川中罷市罷課不戕官吏不劫倉庫絕非逆黨勾結為亂其七月十五日民居失火僅係南打

全街民人自行失慎人民因蒲殿俊羅綸等被拘赴轅請釋統領田徵葵擅行鎗斃街正商民數十人附近居民聞知遂首裹白巾奔赴城下求情又為槍斃數十人以致衆情憤激其所傳布之自保商榷書並無獨立字樣亦無保路同志會及股東會圖記其中且有皇基萬世等語並非出自蒲羅等之手又有搜獲之木牌血書皆匪徒假託非士人所為川中官吏周善培王棪饒鳳璪等復挾諮議局糾舉之嫌搆成冤獄不納捐糧一說係官紳聯合會內提倡有緩辦捐輸以請息扣糧之議並非股東實行征收國家租稅等語此次川事糜爛既據端方查明實由官民交鬨而成所有辦理不善之地方官自應分別懲治前護四川總督王人文現署四川總督趙爾豐身任封圻既不能裁制於前復不能弭患於後實屬咎無可辭王人文趙爾豐均著交内閣議處署松潘鎮總兵營務處總辦候補道田徵葵貪功妄舉擅斃平民著即行革職發往巴藏責令戴罪圖功署提法使勸業道周善培輕躁喜事變詐無常候補道王棪王梓結怨紳商聲名素劣均著即行革職候補道饒鳳璪資輕望淺輿論不孚著以同知降補以昭炯戒四川諮議局議長法部主事蒲殿俊副議長舉人羅綸度支部主事鄧孝可翰林院編修顏楷貢生張瀾民政部主事胡嶸舉人江三乘葉秉誠王銘新對於匪事絕無干涉均著即行釋放法部主事蕭湘前被拘留著一併免其置議現在川省土匪竊發跡躪地方煽脅良民蔓延日久著端方傳旨責成蒲殿俊等分投開導迅速解散不得藉詞諉卸其有抗拒不服甘心作亂之匪徒仍著端方趙爾豐嚴飭地方文武切實剿辦總使良莠分明毋枉毋縱以副朝廷綏靖地方之至意餘照所議辦理該衙門知道欽此

臣奕

臣那

臣徐

鈐章

欽奉

896

諭旨現在防務緊要著姜桂題迅速添募十營並添
購槍械駐紮近畿所需餉項著度支部速籌撥給
欽此

抄交度支部
軍諮處
陸軍部

九月初五日

臣奕
臣那
臣徐

897

鈐章
欽奉
諭旨貝勒載洵等奏謹陳現修
崇陵工程情形一摺知道了欽此

九月初五日

臣奕
臣那
臣徐

898

鈐章
欽奉
諭旨資政院奏請將改訂院章交院協贊一摺所有
此次改訂之資政院院章著交該院協贊再行奏
請欽定欽此

九月初五日

臣奕
臣那
臣徐

899

鈐章
欽奉
諭旨陳邦瑞著派充籌辦江皖振務大臣欽此

抄交陳侍郎

九月初五日

臣奕
臣那
臣徐

900

鈐章
欽奉
諭旨修訂法律大臣奏編輯民律前三編草案告成
繕單呈覽一摺著内閣覆核具奏欽此

法律大臣
抄交法制院

九月初五日

臣奕
臣那
臣徐

901

宣統三年九月初六日內閣奉

上諭

監國攝政王面奉

隆裕皇太后懿旨現在湖北用兵軍餉浩繁著撥出宮
中內帑銀一百萬兩由內務府發交度支部專作軍
中兵餉之用欽此

鈐章

臣奕
臣那
臣徐

902

鈐章

宣統三年九月初六日內閣奉

上諭湖廣總督袁世凱授為欽差大臣所有赴援之
海陸各軍並長江水師暨此次派出各項軍隊均
歸該大臣節制調遣其應會同鄰省督撫者隨時
會同籌辦凡關於該省剿撫事宜由袁世凱相機
因應妥速辦理軍情瞬息萬變此次湖北軍務
軍諮府陸軍部不為遙制以一事權而期迅奏
成功欽此

臣奕
臣那
臣徐

903

鈐章

宣統三年九月初六日內閣奉

上諭陸軍大臣廕昌部務繁重勢難在外久留著即
將第一軍交馮國璋統率俟袁世凱到後廕昌再
行回京供職欽此

臣奕
臣那
臣徐

904

鈐章

宣統三年九月初六日內閣奉

上諭馮國璋著總統第一軍段祺瑞著總統第二軍

均歸袁世凱節制調遣欽此

臣奕

臣那

臣徐

905

鈐章

宣統三年九月初六日奉

旨廣州將軍著春祿補授欽此

滿生漢旨

臣奕

臣那

臣徐

906

鈐章

宣統三年九月初六日奉

旨廣州漢軍副都統著恩澤補授未到任以前著文

泰兼署欽此

滿生漢旨

臣奕

臣那

臣徐

907

鈐章

宣統三年九月初六日內閣奉

上諭四川勸業道員缺著于宗潼補授欽此

臣奕

臣那

臣徐

908

四川勸業道員缺請

旨簡放

909

鈐章

宣統三年九月初六日內閣奉

上諭四川成都府知府員缺緊要著該署督於通省

知府內揀員調補所遺員缺著尹慶舉補授欽此

臣奕

910

鈐章

宣統三年九月初六日内閣奉
上諭此次驗看之學部考驗游學畢業生周家彦鍾
賡言嚴鶴齡蔡序東馬泰鈞羅文幹潘敬潘瀕芬
丁榕王汝圻郭則壽張履鼇黄雲鵬孫觀圻張祥
麟趙天麟朱大鏞莫永貞張瑋均著賞給法政科進
士周詒春著賞給文科進士沙世傑著賞給醫科
進士彭世芳丁文江章鴻釗均著賞給格致科進
士陶昌善朱繼承均著賞給農科進士王謪胡仁
源華南圭陳同壽謝學瀛張保熙王壽祺馬泰徵
裘鉷沈成栻張允耀佘主甫王勛卿陳汝湘周德
鴻童世亨張京煒李四光鄒德謹吴宗濬王明照
王家鸞均著賞給工科進士王廷璋楊錦森殷祖
恩周典印煥門謝剛克周砥潘承業劉輔宣均著
賞給商科進士陳為麒梅士煥林翰潘宗瑞胡霖
陳炘侯王紹新婁裕熹謝剛塞高震葉開瓊王紹

臣那
臣徐

鏊魏渤王黻煒陳伊炯余同信張乃璧鮑文解樹
強柏山蔡家烈曹騰芳黄瑋聶熙周世屏高
夢熊張錫之賀黻冕陳芙昌廖希賢李炳琛潒璜
李碧張文棟彭啟萊楊肇基李震彝孫肇圻賴慶
暉胡蕙汪成驤胡永璦張端杜師業胡時亮歐陽
溥存陽炯阮福田羅述禕吴祖裕蔡倪培于振宗
游錦榮賈士毅周進裘鋼徐用錫劉祖培陳則民彭允彝曹有
瀾謝增華楊湜胡國樑保廷樑鄧鴻綬穆都哩王道昌周
覲光郭則緡周成戴修瓚姚褆昌何昂屠銓崔雲
松金家爵陳同壽王印川李積芳全桂陳其榷王
禮壬郝朝俊張景韓文羣李毓棠袁鍾祥張鼎勳
張遂宗奇姚昂吴樹基謝國欽劉炯吴肇嘉張植
宜啟心地鄭啟璜李載賡張倬蕭培身由元葉承
楠高奮馮鎮坤蕭翼鯤唐忠信唐聯璧王學文羅
萬震廖文洵周家堪張樹森羡鍾湘張殿璽劉書
劍張若驄饒欽濬張麓禹瀛鄧文煇蔣壽籛黄民
城羅森由人龍鄧憲甫劉文高李汝謙趙貞元莊
恩澤田永正易應崐葉毓崙徐繼麒徐仁鎔陳淘
德林布蔡樞金述瑋孫毓桂康惟椿黄玉溶張汝

霖蕭振鵬楊思源胡寅勳曹濬郭文濬樓岑左樹
瓊田美崇陶鳳集譚毅公蕭學源紀萬韜蘇藝林
楊時傑楊樹猷歐陽振聲楊宗彭董如璋王承楫
呂慶錫盧嶽胡肇安王延聲易行健吳舉張承榮
潘自濬王秉瑞榮煜劉樹桐袁之興張仁銳廖逢
廉康誥杜鐵珊余煇壽姚宋劉輝極趙毓璜張佐
邦鄔學昭劉昌洛徐景濡胡源涯鄭象堃鄧爾班
鍾海峯周澤南高穰劉鍈黃昌樞劉元梓易業超
高第胡德明楊文甲舒興禹彭淵恂孫展圻錢謙
郭光祖李實范鏞羅集義凌應麟葉爾衡潘學海
李崇夏沈秉諶余鑑澄邱祖藩范文源邱廷舉張
開運尤煥宇俞鍾黃炳道馮汝枏易文燧馮爲瓏
吳緒華甘人端楊維新曾道李祖堯尚毅劉佩高
崇李光郡嘉福陳樹年曹昌麟楊家樞胡登第杭
維斌劉啟勳張國熙周錫鳴康鏡蓉鄭蔭蘭徐清
揚謝國英鄧鴻緒劉懋暉趙鳳翔諶範模劉彥柯
植萬國慶畢世燕黃序鵷夏侯湘吳哲馮毓德盧
士增程仲沂許允蔡安邦舒祖勳曹澍滌仁颺錢
祖勳吳榮鼎相黃六戴德馨錢協同張懷奇周正模

張履廷程策勳朱崇光范惠潘毓瑞張承楞馮振
驥張達樂捉志盧昌張景宗余良柯朱少穆張乙
林楊玉林高仲和均着賞給法政科舉人張蔭棠
藍工武劉煥燕蓍張愷牛寶善李美文煦芬左愛
蓮均著賞給文科舉人吳道益戴洞齡熊輔龍張
仲山徐希驥葉秉衡金曾洵均著賞給醫科
舉人鳳高翥黃恭憲洪彥達劉器鈞任誠楊立奎
周道萬李明潡沈希俠劉熊均著賞給格致科舉
人黃藝錫麥應端何纘姚龍光牛獻周王文泰李
嘉瑗況天爵沈競潘贊化徐夢蘭林濤晉張際春
孫篠琦成振春林祜光伍正名羅應煊鮑化龍嚴
桐江高樹藩均著賞給農科舉人吳家驥劉臯鄉
黃恭輔徐家楣周烈楊騫思崇蕭信棣雷以綸李
善富汝人鶴陳洪鑄伍鵬萬楊清貴毛席豐梅偉
杰張天培陸安周風古龍裔禧陶鎔葉瑞國馬光
援曾耀薪金壽康易榮膺林道同陳洪範許推均
著賞給工科舉人李賡星阮明新張遵旭趙廷彥
劉希綱張紹周雷壽彭陳國權陳棫謝祖元李志
敏譚煥章王國輔陳錫璋江彤劉飛煊梁煥彝王

國祜賞天澍任家泗唐新璿黄牧周丙祥周伯雄
包允恭葉春墀余崙光文漢蕭炳垣宋先武鄭福
元任峰林建藻林瀞黃頤貞黃兆乾余澄清魏潤
浦解鴻順張清麟單啟訓陳人介張承樾章克恭
焦桐賞瀚庠尹守權胡仁鏡呂連科高世桐均著
賞給商科舉人欽此

臣奕
臣那
臣徐

九月初六日

911

鈐章

宣統三年九月初六日内閣奉
上諭張鳴岐電奏新任廣州將軍鳳山由滬來粵初
四日辰刻登岸行至南門外突有炸彈轟發轟倒
道旁民屋牆壁鳳山所乘肩輿亦被摧壓隨經將
火撲滅搜出鳳山屍身懇恩賜卹等語廣州將軍
鳳山由京旗章京薦升副　都統　訓練近畿各
鎮簡任荊州將軍調補廣州將軍宣力有年克勤
厥職茲因赴任甫經到粵猝遭慘害深堪憫惻著

加恩予謚追贈太子少保銜照將軍陣亡例從優
議卹任內一切處分悉予開復應得卹典該衙門
查例具奏靈柩回旗時沿途地方官妥為照料准
其入城治喪並著該旗將該將軍子嗣查明具奏
候旨施恩欽此

臣奕
臣那
臣徐

912

鈐章

欽奉
諭旨内閣會奏核議稅務處現辦事項擬請暫緩裁
併一摺著依議欽此

臣奕
臣那
臣徐
臣鄒嘉來
臣桂春
臣載澤
臣唐景崇

913

臣廕昌 臣載洵 臣紹昌 臣溥倫 臣吳 臣善耆

鈐章
欽奉
諭旨度支部奏軍需緊急供給不敷息借洋款以資
要用一摺著依議欽此

九月初六日

臣奕 臣那 臣徐

914

鈐章
宣統三年九月初七日內閣奉
上諭江蘇督糧道員缺著裕芳補授欽此

915

臣奕 臣那 臣徐

鈐章
欽奉
諭旨都察院代遞四川同鄉京官宋育仁等為川鄂
變亂關係全局請飭籌兵餉等情呈一件前已有
旨著岑春煊除帶粵軍兩營外准其添募八營並
由度支部籌撥餉銀一百萬兩已飭其迅速赴川
矣欽此

916

鈐章
欽奉

九月初七日

臣奕 臣那 臣徐

917

諭旨給事中高潤生奏借款重案請飭度支大臣從
速提出交資政院協議一摺著度支部知道欽此
臣奕
臣那
臣徐

九月初七日

鈐章

欽奉
諭旨御史陳善同片奏請變通各省陸軍歸部直接
管轄從速妥商改擬具奏等語著內閣軍諮府知
道欽此
臣奕
臣那
臣徐

九月初七日

918

承宣廳廳長趙廷珍
副廳長英秀
前四品章京成俊
榮奎
郎中鍾佩
員外郎趙國良
主事盧文明
郎中麟祥
劉慶篤
裕銘
員外郎張潤
鴻恩
主事那維經
興康
郎中萬雲路
員外郎宋子聯
星路
候補主事許寶蘅
主事雷延壽

錄事松海
候補侍讀海桂
候補員外郎伊密揚阿
編修楊渭
候補主事曾文玉
編修黃彥鴻
員外郎存瑞
候補主事呂式斌
候補中書江保傳
秦樹忠
候補主事彭士華

919

鈐章

宣統三年九月初八日內閣奉
上諭湖北省城亂事初起瑞澂身任總督棄城逃走避登兵輪當將該督革職諭令帶罪圖功並諭令袁世凱查其當日棄城情形再行辦理茲忽接據瑞澂電奏因兵艦煤盡而至九江因九江兵變而至上海等語該革督竟不遵旨帶罪圖功乃敢潛逃出省辜負朕恩偷生喪恥實堪痛恨何能再予姑容著張人駿迅即派員將瑞澂拏解來京交法部嚴訊治罪其帶出之湖廣總督印信並著張人駿派員收取賫送袁世凱軍營欽此

臣奕
臣那
臣徐

920

鈐章

宣統三年九月初九日內閣奉
上諭朕纘承大統於今三載兢兢業業期與士庶同登上理而用人無方施治寡術政地多用親貴則顯戾憲章路事朦於僉壬則動違輿論促行新治而官紳或藉為網利之圖更改舊制而權豪或祇為自便之計民財之取已多而未辦一利民之事司法之詔屢下而實無一守法之人馴致怨積於下而朕不知禍迫於前而朕不覺川亂首發鄂亂繼之今則陝湘警報迭聞廣贛變端又見區夏騰

沸人心動搖
九廟神靈不安歆饗無限蒸庶塗炭可虞此皆朕一人
之咎也茲特布告天下誓與我國軍民維新更始
實行憲政凡法制之損益利病之興革皆博採輿
論定其從違以前舊制舊法有不合於憲法者悉
皆除罷化除旗漢屢奉
先朝諭旨務即實行鄂湘亂事雖涉軍隊實由瑞澂等
乖於撫馭激變棄軍與無端構亂者不同朕維自
咎用瑞澂之不宜軍民何罪果能翻然歸正決不
追究既往朕以眇眇之躬立於臣民之上禍變至
此幾使
列聖之偉烈貽謀顛墜於地悼心失圖悔其何及尚賴
國民扶持軍人翼戴期納我億兆生靈之幸福而
鞏我萬世一系之皇基使憲政成立因亂而圖存
轉危而為安端恃全國軍民之忠誠朕實嘉賴於
無窮此時財政外交困難已極我君民同心一德
猶懼顛危儻我人民不顧大局輕聽匪徒煽惑致
釀滔天之禍我中國前途更復何堪設想朕深憂
極慮夙夜旁皇惟望天下臣民共喻此意將此通

諭知之欽此

臣奕
臣那
臣徐

921

鈐章
宣統三年九月初九日內閣奉
上諭資政院奏請頒布明詔將憲法交院協贊一摺
我朝
列聖相承深仁厚澤垂三百年我
孝欽顯皇后
德宗景皇帝俯念時艱深維治本迭降
明詔確定為君主立憲政體並頒布籌備立憲事宜清
單按年進行朕以沖齡入承大統亦維兢兢業業
用迪
前光上年十月該院奏請速開國會當經明降諭旨定
於宣統五年召集議院並特派溥倫等迅速纂擬
憲法俟朕欽定茲據該院奏稱憲法為君民共守
之信條宜於規定之始詔進臣民商榷又稱協贊

在纂擬之後欽定之前於
先朝聖訓欽定之義毫無所妨各等語著溥倫等敬遵
欽定憲法大綱迅將憲法條文擬齊交資政院詳慎審
議候朕欽定頒布用示朝廷開誠布公與民更始
之至意欽此

臣奕
臣那
臣徐

922

鈐章

宣統三年九月初九日内閣奉
上諭資政院奏内閣應實負責任國務大臣不任懿
親一摺懿親執政與立憲各國通例不符我朝定
制不令親貴干預朝政
祖訓著有明文實深合立憲國家精義同治以來國難
未紓始設議政王以資夾輔相沿至今本年設立
内閣仍令王公等充國務大臣原屬一時權宜之
計朝廷本無所容心茲據該院奏稱皇族内閣與
立憲政體不能相容請取銷内閣暫行章程實行
内閣完全制度不以親貴充當國務大臣等語所
陳係為尊皇室而固國基起見朕心實深嘉納一
俟事機稍定簡賢得人即令組織完全内閣不再
以親貴充國務大臣並將内閣辦事暫行章程撤
銷以符憲政而立國本欽此

臣奕
臣那
臣徐

923

鈐章

宣統三年九月初九日内閣奉
上諭資政院奏請速開黨禁以示寬大而固人心
一摺黨禁之禍自古垂為炯戒不獨戕賊人才抑
且消沮士氣况時事日有變遷政治隨之遞嬗往
往所持政見在昔日為罪言而在今日則為讜論
者雖或逋亡海外放言肆論不無微瑕究因熱心
政治以致逾越範圍其情不無可原茲特明白宣
示特沛恩綸與民更始所有戊戌以來因政變獲
咎與先後因犯政治革命嫌疑懼罪逃匿以及此
次亂事被脅自拔來歸者悉皆赦其既往俾齒齊
民嗣後大清帝國臣民苟不越法律範圍均享國

家保護之權利非據法律不得擅以嫌疑逮捕至此次被赦人等尤當深自祓濯抒發忠愛同觀憲政之成以示朝廷咸與維新之至意欽此

臣奕
臣那
臣徐

924

鈐章

宣統三年九月初九日內閣奉

上諭世續奏假期已滿病猶未痊懇請開缺一摺資政院總裁大學士世續著准其開缺欽此

臣奕
臣那
臣徐

925

鈐章

宣統三年九月初九日內閣奉

上諭李家駒著充資政院總裁達壽著充資政院副總裁欽此

926

鈐章

宣統三年九月初九日內閣奉

上諭署民政大臣桂春著回倉場侍郎本任昨已有旨著趙秉鈞即日來京預備召見趙秉鈞著署理民政大臣欽此

臣奕
臣那
臣徐

927

鈐章

宣統三年九月初九日內閣奉

上諭前聞長沙有變電報不通朕心實深廑系茲據朱家寶轉遞余誠格電奏本月初一日湖南陸軍礮營叛變攻入小吳門陸軍標營同叛攻入北門城內巡防隊亦叛戕統領黃忠浩直攻撫署匪黨遂踞省城誠格暫避入水師營不意水師亦懸白

旗逕登湘帆小輪候調省外各隊力圖克復懇請
簡員統隊來湘剿辦並自請嚴懲等語長沙為省
城重地余誠格雖係甫經到任所調將領未到添
募未齊究屬措置乖方以致倉卒生變[illegible]湖南巡
撫余誠格着即革職戴罪圖功併着暫管湖南巡
撫印信責成該革撫迅調省外兵隊即將省城尅
期克復毋稍延玩倘不奮力自効定將該革撫從重
治罪並將黃忠浩被戕情形查明電奏欽此

臣奕
臣那
臣徐

928

鈐章
欽奉
諭旨籌辦慈善救濟會事宜尚書呂海寰奏請刊木
質關防一摺着依議欽此

九月初九日

臣奕
臣那
臣徐

929

鈐章
欽奉
諭旨順天府奏請撥鉅款採買米粮運京減價平糶
一摺着度支部知道欽此

九月初九日

臣奕
臣那
臣徐

930

鈐章
欽奉
諭旨順天府奏順天駐防各軍撤退地面空虛請續
募軍隊以資巡防一摺知道了欽此

九月初九日

臣奕
臣那
臣徐

931

鈐章
欽奉

932

諭旨御史史履晉奏京師市面空虛擬勸辦商團以靖地方一摺著民政部酌核辦理欽此

九月初九日

臣奕 臣那 臣徐

鈐章

欽奉

933

諭旨御史史履晉奏敬陳管見摺内漢冶萍總公司請飭部妥擬接收另行組織一條著農工商部議奏欽此

九月初九日

臣奕 臣那 臣徐

鈐章

欽奉

934

諭旨御史温肅片奏請飭民政部嚴飭巡警總廳添派得力巡長警分佈各區彈壓地面並飭度支部順天府等衙門分設官錢局平糶局以平市價等語著該衙門知道欽此

九月初九日

臣奕 臣那 臣徐

鈐章

欽奉

諭旨昨日統制張紹曾等電奏具陳管見一摺其間頗有可採擇之條已歸入本日諭旨一併宣示矣欽此

九月初九日

臣奕 臣那 臣徐

935

鈐章
欽奉
諭旨内閣會奏擬訂義務教育暨補助實業教育費
各章程繕單呈覽請交資政院照章會議一摺著
依議欽此

臣奕
臣那
臣徐
臣唐景崇
九月初十日

936

鈐章
欽奉
諭旨内閣會奏核訂民事訴訟律告竣繕單呈覽請
交資政院照章會議一摺著依議欽此

臣奕
臣那
臣徐
臣鄒嘉來
臣趙秉鈞未到任

臣載澤
臣唐景崇
臣廕昌差
臣載洵
臣紹昌
臣溥倫
臣吳郁生
臣善耆

937

鈐章
欽奉
諭旨度支部奏續借洋款以濟要需一摺著依議欽此

臣奕
臣那
臣徐
臣載澤
九月初十日

938

九月十一日引
見人員

民政部四人
學部四人
理藩部六人
正黃旗滿洲六人
鑲白旗滿洲四人
鑲紅旗滿洲十四人
內務府十二人
共五十人

939

鈐章

宣統三年九月十一日內閣奉
上諭慶親王奕劻等奏奉職無狀請立予罷斥載澤等奏國務重要請另簡賢能以符憲政而資治理鄒嘉來等奏時局艱危政務重要請准辭職以定國是而正人心各一摺所奏甚是均著照所請慶親王奕劻開去內閣總理大臣大學士那桐徐世昌開去協理大臣鎮國公載澤等鄒嘉來等均各開去國務大臣袁世凱著授為內閣總理大臣該大臣現已前赴湖北督師著將應辦各事略為布置即行來京組織完全內閣迅即籌畫改良政治一切事宜袁世凱未到京以前此數日間仍著慶親王奕劻等照舊任事內閣組織未成前並仍著載澤等鄒嘉來等照常辦事均不得少有諉卸欽此

臣奕
臣那
臣徐

940

鈐章

宣統三年九月十一日內閣奉
上諭袁世凱現授內閣總理大臣所有派赴湖北陸海各軍及長江水師仍歸袁世凱節制調遣欽此

臣奕
臣那
臣徐

941

鈐章

宣統三年九月十一日內閣奉
上諭慶親王奕劻著授為弼德院院長大學士那桐

徐世昌協辦大學士榮慶均著充任弼德院顧問
大臣欽此

臣奕
臣那
臣徐

942

鈐章

宣統三年九月十一日内閣奉
上諭貝勒載濤面奏諄懇開去軍諮大臣一缺載濤
著准其開去軍諮大臣廕昌著授為軍諮大臣仍
暫管陸軍大臣事務欽此

臣奕
臣那
臣徐

943

鈐章

宣統三年九月十一日内閣奉
上諭湖廣總督著魏光燾補授迅即赴任毋庸來京
陛見欽此

944

鈐章

欽奉
諭旨陳夔龍奏東明黄河安瀾請獎出力各員一摺
大順廣道文沖等各員均照所請給獎餘依議該
衙門知道欽此

抄交
叙官局
陸軍部

臣奕
臣那
臣徐

九月十一日

臣奕
臣那
臣徐

945

鈐章

欽奉
諭旨農工商部奏商務總會總理趙玉田暨當業錢
業各董事等以京師市面日見恐慌請令京城地
方衙門出示曉諭安慰居民據情代奏一摺著民

政部亟行出示剴切曉諭以安人心欽此

交民政部
農工商部

九月十一日

臣奕

臣那

臣徐

946

鈐章

欽奉

諭旨呂海寰奏慈善救濟會開辦情形一摺著依議

又奏開用關防日期知道了欽此

九月十一日

臣奕

臣那

臣徐

947

鈐章

宣統三年九月十二日內閣奉

上諭第二十鎮統制張紹曾等電奏奉初九日上諭

仰見朝廷實行立憲以與天下更始三軍感泣惟

內閣一日不成立即內亂一日不平息並憲法由

議院制定等語係為維皇室靖亂源起見覽奏具

見愛國之誠實深嘉許內閣總協理大臣及各國

務大臣昨已具奏辭職均經降旨允准並另簡袁

世凱為內閣總理大臣組織完全內閣所有大清

帝國憲法著即交資政院起草奏請裁奪施行用

示朝廷好惡同民大公無私之至意欽此

九月十二日

臣奕

臣那

臣徐

948

鈐章

宣統三年九月十二日內閣奉

上諭袁世凱著迅速來京魏光燾未到任以前湖廣

總督著王士珍署理欽此

臣奕

臣那

臣徐

949

鈐章

欽奉

諭旨理藩部奏撰成第一次統計表呈進並調查遲
滯為難情形一摺知道了表留覽欽此

同物報表一函
交統計局

九月十二日

臣奕
臣那
臣徐

950

鈐章

宣統三年九月十三日內閣奉

上諭

監國攝政王面奉

隆裕皇太后懿旨四川用兵將及兩月各地方慘遭禍
難蕩析流離深宮實殷軫念亟宜加恩振撫現將
孝欽顯皇后所遺宮中帑銀十萬兩由內務府發交岑
春煊派委妥員馳往核實極濟欽此

臣奕
臣那
臣徐

951

鈐章

宣統三年九月十三日內閣奉

上諭資政院奏採用君主立憲主義並先擬具重大
信條十九條繕單呈覽懇請宣誓
太廟布告臣民以固邦本而維皇室一摺朕詳加披覽
均屬扼要著即照准一面擇期宣誓
太廟將重要信條立即頒布刊刻謄黃宣示天下將
來該院草擬憲法即以此為標準欽此

臣奕
臣那
臣徐

952

鈐章

宣統三年九月十三日內閣奉

上諭高而謙著調署四川布政使周儒臣著調署雲
南布政使欽此

臣奕
臣那
臣徐

953

鈐章

欽奉

諭旨順天府奏京師金融停滯典當維艱據情請款

接濟一摺著度支部速議具奏欽此

九月十三日

臣奕

臣那

臣徐

954

鈐章

欽奉

諭旨御史玉春奏請將各旗營兵米提前開放一摺

著度支部知道欽此

九月十三日

臣奕

臣那

臣徐

955

鈐章

宣統三年九月十四日內閣奉

上諭朕勤求治理惟日孳孳作新厥民猶如不及近

因川鄂事變下詔罪己促進憲政另行組織內閣

寬赦黨人昨日又俯允資政院之請將所擬憲法

重要信條十九條宣誓

太廟頒布天下所以期人民之進步示好惡以大公自

今以往凡關於政治緒端爾人民有所陳明朕無

不斟酌國情採納公論天生民而立之君民之視

聽即天之視聽其有因政治弗進熱心改良舉動

激然者列邦謂之政治改革凡歐西列強由專制

而入於憲政此等階級皆所必經今各省紛擾禍

變日深其本意卒在憲政實行共登上理委係激

而出此並非如前代叛民希圖非望往時逆匪荼

毒生靈惟上下睽隔情志莫通不得已命將出師

萑拯水火仍將歸正免究之旨申諭再三茲復披覽

資政院統制張紹曾等所奏益信致亂之源實由

政治傍徨宵旰良用憫然

倘再不早變計後患何可勝言痛切剝膚須臾難

忍頃適據袁世凱電奏奉到初九日恩旨四件已

令各軍停進一面出示曉諭招撫並向武昌宣布
德意解散等語辦理甚合朕意並著將十二日
准資政院起草憲法十三日頒布信條諭旨一併
宣示仍恐遠邇未及周知用再諄切宣諭有亂事
省分凡統兵大員務皆仰體朕心剴切布告妥速
安撫俾皆曉然朝廷實心與民更始不忍再以兵
力從事之意人同此心心同此理或亦可渙然冰
釋乎至種族革命之謬說容或有之究居少數況
同在九州之近更何有畛域可分舜東夷而禹西
羌皆中夏之聖帝共忍以自相殘賊同付淪胥總
之國步阽危至今已極胥賴我軍民宏濟艱難互
相維助俾我四萬萬神明之胄躋世界於大同倘
或負固執迷不顧公理恃衆逞忿不處危亡以人
道所不容萬國所不許之事欲實行之中土為國
民幸福計為世界和平計非惟朕不能姑容我愛
國軍民亦必視為公敵勢難任其肆意兇殺擾亂
神州想我愛國軍民必能共矢公心咸登新治無
偏無倚同我太平也欽此

臣 奕

臣 那
臣 徐

956

鈐章

宣統三年九月十四日內閣奉
上諭袁世凱電奏內閣總理任極重大深慮弗克負
荷懇請收回成命等語現因時局阽危羣情俶擾
非實行改良政治無以弭亂源而維邦本故俯從
臣民之請另行組織內閣與民更始該大臣久歷
中外誠信素孚且世受國恩秉性忠亮必能竭誠
贊助力顧大局故特授為內閣總理大臣該大臣
務宜追念
先朝倚畀之隆體念時事艱危之極勉為其難毋再固
辭并著迅速來京任事欽此

臣 奕
臣 那
臣 徐

957

鈐章

宣統三年九月十四日內閣奉

上諭前因各省紛擾朝廷不得已而用兵原為保衛
地方治安起見各省統兵大員務當仰體朕意申
明紀律嚴禁騷擾凡兵隊所到之處必須秋毫無
犯尤應於商民生命財產加意保護以靖人心而
嚴軍律欽此

臣奕
臣那
臣徐

958

鈐章

宣統三年九月十四日內閣奉
上諭山西巡撫陸鍾琦忠勤亮達學問優長由翰林
簡放道員歷任監司游膺疆寄均能認真整頓克
稱厥職此次倉卒遇害深堪憫惻著加恩予謚照總
督陣亡例從優賜卹任內一切處分悉予開復應
得卹典該衙門查例具奏靈柩回籍時沿途地方
官妥為照料並著綏遠城將軍堃岫查明該員子
嗣暨遇害詳細情形迅速具奏候朕恩施欽此

臣奕
臣那
臣徐

959

鈐章

宣統三年九月十四日內閣奉
上諭山西巡撫著吳祿貞署理迅速赴任毋庸來京
陛見欽此

臣奕
臣那
臣徐

960

鈐章

宣統三年九月十五日內閣奉
上諭資政院奏懇准此次革命黨人按照法律改組
政黨並賜擢用一摺前據該院請開黨禁業經降
旨允准所有此次黨人均著准其按照法律改
組政黨藉以養成人才收作國家之用欽此

臣奕
臣那
臣徐

961

鈐章

宣統三年九月十五日内閣奉

上諭資政院奏請速開國會以符立憲政體一摺所有議院法選舉法着迅速擬訂議决辦理選舉一俟議員選定即行召集國會欽此

九月十五日

臣奕

臣那

臣徐

962

鈐章

宣統三年九月十六日内閣奉

上諭四川總督岑春煊未到任以前四川總督着端方暫行署理趙爾豐毋庸署理欽此

臣奕

臣那

臣徐

963

鈐章

宣統三年九月十六日内閣奉

上諭此次各省事變其宗旨實在改革政治朝廷與民更始之意業經屢降明詔剴切宣示茲值亂事紛乘之際仍恐各省軍民未能一體周知第二十鎮統制官張紹曾於軍界夙有聲望並能關懷時政熱心改良着賞加侍郎銜授為宣撫大臣馳赴長江一帶宣布朝廷德意即責成該大臣開誠布公專主安撫務期薄海臣民咸曉然於國家不以兵戈靖亂之至意其有亂事各省一併由該大臣遴委妥員分途前往切實勸導如能一體解散即由該大臣奏明從優給獎以示鼓勵欽此

臣奕

臣那

臣徐

964

鈐章

宣統三年九月十六日内閣奉

上諭陸軍第十一協統領官李純着充陸軍第六鎮

統制官並賞給陸軍副都統銜欽此

九月十六日

臣奕
臣那
臣徐

965

鈐章
欽奉
諭旨陸軍四十協統領官潘矩楹著署理陸軍第二十鎮統制官遞遺之陸軍四十協統領官著七十九標統帶蕭廣傳署理欽此

九月十六日

臣奕
臣那
臣徐

966

鈐章
欽奉
諭旨法部奏黨禁既開擬將監禁囚犯政治革命嫌疑人犯請旨悉予釋放並鈔錄親供呈覽摺片汪兆銘黃復生羅世勛均著開釋發往廣東交張鳴岐差委欽此

九月十六日

臣奕
臣那
臣徐

967

鈐章
欽奉
諭旨都察院代奏陝西京官前禮部主事周湛元等為陝省糜爛大局岌岌懇請速派大員相機剿撫呈一件前已有旨飭楊文鼎迅速赴任矣欽此

九月十七日

臣奕
臣那
臣徐

968

鈐章
欽奉

諭旨都察院代奏內閣制誥局中書陳震福為金融
恐慌關繫全局擬請設法治標以定人心而裕國
計條陳一件著度支部農工商部知道欽此

九月十七日

臣奕
臣那
臣徐

969

鈐章

欽奉

諭旨資政院奏遵旨議決山東省紳商學界代表請
願八條並擬就答復條件繕單呈覽一摺著依議
欽此

此旨由
抄交王揖唐
[illegible]

九月十八日

臣奕
臣那
臣徐

970

鈐章

宣統三年九月十九日內閣奉

上諭資政院奏遵照憲法信條公舉內閣總理大臣
一摺朕依憲法信條第八條命袁世凱為內閣總
理大臣欽此

臣奕
臣那
臣徐

971

鈐章

欽奉

諭旨資政院奏權臣罔上殃民違法激變請明正國
法以遏亂源一摺著將此案交大理院按照法律
判擬具奏欽此

同原摺抄交大理院

九月十九日

臣奕
臣那
臣徐

972

鈐章

欽奉

諭旨御史趙熙片奏四川旅京各界因匯兑不通飢

寒交迅請將前所發賑撫四川內帑銀十萬兩留
京發給電飭川督於存川路款項下提還等語著
度支部查核辦理欽此

同謄照抄片交度支部 郵傳部

九月十九日

臣奕 臣那 臣徐

973

鈐章

欽奉

諭旨陳邦瑞奏遵辦江皖賑務接替情形一摺知道
了又奏派賑務公所提調幫提調一片著依議該
衙門知道欽此

九月十九日

臣奕 臣那 臣徐

974

鈐章

欽奉

諭旨呂海寰奏懇恩推廣慈善救濟會按照紅十字
會章程辦理以廣皇仁一摺著准推廣慈善救濟
會按照紅十字會辦理並准其另舉紅十字會會
長又奏慈善救濟會需款甚繁凡捐助救濟物品
者請優予獎勵一片著准其按照捐款分別奏獎
建坊賞給卿銜其請獎四五品京堂之處著毋庸
議至調馮恩崐辦理文案一片著依議該衙門知
道欽此

九月十九日

臣奕 臣那 臣徐

975

宣統三年九月二十日內閣奉

上諭

監國攝政王面奉

隆裕皇太后懿旨世續著補授總管內務府大臣即行
銷假供職不許固辭繼祿著開去總管內務府大臣

欽此

鈐章

臣奕
臣那
臣徐

976

鈐章

宣統三年九月二十日內閣奉
上諭錫良著迅速來京陛見欽此

臣奕
臣那
臣徐

977

鈐章

宣統三年九月二十日內閣奉
上諭近因各省紛擾軍人交鬨謠諑繁興並有以滿
漢強分界限意在激使相仇試思滿漢皆朝廷赤
子一視同仁爾軍民人等羣居州處近三百年亦
並無絲毫芥蒂有何猜嫌致生疑忌此等謠傳顯
係奸人暗中鼓煽擾害治安在稍明事理者自不
至為其所惑深恐無知愚民一唱百和激生事端
用特明白宣示俾知朝廷一秉大公於滿漢軍民
毫無歧視爾軍民人等務宜各矢公心互相保衛
慎勿聽信謠言徒滋驚擾至於滿漢各營尤宜和
輯並責成各該統兵大員開誠布公剴切曉諭毋
使各存意見以維大局而靖人心欽此

臣奕
臣那
臣徐

978

鈐章

欽奉
諭旨本月三十日還宮所有進內當差之王公百官
均著穿蟒袍補褂欽此

臣奕
臣那
臣徐

九月二十日

979

鈐章

宣統三年九月二十一日內閣奉

上諭大學士徐世昌著授爲軍諮大臣毓朗著開去

軍諮大臣差使欽此

臣奕

臣那

臣徐

980

鈐章

宣統三年九月二十一日內閣奉

上諭奉天提法使著蕭應椿試署周肇祥著補授奉

天勸業道欽此

臣奕

臣那

臣徐

981

鈐章

欽奉

諭旨順天府奏籌撥防護婦女幼兒慈善會銀兩米

石一摺知道了又片奏設立臨時順天慈善普濟

赤十字總會並聯合士紳設立分會等語著依

議欽此

臣奕

臣那

臣徐

九月二十一日

982

鈐章

宣統三年九月二十二日內閣奉

上諭湖北高等審判廳廳丞著趙基年試署欽此

臣奕

臣那

臣徐

983

鈐章

宣統三年九月二十三日內閣奉

上諭匝月以來各省紛擾其中情形各有不同應再

詳爲分別宣示天下凡主張政治改革者對於朝

廷迹雖近於要求要皆發於愛國之熱誠激而出
此朕亦有鑒於國勢之阽危實由政治之弗進業
經迭降明諭將實行立憲改良政本之宗旨剴切
布告與吾民更始並赦宥從前一切因犯政治革
命嫌疑人等及此次革命黨人准其改組政黨收
作國家之用至於持種族革命之說者意在離間
滿漢激成仇衅禍變相尋必使大局糜爛而後快
其私心勢不至同歸於盡不止實與改革政治
力謀國利民福者用意迥殊判然兩事朕一秉大
公不設成見惟以國家强盛民生康樂為念然必
地方安堵而後憲政可以進行若任其鼓吹邪說
肆意擾亂以致吾民流離轉徙死亡枕籍四民失
業全國恐慌生計日迫於困窮禍患將何所底止
故不憚諄諄誥誡俾爾士紳軍民人等共曉然治
亂之大原所有關心政治急於求效之多數人民
朕方愛之重之推誠布公共圖上理其有此宗旨
而有心為亂者雖屬少數實有害於公安即為全
國之公敵當與吾民共擊之若其幡然改悟仍應
悉予寬容不咎既往至乘機作亂之各路土匪毫
無宗旨專以焚殺淫掠為事尤為情法所不容亟

宜及時痛剿迅予掃除以安良善各將軍都統督
撫等暨各路統兵大員務各仰體朕意分明黨派
相機因應爾士紳軍民人等亦當共明此恉審擇
利害上下一心共謀政治之進步則吾國幸福庶
永賴於無窮著各省將軍都統督撫即將此旨與
本月十四日諭旨一併刊刻謄黃通諭知之欽此

臣奕
臣那
臣徐

九月二十三日

984

鈐章

宣統三年九月二十三日內閣奉
上諭現在軍事未定所有近畿各鎮及各路軍隊並
姜桂題所部軍隊均著歸袁世凱節制調遣隨時
會商軍諮大臣辦理欽此

臣奕
臣那
臣徐

985

鈐章
欽奉
諭旨着派呂海寰充中國紅十字會會長仍兼辦慈
善救濟會事宜欽此
九月二十三日
臣奕
臣那
臣徐

986

鈐章
欽奉
諭旨御史德壽奏京師地廣人稠宜按照警區分設
慈善會一摺着呂海寰妥籌辦理欽此
九月二十三日
臣奕
臣那
臣徐

987

鈐章
欽奉
諭旨學部國子丞徐坊奏大清銀行監督葉景葵並
未奏請開缺在部告假出京潛逃等語着度支部
查明具奏欽此
抄交度支部右原片
九月二十三日
臣奕
臣那
臣徐

988

鈐章
欽奉
諭旨貝勒載洵等奏現修
崇陵工程情形并冬令暫停興作一摺知道了欽此
九月二十四日
臣奕
臣那
臣徐

989

鈐章
宣統三年九月二十四日奉 內閣
上諭近日各省紛紛告警朝廷屢經宣布宗旨改革

政治以期内外相維上下一心共救危亡惟當茲
事變紛乘羣情徹擾之時仍恐各省士紳軍民人
等未能一體周知亟應選派各該省名望素者人
員分往安慰以宣上德而通下情著派張謇為江
蘇宣慰使湯壽潛為浙江宣慰使江春霖為福建
宣慰使譚延闓為湖南宣慰使梁鼎芬為廣東宣
慰使趙炳麟為廣西宣慰使喬樹枏為四川宣慰
使謝遠涵為江西宣慰使柯劭忞為山東宣慰使渠本翹為山西宣慰使
王人文為雲南宣慰使高增爵為陝西宣慰使迅
速分赴各屬撫慰勸導宣布朝廷實行改革政治
宗旨俾亂事早就敉平四民各安生業朕實有厚
望焉欽此

臣奕
臣那
臣徐

鈐章

宣統三年九月二十四日内閣奉

990

上諭自武昌事起各省紛擾大局岌岌實為全國存
亡所關朝廷胞與為懷不設成心亟應徵集國民
意見共謀扶危定傾之策著各督撫傳諭各該省
士紳每省迅速公舉素有名望通曉政治富於經
驗足為全省代表者三五人剋期來京公同會議
以定國是而奠民生欽此

臣奕
臣那
臣徐

鈐章

宣統三年九月二十四日内閣奉

991

上諭前據袁世凱電奏再辭内閣總理大臣該大臣
現已到京本日召見復經面奏懇辭情詞肫切經
朕曉以大義并勉其力任艱難該大臣公忠體國
時局至此當亦不忍再辭著即到閣辦事悉心籌
畫保全大局用副朝野之望欽此

臣奕
臣那
臣徐

992

鈐章

宣統三年九月二十四日内閣奉

上諭署湖廣總督王士珍電奏因病懇請開去署任等語王士珍著准其開去署任段芝貴著賞給副都統銜暫行護理湖廣總督欽此

臣奕
臣那
臣徐

993

鈐章

欽奉

諭旨孫寶琦奏黄河通工搶護一律平穩請獎出力各員一摺道員何澍等各員均照所請給獎餘依議内閣知道欽此

九月二十四日

臣奕
臣那
臣徐

994

鈐章

欽奉

諭旨所有禁衛軍及陸軍第一鎮派出各營並姜桂題所部軍隊分駐各處彈壓地面暨步軍統領衙門槍隊内外城巡警保衛地方均甚勤苦著每名賞給銀一兩由度支部發交分放以示體恤欽此

九月二十四日

臣奕
臣那
臣徐

995

鈐章

宣統三年九月二十五日内閣奉

上諭溥頲著來京當差熱河都統著錫良補授欽此

臣奕
臣那
臣徐

996
鈐章
宣統三年九月二十五日内閣奉
上諭山西巡撫著張錫鑾補授欽此
臣奕 臣那 臣徐

997
鈐章
欽奉
諭旨定成實銘差務較繁著毋庸進文職班欽此
臣奕 臣那 臣徐

九月二十五日

998
鈐章
欽奉
諭旨内務府奏盛桂報効銀一萬兩以備内務府經
費之需一摺花翎二品銜候補三院卿盛桂著以
副都統記名欽此
臣奕 臣那 臣徐

九月二十五日

999
請
賞礮隊標統蔣廷梓漢字勇號
擢
摯
靖
平
硃〇

1000
請
賞礮隊標統劉啟垣漢字勇號
捷
硃〇

驍精敢

1001 硃○

請

賞協統陳光遠漢字勇號

壯克雄勉

1002 硃○

請

賞協統王占元漢字勇號

勝篤卓信

1003

請

賞步隊標統王金鏡漢字勇號

硃○

剛揚鋭猛

1004 硃○

請

賞步隊標統何豐林漢字勇號

健强固勤

1005 硃○

請

賞步隊標統李厚基漢字勇號

敏堅樸超

1006

請
賞步隊標統馬繼增漢字勇號
硃○威
果
俊
奮

1007

鈐章
宣統三年九月二十六日内閣奉
上諭袁世凱面奏組織内閣推舉國務大臣著命梁
敦彥為外務大臣趙秉鈞為民政大臣嚴修為度
支大臣唐景崇為學務大臣王士珍為陸軍大臣
薩鎮冰為海軍大臣沈家本為司法大臣張謇為
農工商大臣楊士琦署郵傳大臣達壽為理藩
大臣梁敦彥嚴修王士珍薩鎮冰張謇未到任以
前外務大臣著胡惟德暫行署理度支大臣著紹
英暫行署理陸軍大臣著壽勳暫行署理海軍大
臣著譚學衡暫行兼署農工商大臣著熙彥暫行
署理欽此
臣
袁

1008

鈐章
宣統三年九月二十六日内閣奉
上諭袁世凱面奏請簡各部次官胡惟德著補授外
務部副大臣烏珍著補授民政部副大臣陳錦濤
著補授度支部副大臣楊度著補授學部副大臣
田文烈著補授陸軍部副大臣譚學衡著補授海
軍部副大臣梁啟超著補授法部副大臣熙彥著
補授農工商部副大臣梁如浩著補授郵傳部副
大臣榮勲著補授理藩部副大臣胡惟德熙彥現
署國務大臣外務部副大臣著曹汝霖暫行署理
農工商部副大臣著祝瀛元暫行署理梁啟超梁
如浩未到任以前法部副大臣著定成暫行署理
郵傳部副大臣著梁士詒暫行署理欽此
臣
袁

1009

外務大臣梁敦彥 胡惟德署
民政大臣趙秉鈞
度支大臣嚴修 紹英署
學務大臣唐景崇

1010

陸軍大臣王士珍 壽勳署
海軍大臣薩鎮冰 譚學衡兼署
司法大臣沈家本
農工商大臣張謇 熙彥署
郵傳大臣楊士琦 署
理藩大臣達壽
外務部副大臣胡惟德 曹汝霖署
民政部副大臣烏珍
度支部副大臣陳錦濤
學部副大臣楊度
陸軍部副大臣田文烈
海軍部副大臣譚學衡
法部副大臣梁啟超 定成署
農工商部副大臣熙彥 祝瀛元署
郵傳部副大臣梁如浩 梁士詒署
理藩部副大臣榮勳

1011

鈐章
宣統三年九月二十六日內閣奉
上諭紹昌林紹年陳邦瑞王垿吳郁生恩順均著充
任弼德院顧問大臣欽此
臣袁

1012

請
簡弼德院顧問大臣
紹昌
林紹年
陳邦瑞
王垿
吳郁生
恩順

1013

鈐章
宣統三年九月二十六日內閣奉
上諭于式枚寶熙均著充修訂法律大臣欽此
臣袁

1014

請
簡修訂法律大臣
于式枚
寶熙

1015

鈐章
欽奉
諭旨陝西土匪分竄界連豫省著姜桂題酌派得力
統將抽撥數營迅往河南鄭州洛陽一帶認真防
堵迎剿毋稍遲緩欽此
臣袁
九月二十六日

1016

鈐章
宣統三年九月二十七日內閣奉
上諭袁世凱面奏請簡署湖廣總督段祺瑞著署理
湖廣總督兼會辦剿撫事宜欽此
臣袁

1017

鈐章
宣統三年九月二十七日內閣奉
上諭袁世凱面奏現在官制尚未以法律規定所有
昨簡之各部副大臣暫照陸海軍部成案改設一
俟官制釐定再行降旨著依議欽此
臣袁

1018

鈐章
宣統三年九月二十七日內閣奉
上諭袁世凱面奏請簡署大理院正卿少卿各缺大
理院正卿著王世琪署理許受衡著署理大理院
少卿欽此
臣袁

1019

鈐章
宣統三年九月二十七日內閣奉
上諭袁世凱面奏請簡署陝西巡撫升允著署理陝
西巡撫督辦陝西軍務欽此
臣袁世凱

1020

鈐章

宣統三年九月二十七日内閣奉

上諭袁世凱面奏請簡直隸通永鎮總兵員缺直隸
通永鎮總兵著王懷慶補授欽此

臣袁

1021

鈐章

宣統三年九月二十七日内閣奉

上諭度支部左丞陳宗嬀奏因病懇請開缺一摺據
袁世凱面奏現在需才陳宗嬀著照舊供職無庸
開缺欽此

臣袁

1022

鈐章

宣統三年九月二十七日内閣奉

上諭楊度奏請開缺一摺據袁世凱面奏請准其開
缺另行簡補劉廷琛著補授學部副大臣欽此

臣袁

1023

鈐章

宣統三年九月二十七日内閣奉

上諭鑲白旗奏查明鳳山子嗣一摺據袁世凱面奏
懇請加恩前廣州將軍鳳山之子一品廕生錫縣
著以郎中補用欽此

臣袁

1024

鈐章

欽奉

諭旨姜桂題派出分駐
西陵二營著每名賞給銀一兩由度支部發交分放以
示體恤欽此

臣袁

九月二十七日

1025

鈐章

宣統三年九月二十八日内閣奉

上諭内閣奏鹽政大臣應由國務大臣兼任著度支

大臣暫行兼任鹽政大臣欽此

臣袁

臣紹英

1026

鈐章

宣統三年九月二十八日內閣奉

上諭民政部左丞裕厚奏因病懇請開缺一摺據內
閣奏裕厚實係患病著准其開缺欽此

臣袁

臣趙秉鈞

1027

鈐章

宣統三年九月二十八日內閣奉

上諭袁世凱面奏內閣現在業已成立嗣後所降諭
旨凡關於某部事項即著該國務大臣隨同總理
大臣署名欽此

臣袁

1028

鈐章

宣統三年九月二十八日內閣奉

上諭達壽奏請收回成命一摺據袁世凱面奏現在
時事艱難方資共濟達壽著即遵前旨任事毋庸
固辭欽此

臣袁

1029

鈐章

欽奉

諭旨唐景崇奏懇准開去進講差使一摺唐景崇著
准其開去進講差使欽此

九月二十八日

臣袁

1030

鈐章

宣統三年九月二十九日內閣奉

上諭典禮院奏謹擬告
廟禮節各摺片著依議於十月初六日將憲法信條敬
謹宣誓

太廟由
監國攝政王代詣行禮
後殿遣慶親王奕劻行禮欽此
臣袁

1031
鈐章
宣統三年九月二十九日內閣奉
上諭度支部副大臣陳錦濤奏懇請收回成命一摺
據內閣奏度支部為全國財政機關陳錦濤於財
政學素有研究著即遵前旨任事毋得固辭欽此
臣袁
臣紹英

1032
鈐章
宣統三年九月二十九日內閣奉
上諭度支部左丞陳宗嬀奏衰病難支仍請開缺一
摺據內閣奏陳宗嬀患病係屬實情未便強留著
准其開缺欽此
臣袁
臣紹英

1033
鈐章
欽奉
諭旨資政院奏議決改訂資政院院章繕單呈覽請
旨頒布一摺著依議欽此
九月三十日
臣袁

1034
鈐章
欽奉
諭旨四川宣慰使學部左丞喬樹枏奏懇飭部續發
撥款以濟旅京川人一摺著度支部酌核辦理欽此
九月三十日
臣袁
臣紹英

1035

宣統三年十月初一日內閣奉

上諭

監國攝政王面奉

隆裕皇太后懿旨所有禁衛軍左右翼巡警武衛左軍

各項兵丁著每名賞銀一兩由內帑撥交內務府發

給欽此

鈐章

臣袁

1036

欽奉

鈐章

諭旨本月初六日宣誓

太廟所有各衙門人員均著陪祀欽此

十月初一日

臣袁

1037

欽奉

鈐章

諭旨資政院奏議員缺額遵章繕單請旨補選一摺

著楊希曾爲議員欽此

臣袁

十月初一日

1038

欽奉

鈐章

諭旨資政院奏請翦髮以昭大同又奏議決改用陽

歷各一摺着內閣會議具奏欽此

臣袁

十月初一日

1039

欽奉

鈐章

諭旨御史溫肅歐家廉奏陳翦髮議案萬不可從改

用陽歷未可輕議各摺片又候補參議陳毅奏請

將重要事件俟國會召集再行開議一摺均著發

交內閣閱看欽此

臣袁

十月初一日

鈐章
宣統三年十月初二日内閣奉
上諭内閣總理大臣面奏關於入對奏事暫行停止
事項開單呈覽著依議欽此
臣袁

内閣總理大臣面奏關於奏事入對暫行停止
事項
謹按現在完全内閣業經組織各項制度尚未
規定除各衙門辦事仍暫照舊外所有與立憲
制度牴觸事項擬請暫行一律停止
一除照内閣官制召見國務大臣外其餘召見
官員均暫停止俟定有章制再行照章辦理
總理大臣不必每日入對遇有事件奉
召入對並得隨時自請入對
一除照内閣官制得由内閣國務大臣具奏外
其餘各衙門應奏事件均暫停止所有從前應
行請
旨事件均咨行内閣核辦其必應具奏者暫由閣代
遞凡無須必請
上裁事件均以閣令行之
其關於皇室事務如宗人府内務府鑾輿衛欽
天監等衙門暫仍照向章具奏統由内務府大
臣承
旨署名具奏後仍即時知照内閣但所奏以不涉及
國務為限
一各部例行及屬於大臣專行事件毋須上奏
其值日辦法應暫停止
一向由奏事處傳
旨事件均暫停止内外摺照題本舊例均遞至内閣
由内閣擬
旨進呈再請
鈐章其謝
恩請
安摺件及進呈貢物仍暫由奏事處照舊呈遞

1042

鈐章

宣統三年十月初二日內閣奉

上諭內閣奏請將河南布政使俞鍾穎開缺另行請

簡河南布政使俞鍾穎著開缺另候簡用齊耀琳

著調補河南布政使迅赴新任毋庸來京陛見欽此

臣袁

臣紹英

1043

鈐章

宣統三年十月初二日內閣奉

上諭內閣奏請簡民政部左丞一缺民政部左丞著

汪榮寶補授欽此

臣袁

臣趙秉鈞

1044

鈐章

宣統三年十月初二日內閣奉

上諭內閣奏請簡度支部左丞並遞遺各缺度支部

左丞著傅蘭泰補授曹智經著補授右丞左參議

著劉世珩補授楊壽枏著補授右參議欽此

臣袁

臣紹英

1045

禁衛軍咨報全軍數目

共一萬九十七名

1046

步軍統領衙門咨報營翼兵丁數目

左翼共兵丁二千七百二十六名

右翼共兵丁二千七百九十六名

五營共兵丁四千七百八十五名

1047

弼德院奏事章程

第一條　弼德院奏事均由面奏或用奏片不

具正摺

第二條　弼德院奏事以

特旨諮詢事件為限

第三條　弼德院奏事均不登載官報

1048

軍諮府奏事章程

第一條　軍諮府奏事均由面奏或用奏片不具正摺

第二條　軍諮府奏事以軍機軍令為限

第三條　軍務報告均經由督師大臣會同軍諮大臣奏報

第四條　軍諮府奏事均不登載官報

第五條　本章程於海軍司令部奏事適用之

抄交海軍部

1049

鈐章

宣統三年十月初四日内閣奉

上諭内閣奏世續現已銷假其原充之文華殿大學士實錄館監修總裁文淵閣領閣事國史館總裁均著照舊補充欽此

臣袁

1050

鈐章

宣統三年十月初四日内閣奉

上諭聞陝西匪徒擾亂治安肆意殘殺並有傷害洋人情事實屬慘無人理殊堪痛惜著升允及姜桂題所派將領迅速帶隊將此項土匪立即剿除所有在境洋人務認真保護並約束官軍嚴守紀律毋稍騷擾著將洋人被害情形先行查明具奏欽此

臣袁

臣胡惟德

臣壽勳

1051

鈐章

宣統三年十月初四日内閣奉

上諭内閣奏請簡署山東布政使一缺張廣建著署理山東布政使欽此

臣袁

臣紹英

1052

鈐章

宣統三年十月初四日内閣奉

上諭内閣奏請簡署山東巡警道一缺吳炳湘著署理山東巡警道欽此

臣袁
臣趙秉鈞

1053
鈐章
宣統三年十月初四日內閣奉
上諭內閣代遞署印鑄局局長副局長黃瑞麒奏請
開去差缺一摺黃瑞麒著准其開去差缺欽此
臣袁

1054
鈐章
欽奉
諭旨內閣奏請飭山西巡撫張錫鑾迅赴新任山西
地方緊要張錫鑾著迅速赴任毋稍延緩欽此
臣袁
十月初四日

1055
鈐章
欽奉
諭旨內閣代遞熙彥奏請准開去進講差使一摺熙
彥著准其開去進講差使欽此
十月初四日
臣袁

1056
民政部咨報內外廳巡警數目
內城總廳巡官長警總數五千三百六十八名
外城總廳巡官長警總數三千三十四名
內外廳消防隊隊長隊兵總數伍百十名
九月初四日

1057
武衛左軍咨報全軍數目
共一萬四千三百三十四名
十月初四日

1058
本日齊忠甲呈遞封奏一件敬謹代遞是否留
中抑或照准明日擬
旨進呈謹呈兩單請
欽定發下一單欽遵辦理謹

奏

十月初五日

1059

發下榮整遺摺一件查榮整遺摺內未經敘有功績
初四日
應請毋庸
給予卹典謹
奏

十月初五日

1060

鈐章
宣統三年十月初六日內閣奉
上諭內閣代遞溥良電奏病勢復增懇予開缺等語
察哈爾都統溥良著准其開缺黃懋澄著兼署察
哈爾都統欽此

臣 袁

1061

鈐章
宣統三年十月初六日內閣奉
上諭內閣奏請簡署湖南布政使杜俞著署理湖南布
政使並幫辦湖南軍務欽此

臣 袁
臣 紹英
臣 壽勳

1062

鈐章
宣統三年十月初六日內閣奉
上諭內閣奏請另簡山東曹州鎮總兵員缺靳呈雲
著開缺另候簡用張善義著署理山東曹州鎮總
兵欽此

臣 袁
臣 壽勳

1063

鈐章
宣統三年十月初六日內閣奉
上諭內閣奏請簡大學堂總監督勞乃宣著補授大

學堂總監督欽此

臣袁

臣唐景崇

1064

鈐章

宣統三年十月初六日內閣奉

上諭內閣奏請簡署印鑄局局長并請簡副局長歐陽照著補授內閣印鑄局副局長兼署內閣印鑄局局長欽此

臣袁

1065

鈐章

欽奉

諭旨內閣代遞度支部副大臣陳錦濤懇恩賞假一摺陳錦濤著賞假十日欽此

十月初六日

臣袁

臣紹英

1066

鈐章

宣統三年九月初七日內閣奉

上諭內閣奏請簡署總檢察廳廳丞各缺總檢察廳廳丞著王式通署理大理院民科推丞著顧紹鈞署理欽此

臣袁

臣沈家本 假

1067

鈐章

欽奉

諭旨內閣代遞貝勒載濤奏第三軍內之第一鎮營隊除步隊四營馬隊一營駐紮外城未便抽調外其餘各營請改由袁世凱任便調遣並請將第三軍名目撤銷一摺著依議欽此

十月初七日

臣袁

臣壽勳

1068

鈐章

欽奉

諭旨內閣奏請開復倪嗣沖原官已革黑龍江民政

使佽嗣冲著開復原官交督師大臣袁世凱差遣
委用欽此

抄交銓敘局

臣袁

十月初七日

1069

本日貝勒載濤呈遞封奏一件敬謹代遞並擬
諭旨二道進呈請
鈐章發下一道欽遵辦理謹
奏

十月初七日

1070

本日錫鈞育凱呈遞封奏二封敬謹代遞除錫
鈞摺片各一件均已擬
旨外其育凱一摺是否留中抑或照准明日擬
旨進呈謹呈兩單請
欽定發下一單欽遵辦理謹
奏

十月初七日

1071

鈐章

宣統三年十月初八日內閣奉
上諭昨據內閣呈遞第一軍總統馮國璋電稱武昌
革黨於九月二十六日遣悍黨二千餘人由漢河
上游駝騾口潛師渡河抄襲官軍右翼後路當經
馮國璋分兵迎擊黨衆潰敗官軍蹱躡渡河該黨
防禦極固並多次反攻經官軍節節奮擊次第克
復蔡甸四平山黑山梅子山龜山等處初七日申
時克復漢陽當兩軍酣戰之際黨衆由武昌遣兵
數支渡江襲擊官軍左翼後路之三道橋叛艦海
容等船協力猛攻均經官軍一再擊退各等語武
昌此次兵變自稱係為政治競爭朝廷本不忍以
兵力從事經飭督師大臣袁世凱暫停進攻疊委
道員劉承恩海軍正參領蔡廷幹馳往漢口武昌
反復開導該黨首黎元洪迄不就撫仍復左右進
攻襲擊官軍甚力實屬甘心擾亂治安荼毒生靈
幸前敵將士深明大義忠勇奮發得以克復重鎮
深堪嘉尚馮國璋著賞給二等男爵其餘出力將
弁著馮國璋查明擬奬候旨施恩其傷亡兵弁著

一併查明具奏分別從優撫卹以作士氣而慰忠魂欽此

臣袁

1072

鈐章

上諭内閣奏請簡統制差缺陸軍第二鎮統制官著王占元充補并賞加陸軍副都統銜欽此

宣統三年十月初八日内閣奉

臣袁

臣壽勳

1073

鈐章

上諭内閣奏第二鎮統制官馬龍標因病呈請開去差使等語馬龍標著准其開去統制官差使欽此

宣統三年十月初八日内閣奉

臣袁

臣壽勳

1074

鈐章

欽奉

諭旨内閣代遞大學士那桐奏因病請假一摺那桐著賞假十日欽此

十月初八日

臣袁

1075

鈐章

欽奉

諭旨内閣代遞柯劭忞等奏調用人員刊刻關防一摺著依議欽此

十月初八日

臣袁

1076

十月初八日進

呈事件

謹擬

上諭三道

1077

謹擬電
旨十二道
謹擬
諭旨二道
馮國璋克復漢陽電一件
封奏一件
奏片一件
內摺四件單三件
黃冊電一本
內閣收發電一本
承宣廳人員名單一件
查此次馮國璋克復漢陽實屬異常出力於大
局極有裨益宜膺
懋賞擬請
賞給二等男爵以示鼓勵可否之處自未敢擅便謹擬
上諭一道伏候
聖裁謹
奏
十月初八日

1078

鈐章
宣統三年十月初九日內閣奉
上諭自武昌肇變朝廷以其為政治關繫極不願以
兵力靖亂釀成慘禍乃疊降詔旨改良政體並停
止進攻而該革黨置若罔聞仍一味恃強襲擊竟
迫成欲罷不能之勢致使兵連禍結舉吾民之生
命財產付諸灰燼者不知凡幾賴官軍將士忠勇
堅卓始得漸圖規復昨接軍報已克漢陽反覆思
維轉增惻怛比月以來鋒鏑交加死亡枕藉加以
地方糜爛元氣大傷小民蕩析離居輾徙溝壑慘
痛情狀至不忍言雖殺機起自革黨而四境之內
皆吾赤子一經戰鬭兩有損傷良我國民橫遭荼
毒瘡痍滿目良用心惻著段祺瑞協商慈善救濟
會遴派多員前往戰地不分畛域掩埋骸骼醫治
傷殘並將被難人民設法拯救加意撫恤俾死者
免致暴露生者賴以保全用副朝廷哀矜庶民痌
瘝在抱之至意欽此
臣袁

1079

鈐章

宣統三年十月初九日内閣奉

上諭内閣代遞黄均隆奏假期屆滿病仍未痊懇請

開缺一摺法部右丞黄均隆著准其開缺欽此

臣袁

1080

鈐章

宣統三年十月初九日内閣奉

上諭内閣代遞奎綬章奏假期又滿病難速痊懇請

開去差缺一摺鑲黄旗滿洲副都統奎綬章著准

其開去差缺欽此

臣袁

1081

十月初九日進

呈事件

謹擬

上諭二道

謹擬電

旨五道

内摺二件

黄册電一本

内閣收發電一本

彙奏九月分滿漢

諭旨摺單一匣

1082

鈐章

宣統三年十月初十日内閣奉

上諭嗣後凡任國務大臣均着在紫禁城内騎馬欽此

臣袁

1083

鈐章

宣統三年十月初十日内閣奉

上諭内閣請簡甘肅提法使各缺甘肅提法使著趙

惟熙補授潘齡皋著補授甘肅巡警道欽此

臣袁

臣趙秉鈞

臣沈家本假

1084

鈐章

宣統三年十月初十日内閣奉

1085

上諭內閣代遞楊文鼎奏衰病日增籲請開缺一摺
陝西巡撫楊文鼎著准其開缺欽此
臣袁
鈐章
宣統三年十月初十日奉
旨內閣請簡副都統等缺鑲黃旗滿洲副都統著全
福調補所遺正紅旗滿洲副都統著文年補授欽此
臣袁

1086

鈐章
欽奉
諭旨內閣請簡派管理
雍和宮事務並請簡派管理咸安宮蒙古三學事務等
差著派達壽管理
雍和宮事務榮勳管理咸安宮蒙古三學事務欽此
臣袁
十月初十日
抄交理藩部

1087

十月初十日進
呈事件
謹擬
上諭三道
謹擬
旨一道
謹擬電
旨四道
謹擬
諭旨一道
擬
旨內摺二件
擬
旨外摺片三件 計二封
請
安摺二封
奏片二件
黃冊電一本
內閣收發電一本

弼德院官制單一件
軍諮處暫行章程單一件
代遞典禮院摺一件附單一件

1088
查奏綏章所遺鑲黃旗滿洲副都統一缺應請
簡放查有資格最深之正紅旗滿洲副都統全福堪
以調補遞遺正紅旗滿洲副都統查有記名副
都統文年前充軍機章京當差多年甚屬勤慎
堪以補授斯缺謹擬
諭旨一道進
呈是否有當伏候
聖裁謹
奏
十月初十日

1089
本日據典禮院遞到奏請改
派致祭一摺查此件無關行政應由內務府承
旨故未擬
旨進呈嗣後此項奏事當由臣閣知照各該衙門遞
由奏事處呈遞此次祭期甚近若今改遞恐致
貽誤謹暫為代遞應請降
旨改派由內務府傳知該衙門欽遵謹
奏
十月初十日

1090
鈐章
宣統三年十月十一日內閣奉
上諭內閣代遞陳夔龍電奏請更換巡警道等語直
隸巡警道葉崇質著開缺留於直隸另補言敦源
著補授直隸巡警道欽此
臣袁
臣趙秉鈞

1091
鈐章
欽奉

諭旨內閣代遞呂海寰奏中國紅十字會需用浩繁
請借撥國民捐條款以資接濟一摺著照所請度
支部知道欽此

臣袁
臣紹英

十月十一日

1092

現在大同漢陽暨皖豫交界之區均有告急警
報臣謹與軍諮大臣陸軍大臣會同計畫
大同一路由姜桂題先遣步隊兩營炮隊一隊
馳往援救
洛陽一路已飭第六鎮第十二協統領周符麟
先帶一標赴洛援劉侯第三鎮到齊即將該協
全數調往並協攻潼關
皖豫一路查現在攻晉之軍陸砲馬隊均無大
用擬委倪司使嗣沖至石家莊與晉撫張錫鑾
商酌調撥陸砲一隊馬隊數隊並就近抽調巡
防步隊兩營馳赴防堵北窜謹

奏

十月十一日

1093

鈐章

宣統三年十月十二日內閣奉
上諭內閣代遞陳夔龍電奏新授直隸巡警道言敦
源稟稱尚未服闋心實未安擬請奏辭等語言敦
源既未服闋著改為署理現在需才孔急著陳夔
龍迅飭到任欽此

臣袁
臣趙秉鈞

1094

鈐章

欽奉
諭旨內閣代遞貝勒載濤等奏請添派訓練大臣一
摺著添派徐世昌充專司訓練禁衛軍大臣欽此

十月十二日 臣袁

1095

鈐章
欽奉
諭旨內閣代遞富爾遜奏湖北旅京人士及難民窘
困異常請撥給賑款以資接濟一摺著度支部知
照段祺瑞酌核辦理欽此

交度支部 分咨抄

臣袁
臣紹英
十月十二日

1096

本日恩澤奏籲懇
陛見一摺應否令該副都統來
見之處臣未敢擅便謹擬
旨二件請
鈐章發下一件謹
奏
十月十二日

1097

十月十二日進
呈事件
謹擬
上諭一道
謹擬電
旨七道
謹擬
諭旨一道
擬
旨外摺片三件外二封
請
安摺二封
封奏三封
奏片一件
黃冊電一本
內閣收發電一本

1098

鈐章
宣統三年十月十三日內閣奉

上諭内閣請另簡河南撫藩各缺前據寶棻電奏因
病敦請開缺應即照准河南巡撫著齊耀琳補授
倪嗣沖著補授河南布政使幫辦河南軍務欽此

臣袁
臣紹
臣壽

1099

查河南巡撫寶棻前因病電奏敦請開缺奉
旨著俟齊耀琳到任後再行降旨欽此齊耀琳現已
據報到汴擬請將寶棻開缺即以齊耀琳補授
河南巡撫所遺河南布政使一缺查有開復前
黑龍江民政使倪嗣沖現正派往河南剿匪擬
即以該員補授河南布政使並幫辦河南軍務
是否有當謹
奏

十月十三日

1100

鈐章
宣統三年十月十三日内閣奉

上諭内閣代遞寶棻奏四川提法使常裕因病呈請
開缺一摺常裕著准其開缺欽此

臣袁

1101

鈐章
欽奉
諭旨現在軍事喫緊著派壽勳會同袁世凱徐世昌
籌辦軍務欽此

臣袁

十月十三日

1102

鈐章
欽奉
諭旨内閣代遞署度支大臣紹英奏因病請假並請
簡自署缺一摺紹英著賞假三日毋庸派署欽此

1103

鈐章

欽奉

諭旨内閣奏據廣西宣慰使趙炳麟呈稱請刊用關防等語著依議欽此

臣袁

十月十三日

抄交趙炳麟

臣袁

十月十三日

1104

據廣西宣慰使趙炳麟呈稱竊臣奉

命宣慰廣西一切文牘往還必須鈐用關防以昭信用

擬刊刻木質關防一顆文曰

欽派廣西宣慰使之關防呈請代奏前來查該員所

請與山東宣慰使柯劭忞刊用關防之案相符

擬准如所請謹據情代

奏

十月十三日

1105

十月十三日進

呈事件

謹擬

上諭二道

謹擬電

旨三道

謹擬

諭旨三道

擬

旨外摺片八件單一件計四封

請

安摺一封

封奏二封

奏片二件

黄冊電一本

内閣收發電一本

1106

鈐章

宣統三年十月十四日内閣奏

上諭内閣代遞陳夔龍電奏請更換永定河道等語直隸永定河道呂珮芬著開缺留於直隸另補實廷馨著補授直隸永定河道欽此

原電抄交軍諮府

臣袁

1107

鈐章

宣統三年十月十四日内閣奉

上諭内閣請簡大同鎮總兵山西大同鎮總兵員缺著陳布義補授欽此

臣袁

臣王士珍

1108

查山西大同鎮總兵王得勝據報失守請降

旨革職聽候查辦所遺大同鎮總兵一缺查有記名總兵陳布義久經戰陣忠勇素著現已派令帶隊赴援大同以之補授是缺可期得力是否有當謹

奏

十月十四日

1109

鈐章

欽奉

諭旨内閣代奏山西宣慰使渠本翹呈稱請調用人員刊刻關防等語著依議欽此

臣袁

十月十四日

1110

據山西宣慰使渠本翹呈稱請調用人員刊刻關防懇請代奏等語查該員所請與山東宣慰使柯劭忞調用人員刊刻關防之案相符謹將原呈恭呈

御覽擬懇

俯允所請謹

奏

1111

本日代遞外務部奏片一件擬請由内務府傳

旨謹

奏

傳交内務府

1112

十月十四日進

呈事件

謹擬

上諭二道

謹擬電

旨九道

謹擬

諭旨一道

擬

旨外摺二件

請

安摺二件

奏片三件

外務部奏片一件

渠本翹呈一件

黄册電一本

内閣收發電一本

1113

鈐章

宣統三年十月十五日内閣奉

上諭内閣請簡法部右丞各缺法部右丞著魏聯奎

補授善佺著轉補左參議右參議著羅維垣補

授欽此

臣袁

臣沈家本假

1114

鈐章

宣統三年十月十五日内閣奉

上諭内閣請簡陸軍協統陸軍步隊第五標統帶官

王金鏡著充第二鎮步隊第三協統領官並賞加

陸軍協都統銜欽此

臣袁

臣王士珍

1115

鈐章

宣統三年十月十五日内閣奉

上諭江西巡撫馮汝騤忠勤敏練學問優長由翰林

1116

改官部屬供職樞垣外任府道洊陟監司擢膺疆
寄宣力有年克勤厥職茲以江西省城失陷從容
就義大節凜然殊堪軫惜著加恩予謚照總督陣
亡例從優賜卹任內一切處分悉予開復應得卹
典該衙門查例具奏靈柩回籍時沿途地方官妥
為照料伊子二品廕生馮邁著以郎中補用監生
馮遵著以主事補用以勵臣節而慰忠魂欽此

臣袁

據已故江西巡撫馮汝騤之子二品廕生馮邁
等呈稱伊父死事情形並密賚江西巡撫關防
來京恭繳呈請代奏等語除關防飭印鑄局暫
行收存外謹擬
恩旨一道同原呈一件進
呈
御覽該故撫捐軀就義實屬忠烈可風其子嗣二品
廕生馮邁擬請以郎中用監生馮遵擬請以主
事用以勵臣節是否有當謹
奏

十月十五日

1117

鈐章
欽奉
諭旨內閣代遞載洵奏遵查行椿地段事竣並擬變
通種植一摺著依議欽此

臣袁

十月十五日

1118

英公使續議停戰事宜
三日停戰期滿續停十五日
北軍不遣兵向南南軍亦不遣兵向北
總理大臣派北方居留各省代表人前往與南
軍各代表討論大局
唐紹怡充總理大臣之代表與黎元洪或其代
表人討論大局

1119

十月十五日進
呈事件

謹擬
上諭三道
謹擬電
旨七道
謹擬
諭旨一道
擬
旨外摺片七件計五封
擬
旨內摺片單三件
封奏二封
請
安摺四封
奏片一件
1120 宣統三年十月十六日內閣奉
上諭
監國攝政王面奉
隆裕皇太后懿旨據監國攝政王面奏自攝政以來於

今三載用人行政多拂輿情立憲徒託空言弊蠹因
而叢積馴致人心瓦解國勢土崩以一人措施失當
而令全國生靈橫罹慘禍痛心疾首追悔已遲倘再
擁護大權不思退避既失國民之信用則雖攝行國
政詔令已鮮效力政治安望改良泣請辭退監國攝
政王之位不再干預政事情詞肫切出於至誠予深
處宮闈未聞大計惟自武漢事起各省響應兵連禍結滿目瘡
痍友邦商業並受影響每一念及寢饋難安亟宜察內外之情形定安邦之至計監國攝政王
性情寬厚謹慎小心雖求治綦殷而濟變乏術以至
受人朦蔽貽害羣生自應俯如所請准退監國攝政
王之位所鈐監國攝政王章著即繳銷仍以醇親王
退歸藩邸不再預政著賞給歲俸銀五萬兩由皇室
經費項下支出嗣後用人行政均責成內閣總理大
臣各國務大臣擔負責任所有頒布詔旨應請蓋用
御寶并覲見典禮予率同皇帝將事皇帝尚在沖齡
保衛聖躬應有專責世續徐世昌著授為太保盡心
衛護現在四方多難國步阽危諸王公等誼同休戚
各宜體念時艱恪遵家法束身自愛罔越範圍諸大
臣膺茲重任尤宜共矢公忠精白乃心力除錮弊以
謀國利民福凡我國民當知朝廷不私君權實行與

民吏始務須謹守秩序各安生業庶免紛爭割裂之
禍而登熙皞大同之治予有厚望焉欽此
鈐章

臣袁
臣胡惟德
臣趙秉鈞
臣紹英
臣唐景崇
臣王士珍
臣譚學衡
臣沈家本假
臣熙彥
臣楊士琦
臣達壽

1121

鈐章

宣統三年十月十六日內閣奉
上諭內閣代遞陳錦濤奏假期屆滿病仍未痊懇准
開缺一摺度支部副大臣陳錦濤著准其開缺欽此
臣袁

1122

鈐章

欽奉
諭旨內閣代遞節制各路軍隊大臣袁世凱奏擬改軍
名以資拱衛而便游擊等語著依議欽此

分寄錄
抄交軍諮府
陸軍部
度支部

臣袁
臣壽勳
臣紹英

十月十六日

1123

十月十六日進
呈事件
謹擬
上諭一道
謹擬電
旨七道
謹擬
諭旨一道
內摺一件
封奏一封

黄冊電一本
内閣收發電一本

1124

奉
旨朕欽奉
隆裕皇太后懿旨徐世昌奏懇請收回成命一摺保衛
聖躬責任至重該大學士宅心正大老成可恃是以
授為太保正當抒發忠愛不辭勞瘁所請收回成命
之處著毋庸議欽此
宣統三年十月十七日 蓋用御寶
内閣總理大臣臣袁

1125

奉
旨現在南北停戰應派員討論大局著袁世凱為全
權大臣由該大臣委託代表人馳赴南方切實討
論以定大局欽此
宣統三年十月十七日 蓋用御寶
内閣總理大臣臣袁

1126

奉
旨内閣請簡度支部副大臣一缺度支部副大臣著
周自齊補授欽此
宣統三年十月十七日 蓋用御寶
内閣總理大臣臣袁
署度支大臣臣紹英

1127

奉
旨前經降旨所有朕躬親任大清帝國統帥陸海軍
大元帥之一切權任事宜於未親政以前暫由
監國攝政王代理現在
監國攝政王業經退位朕方在典學之時所有陸
海各軍暫責成現行專司諸大臣督率管理其向歸
監國攝政王管轄調遣之禁衛軍著專司訓練大
臣督飭認真訓練欽此
宣統三年十月十七日 蓋用御寶
内閣總理大臣臣袁
陸軍大臣臣王士珍
署海軍大臣臣譚學衡

移予
軍諮府
陸軍部
海軍部
禁衛軍

1128

奉
旨資政院奏懇請降旨即行翦髮以昭大同一摺凡
我臣民均准其自由翦髮欽此
宣統三年十月十七日 蓋用御寶
內閣總理大臣臣袁
署外務大臣臣胡惟德
民政大臣臣趙秉鈞
署度支大臣臣紹英
學務大臣臣唐景崇
陸軍大臣臣王士珍
署海軍大臣臣譚學衡
司法大臣臣沈家本假
署農工商大臣臣熙彥
署郵傳大臣臣楊士琦
理藩大臣臣達壽

抄交資政院

1129

奉
旨資政院奏議決改用陽曆請旨頒布一摺著內閣
妥速籌辦欽此
宣統三年十月十七日 蓋用御寶
內閣總理大臣臣袁
署外務大臣臣胡惟德
民政大臣臣趙秉鈞
署度支大臣臣紹英
學務大臣臣唐景崇
陸軍大臣臣王士珍
署海軍大臣臣譚學衡
司法大臣臣沈家本假
署農工商大臣臣熙彥
署郵傳大臣臣楊士琦
理藩大臣臣達壽

抄交資政院

1130

查憲法信條第十八條國會議決事項由
皇帝頒布之第十九條國會未開以前資政院適用
之各等語現在資政院議決之案
皇上僅有頒布之旨並無否決之權所有十月初一
日該院所奏翦髮改曆兩摺係信條頒布之後
初次議決上奏之案若不照議頒布即與信條
相背失信國民危險實多茲經內閣會議謹擬

上諭各二道進
呈請用
御寶各發下一道以便頒布而昭大信謹
奏
十月十七日

1131
十月十七日進
呈事件
謹擬
懿旨一道
擬
旨四道
內摺一件
黃册電一本

1132
奉
旨內閣請簡補察哈爾都統馮國璋著補授察哈爾
都統未赴任以前著何宗蓮署理欽此
宣統三年十月十八日 蓋用御寶

內閣總理大臣臣袁
陸軍大臣臣王士珍

1133
奉
旨內閣奏擬請將派出行禮之度支部右丞曾習經
右參議楊壽枏留署以裨公務等語知道了欽此
宣統三年十月十八日 蓋用御寶
內閣總理大臣臣袁
署度支大臣臣紹英

1134
奉
旨內閣代遞大學士那 奏病請續假一摺那 著
再賞假十日欽此
宣統三年十月十八日 蓋用御寶
內閣總理大臣臣袁

1135
奉
旨內閣代遞訥勒赫等奏大臣殉難據情代奏一摺
閩浙總督松壽老成練達志慮忠純由部屬簡放

外任荐膺疆寄旋授尚書都統總督閩浙宣力有
年克勤厥職兹以福建省城失陷從容就義大節
凜然殊深軫惜著加恩予謚追贈太子少保並賞
給二等輕車都尉世職照總督陣亡例從優賜卹
任内一切處分悉予開復應得卹典該衙門查例
具奏靈柩回旗時沿途地方官妥為照料伊子郵
傳部員外郎光裕著以郎中補用理藩部郎中光
耀著以道員用以示篤念忠藎至意欽此

宣統三年十月十八日　蓋用御寶

内閣總理大臣臣袁

1136

查昨日進呈孝經義陳昭常電奏各一件未經擬

旨今謹擬電

旨二道進呈謹

奏

十月十八日

1137

恭查本月

孝欽顯皇后寶城前行三周年禮

德宗景皇帝几筵前行三周年禮奉

旨派出行禮各員内度支部右丞曾習經右參議揚

壽枏均在其列查現在武漢用兵軍務倥偬度

支部一切籌撥餉項等事均由丞參廳辦理值

此事務緊要之時擬請將度支部右丞曾習經

右參議揚壽枏留署以裨公務謹

奏

宣統三年十月十八日

1138

十月十八日進

呈事件

謹擬

旨十道

擬

請

旨外摺片單八件共四封

安摺四封

内搭二件
奏片二件
黄册電一本

1139
旨内閣代遞軍諮府奏請簡軍諮使一片良弼著補
授軍諮府軍諮使欽此
奉
宣統三年十月十九日　蓋用御寶
内閣總理大臣臣袁
陸軍大臣臣王士珍

1140
旨内閣請更調軍統現在第三軍業經撤銷第二軍
分駐各省未能集合應一併撤銷著軍諮府陸軍
部另行編配第二軍籌防畿輔及海防一帶著馮
國璋兼充第二軍總統署湖廣總督段祺瑞著兼
充第一軍總統欽此
奉
宣統三年十月十九日　蓋用御寶
内閣總理大臣臣袁
陸軍大臣臣王士珍

1141
旨内閣請簡員充禁衛軍總統禁衛軍兩協業經成
立並應編制成軍以為模範著派馮國璋充禁衛
軍總統官所有原設之訓練處著即改為軍司令
處貝勒載濤等務須妥為交代再行離任嗣後即
責成該總統官認真訓練隨時妥擬擴充辦法候
旨遵行欽此
奉
宣統三年十月十九日　蓋用御寶
内閣總理大臣臣袁
陸軍大臣臣王士珍

1142
旨内閣代遞學部副大臣劉廷琛奏因病請假一摺
劉廷琛著賞假十日欽此
奉
宣統三年十月十九日　蓋用御寶
内閣總理大臣臣袁
學務大臣臣唐景崇

1143
奉
旨內閣請補奉吉道員各缺袁祚廙著補授奉天錦
新營口道吉林西北路道著李家鏊補授欽此
宣統三年十月十九日　蓋用御寶
內閣總理大臣臣袁

1144
奉
旨內閣請補奉天度支使一缺朱鍾琪著補授奉天
度支使欽此
宣統三年十月十九日　蓋用御寶
內閣總理大臣臣袁
署度支大臣臣紹英

1145
奉
旨內閣請簡副都統一缺鑲白旗漢軍副都統著良
弼補授欽此
宣統三年十月十九日　蓋用御寶
內閣總理大臣臣袁
陸軍大臣臣王士珍

1146
十月十九日進
呈事件
擬
旨九道
擬
旨外摺片四件計三封
內摺一件
請
安摺二封
奏片一件
黃冊電一本

1147
奉
旨朕欽奉
隆裕皇太后懿旨內閣代遞陳昭常等電奏覽悉此次
醇親王懇辭監國攝政王之位經予俯准所請並確
照立憲政體凡用人行政一切均責成內閣總理大
臣及各國務大臣担負責任惟有頒布詔旨蓋用御

寶及覲見典禮予率同皇帝將事與
先朝垂簾訓政制度迥不相同正係實行改良政本以
示不私君權與民更始乃該撫等輒以廟堂之上先
事紛更及政權不一宮庭不和等詞湯相推測實未
深悉朝廷因時制宜大公無私之至意陳昭常等殊
屬昧於時勢不知大體均著傳旨申飭現在大局岌
岌不可終日人心浮動謡言四起該撫等務當同心
協力鎮靜維持以保治安而杜紛擾欽此
宣統三年十月二十日　蓋用御寶
內閣總理大臣臣袁世凱

1148
奏
旨內閣代遞阿穆爾靈圭奏前赴游牧籌辦蒙旗事
宜一摺知道了又奏調員差委一片著依議欽此
宣統三年十月二十日　蓋用御寶
內閣總理大臣臣袁
理藩大臣臣達壽

1149
本日呈遞內閣陸軍部海軍部月摺各一匣應
請將上月月摺換出謹
奏
十月二十日

1150
十月二十日進
呈事件
謹擬
旨二道
擬
懿旨一道
謹擬
旨外摺片單八件計四封
請
安摺三封
封奏一件
內摺一件附片一件
奏片一件
內閣月摺一匣

陸軍部月摺一匣
海軍部月摺一匣
黃冊電一本
東三省總督吉林巡撫電各一件

1151
奉
旨內閣代遞典禮院請旨一摺十一月初四日冬至
大祀
天於
圜丘遣豫親王懋林恭代行禮
四從壇派錫明鐵麟錫露扎克丹各分獻欽此
宣統三年十月二十一日　蓋用御寶
內閣總理大臣臣袁

1152
奉
旨內閣請簡陸軍協統河南陸軍第二十九混成協
統領官著張錫元充補並賞給陸軍協都統銜欽此
宣統三年十月二十一日　蓋用御寶
內閣總理大臣臣袁
陸軍大臣臣王士珍

1153
奉
旨內閣代奏馮國璋謝賞二等男爵恩知道了欽此
宣統三年十月二十一日　蓋用御寶
內閣總理大臣臣袁

1154
奉
旨內閣奏請賞電報公司暨電政局各洋員寶星一
摺著依議欽此
宣統三年十月二十一日　蓋用御寶
內閣總理大臣臣袁
署郵傳大臣臣楊士琦

1155
奉
旨內閣奏請派梁士詒接署郵傳部郵政總局局長
一摺又奏請派葉恭綽充鐵路總局局長一片均
著依議欽此
宣統三年十月二十一日　蓋用御寶
內閣總理大臣臣袁
郵傳大臣臣楊士琦

1156

奉
旨資政院奏議員缺額遵章繕單請旨補選一摺著
派李鼎臣齊忠甲陳雲誥為議員欽此
宣統三年十月二十一日　蓋用御寳
臣袁

1157

據調充第二軍總統二等男爵馮國璋咨稱國璋
蒙
恩賞給二等男爵感悚莫名惟有殫竭血忱上報
鴻慈咨請代奏謝
恩等語謹代
奏
十月二十一日

1158

奉
旨內閣奏請賞俄國醫學博士暨日本商人寳星各
摺片均著依議欽此
宣統三年十月二十一日　蓋用御寳

1159

內閣總理大臣臣袁
外務大臣臣胡惟德
十月二十一日進
呈事件
謹擬
旨十道
封奏一件
內摺片單九件
奏片一件
黄册電一本
馮國璋電一件

1160

奉
旨內閣請簡派大員兼管皖北事務自安慶失陷巡
撫朱家寳尚無下落皖北一帶盜賊蜂起擾害閭
閻殊深惆念所有皖北各屬吏治軍務均著河南
巡撫齊耀琳管轄籌辦並著倪嗣冲兼署安徽布

政使欽此
宣統三年十月二十二日　蓋用御寶
內閣總理大臣臣袁
署度支大臣臣紹英
陸軍大臣臣王士珍

1161
奉
旨內閣請補黑龍江道員一缺黑龍江興東道著徐
鼎霖補授欽此
宣統三年十月二十二日　蓋用御寶
內閣總理大臣臣袁

1162
奉
旨內閣請簡署歸德鎮總兵著李永芳署理河南歸
德鎮總兵迅速赴任欽此
宣統三年十月二十二日　蓋用御寶
內閣總理大臣臣袁
陸軍大臣臣王士珍

1163
十月二十二日進
呈事件
謹擬
旨六道
擬
請
旨外摺片單十九件計六封
安摺二封
擬
旨內摺一件
黃冊電一本

1164
奉
旨內閣請簡外務部左丞一缺外務部左丞著蔡紹
基補授欽此
宣統三年十月二十三日　蓋用御寶
內閣總理大臣臣袁
署外務大臣臣胡惟德

1165
奉
旨內閣請補黑龍江民政使宋小濂著補授黑龍江
民政使欽此
宣統三年十月二十三日　蓋用御寶
內閣總理大臣臣袁
民政大臣臣趙秉鈞

1166
奉
旨內閣請簡陸軍鎮統陸軍第四鎮統制官著陳光
遠充補並賞給陸軍副都統銜欽此
宣統三年十月二十三日　蓋用御寶
內閣總理大臣臣袁
陸軍大臣臣王士珍

1167
奉
旨內閣代遞馮國璋電奏第四鎮統制官吳鳳嶺病
勢增劇懇恩開缺調理等語吳鳳嶺著准其開去
統制官欽此
宣統三年十月二十三日　蓋用御寶
內閣總理大臣臣袁
陸軍大臣臣王士珍

1168
奉
旨內閣代遞那晉奏假期已滿病仍未痊懇准開缺
一摺正白旗蒙古副都統那晉著再賞假一箇月
調理毋庸開缺欽此
宣統三年十月二十三日　蓋用御寶
內閣總理大臣臣袁

1169
十月二十三日進
呈事件
謹擬
旨十一道
擬
旨外摺片單十三件　計五封
請
安摺三封
內摺一件
黃冊電一本

唐紹怡等電二件
覆唐紹怡電一件

1170

奉
旨內閣請另簡補河南巡警道等缺據齊耀琳電奏
河南巡警道王守恂開歸陳許鄭道江瀚請假離
省均著開缺河南巡警道員缺著鄒道沂補授河
南開歸陳許鄭道員缺著袁鎮南補授欽此
宣統三年十月二十四日　蓋用御寶
內閣總理大臣臣袁
民政大臣臣趙秉鈞

1171

奉
旨內閣請簡陸軍第四鎮及第六鎮協統各缺陸軍
正參領何豐林著充陸軍第四鎮步隊第八協統
領官陸軍正參領馬繼增著充陸軍第六鎮步隊
第十一協統領官均著賞給陸軍協都統銜欽此
宣統三年十月二十四日　蓋用御寶
內閣總理大臣臣袁
陸軍大臣臣王士珍

1172

奉
旨內閣奏募集愛國公債辦法業經資政院修正議
決請旨施行繕單呈覽一摺著依議欽此
宣統三年十月二十四日　蓋用御寶
內閣總理大臣臣袁
署度支大臣臣紹英

1173

十月二十四日
進呈事件
謹擬
旨六道
擬
旨外摺單五件計三封
請
安摺三封
內摺單二件
黃冊電一本
唐紹怡等電一件
節略二件

1174
奉
旨內閣代遞節制各路軍隊大臣袁世凱奏查明克
復漢口前敵異常出力人員懇恩給獎繕單呈覽
一摺著照所請該衙門知道欽此
宣統三年十月二十五日　蓋用御寶
內閣總理大臣臣袁
陸軍大臣臣王士珍

1175
奉
旨內閣代遞廣東高州鎮總兵陸建章呈稱自請嚴
議等語該總兵不肯附和獨立尚知大體惟擅離
職守究屬不合廣東高州鎮總兵陸建章著開缺
聽候查辦欽此
宣統三年十月二十五日　蓋用御寶
內閣總理大臣臣袁
署海軍大臣臣譚學衡

1176
奉
旨內閣請簡廣東高州鎮總兵一缺趙倜著補授廣
東高州鎮總兵欽此
宣統三年十月二十五日　蓋用御寶
內閣總理大臣臣袁
署海軍大臣臣譚學衡

1177
內閣片
據河南巡撫齊耀琳二十一日來電稱十九日
武衛軍收復閿鄉該軍統領趙倜二十四日來
電稱二十日在潼關以東與匪接仗奪要卡二
十餘並奪南山東山礮台得槍廠子彈旗幟無
算二十一日克復潼關各等語查官軍血戰數
日連克兩城實屬奮勇異常本應給予優獎惟
現在停戰期內未便遽行奏請致貽口實已由臣
商明度支大臣先行撥銀二萬兩發交該軍分
別犒賞並按照停戰條件飭令暫停進攻稍緩
再行奏請獎勵謹
奏
宣統三年十月二十五日

1178

內閣片

據第六鎮統制官曹錕二十三日來電稱二十一日黎明革黨向官軍進攻官軍始襲擊午後二鐘佔領井陘縣四鐘佔領蔡店雪花山水萊凸山一帶二十二日七鐘佔領之驢嶺十鐘佔領娘子關山西巡撫張錫鑾等同日來電稱今日到井支隊已先奪據固關舊關樂莊等語查官軍血戰兩日連克要隘數處實屬奮勇異常本應給予優獎惟現在停戰期內未便遽行奏請致貽口實已由臣商明度支大臣先行撥銀二萬兩發交該軍分別犒賞並按照停戰條件飭令暫停進攻稍緩再行奏請獎勵謹

奏

十月二十五日

1179

十月二十五日進

呈事件

擬

旨六道

內摺單二件

1180

奏片二件

陸建章呈一件

黃冊電一本

奉

旨內閣代遞湖南京官曾廣鑾等請援案撥給賑款銀三萬兩留京發給以甦旅困呈一件著度支部核辦欽此

宣統三年十月二十六日　蓋用御寶

內閣總理大臣臣袁

署度支大臣臣紹英

1181

十月二十六日進

呈事件

謹擬

旨六道

擬

旨外摺三件計三封

請

安摺三封
擬
旨內摺片單六件
奏片二件
曾廣鑾等呈一件
黄册電一本

1182
奉
旨內閣請賞閑散宗室覺羅等項錢糧現在天氣寒冷所有食餉之閑散宗室覺羅人等生計維艱殊堪軫念著加恩賞給一月錢糧其宗室覺羅孤寡除有恩賞錢糧外著再加賞半月錢糧以示體恤
欽此
宣統三年十月二十七日　蓋用御寶
內閣總理大臣臣袁
署度支大臣臣紹英
抄交宗人府度支部

1183
奉
旨內閣請賞京師兵丁錢糧現在天氣寒冷京師兵丁當差勤苦殊深軫念所有八旗及綠步各營官兵均著加恩賞給半月錢糧以示體恤欽此
宣統三年十月二十七日　蓋用御寶
內閣總理大臣臣袁
署度支大臣臣紹英
陸軍大臣臣王士珍
抄交度支部陸軍部值年旗

1184
奉
旨內閣代遞孫寶琦電奏因病懇請開缺等語山東
巡撫孫寶琦著准其開缺欽此
宣統三年十月二十七日　蓋用御寶
內閣總理大臣臣袁

1185
奉
旨內閣請簡山東巡撫胡建樞著補授山東巡撫欽此
宣統三年十月二十七日　蓋用御寶
內閣總理大臣臣袁

1186
旨内閣請簡署山東提法使聶憲藩著署理山東提
奉
法使欽此
宣統三年十月二十七日　蓋用御寶
内閣總理大臣臣袁
司　法　大臣　臣　沈家本假

1187
旨内閣請簡河南河陝汝道一缺河南河陝汝道著
奉
馬開玉補授欽此
宣統三年十月二十七日　蓋用御寶
内閣總理大臣臣袁

1188
旨内閣請補河南首府遺缺河南開封府知府員缺
奉
緊要著該撫於通省知府内揀員調補所遺員缺
著呂耀卿補授欽此
宣統三年十月二十七日　蓋用御寶
内閣總理大臣臣袁

1189
十月二十七日進
呈事件
謹擬
旨十二道
擬
旨内摺單六件
黄册電一本

1190
旨内閣呈遞長至賀表用寶牌知道了欽此
奉
宣統三年十月二十八日　蓋用御寶
内閣總理大臣臣袁

1191
旨内閣請簡湖北總兵一缺據段祺瑞電奏湖北漢
奉
陽鎮總兵張有亮查無下落著開缺聽候查辦李
長泰著補授湖北漢陽鎮總兵欽此
宣統三年十月二十八日　蓋用御寶

1192
奉
旨内閣奏遵擬已故閩浙總督松壽已故江西巡撫
馮汝騤謚號松壽著予謚忠節馮汝騤著予謚忠
愍欽此
宣統三年十月二十八日　蓋用御寶
內閣總理大臣臣袁
署海軍大臣臣譚學衡

1193
奉
旨内閣奏據正白旗滿洲佐領呈稱已故閩浙總督
松壽可否准其入城治喪等語着准其入城治喪
欽此
宣統三年十月二十八日　蓋用御寶
內閣總理大臣臣袁

1194
奉
旨内閣請簡員佩帶印鑰鑲白旗護軍統領印鑰著
英信佩帶欽此
宣統三年十月二十八日　蓋用御寶
內閣總理大臣臣袁
陸軍大臣臣王士珍

1195
查鑲白旗護軍統領額勒春赴
梁格莊駐班請
簡員佩帶印鑰謹擬
旨一道進
呈為此謹
奏
十月二十八日

1196
據正白旗滿洲佐領呈稱已故閩浙總督松壽
可否准其入城治喪等語查松壽係死難大員
應准其入城治喪謹擬
旨一道進
呈謹
奏
十月二十八日

1197

查已故閩浙總督松壽江西巡撫馮汝騤先後
殉難均經奉
旨加恩予謚茲擬松壽予謚忠節馮汝騤予謚忠愍
謹擬
旨一道進
呈是否有當謹
奏
十月二十八日

1198

十月二十八日進
呈事件
謹擬
旨六道
擬
旨外摺片單七件計三封
請
安摺一封
奏片三件
長至賀表用

寶牌一件
黃冊電一本

1199

旨內閣請飭胡建樞迅赴新任新授山東巡撫胡建
奉
樞著毋庸來京陛見即行任事欽此
宣統三年十月二十九日　蓋用御寶
內閣總理大臣臣袁世凱

1200

旨內閣代遞劉廷琛奏假期屆滿病勢未痊懇恩開
奉
缺一摺學部副大臣劉廷琛著准其開缺欽此
宣統三年十月二十九日　蓋用御寶
內閣總理大臣臣袁
學務大臣臣唐景崇

1201

旨內閣代遞段芝貴奏行營差務較繁請簡員署理
奉
要缺一摺鑲紅旗蒙古副都統著景厚署理欽此

宣統三年十月二十九日 蓋用御寶
内閣總理大臣臣袁
陸軍大臣臣王士珍

1202
奉
旨内閣請簡陸軍協統陸軍正參領李厚基着充陸軍第四鎮步隊第七協統領官並賞給陸軍協都統銜欽此
宣統三年十月二十九日 蓋用御寶
内閣總理大臣臣袁
陸軍大臣臣王士珍

1203
十月二十九日進
呈事件
謹擬
旨五道
内摺二件
黄冊電一本

1204
奉
旨立憲政體於奏事限制頗嚴所以定政治之方針
保持行政之統一前經內閣奏准停止入對奏事
清單即本此意所有嗣後例應奏事人員於奏事
章程未定以前關於國務有所陳述者均暫呈由
內閣核辦毋庸再遞封奏以明責任而符憲政欽此
宣統三年十一月初一日　蓋用御寶
內閣總理大臣臣袁
署外務大臣臣胡惟德
民政大臣臣趙秉鈞
署度支大臣臣紹英
學務大臣臣唐景崇
陸軍大臣臣王士珍
署海軍大臣臣譚學衡
司法大臣臣沈家本
署農工商大臣臣熙彥
署郵傳大臣臣楊士琦
理藩大臣臣達壽

1205
奉
旨內閣代遞軍諮大臣暫師大臣會奏現在京師各
軍雲集難免時相齟齬且有游勇逃兵逗遛混跡
或勾串搆亂擬設京防營務處聯絡各軍稽查匪
類遇有逃兵游勇暨不逞之徒訊有確據即按軍
法懲辦請派陸建章充京防營務處差等語著依
議欽此
宣統三年十一月初一日　蓋用御寶
內閣總理大臣臣袁世凱
陸軍大臣臣王士珍

1206
現在京師各軍雲集難免時相齟齬且有游勇
逃兵逗留混迹或勾串土匪潛謀搆亂城內外
地面向係分區遇事不無推諉殊恐貽誤事機
剋經臣世昌臣廕昌臣世凱會商擬仿照庚子
亂後另設京防營務處以資聯絡各軍稽查匪
類遇有逃兵游勇暨不逞之徒訊有確實證據
即按軍法懲辦庶可遏亂萌而資保衛查有開
缺廣東高州鎮總兵陸建章諳悉京城情形又

與各軍熟習以之派充京防營務處差必能勝
任無誤臣等會商意見相同謹
奏
十一月初一日

1207 查各立憲國於奏事之制規定頗嚴英制閣臣
以外不得上奏違者可由總理大臣彈劾普制
上奏之事亦指明由內閣日本官制特著明內
閣總理大臣奏宣機務誠以立憲之國以總理
大臣擔負責任凡定政治之方針保持行政之
統一者皆責成於內閣如在廷上奏之件規定
未嚴恐致議論紛呶貽誤大計是以各國規定綦
嚴前經內閣奏准入對奏事暫行停止事項清
單即本此意規定亦以憲法信條指明用英國
立憲屢奉
諭旨責成內閣總理大臣及各國務大臣擔負責任
復經
宣誓
太廟頒示天下自應一體遵守乃現在呈遞封奏人員
既非國務衙門又非專有職掌仍復紛紛呈遞
殊與前奏停止之意未盡吻合且與憲法信條
顯有抵觸擬再行請
旨申明除業經規定奏事各衙門外嗣後凡向應奏
事人員關於國務有所陳述者均呈由內閣彙
辦一切封奏概行停止庶於統一政治免有窒
礙謹
奏
十一月初一日

1208 十一月初一日進
呈事件
謹擬
旨五道
擬
旨外摺三件 計三封
請

安摺三封

封奏一件

奏片二件

黄册電一本

1209 奉

旨內閣請派大員前往庫倫查辦事件前因蒙佛宣
布獨立三多猝官兵出境當將三多革職聽候查
辦派綳楚克車林掌庫倫辦事大臣印信究未得
該處實在情形朝廷殊深廑系著派車臣汗部落
盟長札薩克多羅郡王多爾濟帕拉穆科布多辦
事大臣桂芳作爲查辦大臣迅速前往庫倫將該
處詳細情形查明電奏并將蒙衆商民妥爲撫輯
設法維持以保大局欽此

宣統三年十一月初二日　蓋用御寶

內閣總理大臣臣袁

理藩大臣臣達壽

現遵旨改理藩部

1210 奉

旨內閣代遞四川京官法部左丞曾鑑等呈稱川亂
尚熾請添派在籍正紳就近先行宣慰並會同地
方大吏各屬紳民整飭團練防緝土匪以弭亂源
等語川省文電不通將及兩月朝廷殊深懸系該
左丞等所陳辦法係爲宣布德意保衛桑梓起見
均屬可行著照所請派四川在籍紳士前署湖北
提法使施紀雲裁缺光祿寺少卿陳鍾信就近籌
辦團練事宜並先行宣慰江蘇候補道孫鴻猷鄧
德陛二等秘書官張名振均准其自備資斧前往
會同在籍各紳妥速籌畫並著施紀雲等將近日
川亂情形設法先行電奏欽此

宣統三年十一月初二日　蓋用御寶

內閣總理大臣臣袁

現遵旨改[illegible]鍾字

1211 奉

旨內閣請簡學部副大臣張元濟著補授學部副大
臣欽此

宣統三年十一月初二日　蓋用御寶

內閣總理大臣 臣 袁
學務大臣 臣 唐景崇

1212 奉
旨內閣請另簡山西布政使各缺山西布政使王慶
平著開缺來京另候簡用李盛鐸著補授山西布
政使山西提法使著許世英補授欽此
宣統三年十月初二日 蓋用御寶
內閣總理大臣 臣 袁
署度支大臣 臣 紹英
司法大臣 臣 沈家本

抄交 度支部 外務部 法部 敘官局

1213 十一月初二日進
呈事件
謹擬
旨六道
擬
旨外摺單二件一封
請
安摺一封
擬
旨內摺二件表文三匣
曾鑑等呈一件
黃册電一本

1214 奉
旨內閣代遞貝勒載濤等奏交卸禁衛軍日期一摺
知道了又奏頒發郵章請歸內閣核辦一片著依
議欽此
宣統三年十一月初三日 蓋用御寶
內閣總理大臣 臣 袁
陸軍大臣 臣 王士珍

1215 奉
旨內閣代遞林紹年奏假期屆滿病仍未痊懇請開
去差缺一摺弼德院顧問大臣林紹年著再賞假
一箇月調理毋庸開去差缺欽此
宣統三年十一月初三日 蓋用御寶
內閣總理大臣 臣 袁

1216 十一月初三日進
呈事件
謹擬
旨二道
擬
旨外摺片三件 計二封
請
安摺二封
擬
旨內摺三件
內摺片三件
賀表一匣 計十三件
黄册電一本
中西合歷四本

1217 奉
旨內閣代遞馮國璋奏接統禁衛軍日期一摺知道
了又片奏請先刋用木質關防並懇另頒銅質關
防等語著依議欽此

宣統三年十一月初四日　蓋用御寶
內閣總理大臣臣袁
陸軍大臣臣王士珍

1218 奉
旨內閣請簡署奉天高等審判廳廳丞潘鴻賓著試
署奉天高等審判廳廳丞欽此
宣統三年十一月初五日　蓋用御寶
內閣總理大臣臣袁
司法大臣臣沈家本

1219 十一月初四日進
呈事件
謹擬
旨二道
擬
旨內摺片單九件
內摺片二件

1220

奉

旨内閣奏總兵大員城陷殉難據呈代奏一摺廣東潮州鎮總兵趙國賢由行伍歷保記名提督補授廣東潮州鎮總兵充宿衛營統領陸軍第六鎮統制官訓練士卒宿衛宮禁頗著勤勞茲在潮州任內因城陷自盡實屬忠烈可風著加恩予謚照提督陣亡例從優賜邮任内一切處分悉予開復應得邮典該衙門查例具奏伊子趙玉堂著以主事用欽此

宣統三年十一月初五日　蓋用御寶

內閣總理大臣臣袁世凱

陸軍大臣臣王士珍

1221

奉

旨内閣代遞順天府奏擬請變通懲辦匪徒一摺著照所請俟地方平靖後即照定章辦理欽此

原件交順天府
同原摺抄交法部

宣統三年十一月初五日　蓋用御寶

內閣總理大臣臣袁

司法大臣臣沈家本

1222

奉

旨内閣代遞貝勒載濤等奏禁衛軍訓練處留差出力各員擇尤擬奬繕單呈覽一摺著照所請該衙門知道欽此

原件交禁衛軍
抄交陸軍部

宣統三年十一月初五日　蓋用御寶

內閣總理大臣臣袁

陸軍大臣臣王士珍

1223

奉

旨内閣代遞貝勒載濤奏請更換洋員實星一摺著照所請又奏第三軍軍司令處業經裁撤餘存銀兩繳還軍諮府一片著該衙門知道欽此

原件交禁衛軍
抄交度支部、陸軍部

宣統三年十一月初五日　蓋用御寶

內閣總理大臣臣袁

署度支大臣臣紹英

陸軍大臣臣王士珍

1224

十一月初五日進

呈事件

謹擬

旨六道

擬

旨內摺片單三件

內摺片單七件

月摺三匣

賀表一匣 計十二件

黃册電一本

1225

奉

旨內閣奏遵擬甘常憲等勇號湖南候補道甘常憲著賞給敏勇巴圖魯名號徐州鎮總兵張文生著賞給剛勇巴圖魯名號記名總兵楊紹寅著賞給傑勇巴圖魯名號陳德修著賞給諒勇巴圖魯名號殷恭先著賞給重勇巴圖魯名號袁爵麟著賞給緯勇巴圖魯名號尹占魁著賞給勁勇巴圖魯名號周金城著賞給果勇巴圖魯名號吳起恒著賞給鷙勇巴圖魯名號呂鳳山著賞給敢勇巴圖魯名號劉義章賞賞給驍勇巴圖魯名號補用副將趙會鵬著賞給穎勇巴圖魯名號欽此

宣統三年十一月初六日 蓋用御寶

抄交外務部 陸軍部

內閣總理大臣臣袁

陸軍大臣臣王士珍

1226

奉

旨內閣奏遵擬賈德耀等勇號馬隊第二標統帶官賈德耀著賞給耀勇巴圖魯名號礮二標統帶官崔霈著賞給宴勇巴圖魯名號十三標統帶官王賓著賞給沈勇巴圖魯名號馬四標統帶官張九卿著賞給卓勇巴圖魯名號步隊第六標統帶官康宗仁著賞給英勇巴圖魯名號欽此

宣統三年十一月初六日 蓋用御寶

抄交外務部 陸軍部

內閣總理大臣臣袁

陸軍大臣臣王士珍

1227

奉

旨內閣代遞秦炳直呈稱戰雖屢勝城不能守請從嚴治罪等語廣東陸路提督秦炳直素秉公忠勤

勞久著此次變生意外地方不守原係咎有應得
惟該提督志向堅定始終不渝輾轉脫離東身歸
罪尚屬情有可原著開缺加恩免其治罪並著迅
即來京以備任使至所稱管帶守備何培清在博
羅縣守城苦戰中鎗身死蔡友俊附生何承鑫府
城將陷自縊而殉均屬忠義可嘉著該衙門查例
從優議卹欽此

宣統三年十一月初六日　蓋用　御寶

內閣總理大臣　臣　袁

陸軍大臣　臣　王士珍

抄交外務部 陸軍部

1228

奉

旨內閣代遞趙爾巽等奏鄧邦述呈請開去署缺一
摺著吉林民政使鄧邦述著准其開缺欽此

宣統三年十一月初六日　蓋用　御寶

內閣總理大臣　臣　袁

民政大臣　臣　趙秉鈞

1229

奉

旨內閣請簡奉天交涉使許鼎霖著補授奉天交涉
使欽此

宣統三年十一月初六日　蓋用　御寶

內閣總理大臣　臣　袁

署外務大臣　臣　胡惟德

1230

奉

旨內閣請簡吉林民政使韓國鈞著補授吉林民政
使欽此

宣統三年十一月初六日　蓋用　御寶

內閣總理大臣　臣　袁

民政大臣　臣　趙秉鈞

1231

前據兩江總督張人駿等奏保南京戰勝出力
人員案內之甘常憲等十二員及臣奏保克復
漢口出力人員案內賈德耀等五員均請
賞給勇號奉
旨允准茲各擬定勇號字樣繕

旨二道進
呈謹
奏

十一月初六日

1232
擬
賞督師大臣奏克復漢口出力人員勇號
馬隊第二標統帶官貴德耀 耀
礮二標統帶官崔霈 豪
十三標統帶官王賓 沈
馬四標統帶官張九卿 卓
步隊第六標統帶官康宗仁 英

1233
擬
賞兩江總督等奏南京戰勝出力人員勇號
湖南候補道甘常憲 敏
新授徐州鎮總兵張文生 剛
記名總兵楊紹寅 傑
陳德修 諒

殷恭先 重
袁尚麟 綽
尹占魁 勁
周金城 果
吳起鳳 鷙
呂鳳山 敢
劉義章 驃
補用副將趙會鵬 穎

十一月初六日進
呈事件
謹擬
旨十一道

1234
擬
旨外摺片單十二件計五封
請
安摺四封
擬
旨內摺二件
秦炳直呈一件

奏片一件
趙倜電一件
黃冊電一本

1235
奉
旨內閣代遞曹廣權奏假期屆滿病仍未痊懇請開
缺一摺典禮院直學士曹廣權著准其開缺欽此
宣統三年十一月初七日　蓋用御寶
內閣總理大臣臣袁

1236
查出使俄國大臣陸徵祥等電奏語意趨重共
和以出使大員立論亦復如此臣竊痛之擬請
留中毋庸
降旨謹
奏
十一月初七日

1237
擬
賞河南布政使倪嗣沖勇號

1238
額爾德穆
巴圖隆阿　壯
法豐阿　鎮
法什善　勉
馬克他本　揚
鏗森額　果
額爾德穆　才
阿爾杭阿　策
額騰額　勝
十一月初七日進
呈事件

謹擬
旨二道
擬
旨內摺二件
內摺一件
擬
旨外摺一件
請
安摺一封
奏片一件
黃冊電一本

1239 十一月初八日進
呈事件
謹擬
旨一道
擬
旨內摺單六件
擬

旨外摺三件 計三封
請
安摺三封
黃冊電一本

1240 奉
旨朕欽奉
隆裕皇太后懿旨內閣代遞唐紹怡電奏民軍代表伍
廷芳堅稱人民志願以改建共和政體為目的等語
此次武昌變起朝廷俯從資政院之請頒布憲法信
條十九條告
廟宣誓原冀早息干戈與國民同享和平之福徒以大信
未孚政爭迭起予惟我國今日於君主立憲共和立
憲二者以何為宜此為對內對外實際利害問題固
非一部分人民所得而私亦非朝廷一方面所能專
決自應召集臨時國會付之公決茲據國務大臣等
奏請召集近支王公會議面加詢問皆無異詞著內
閣即以此意電令唐紹怡轉告民軍代表預為宣示
一面由內閣迅將選舉法妥擬協定施行尅期召集

國會並妥商伍廷芳彼此先行罷兵以奠羣生而弭
大難予惟天生民而立之君使司牧之原以一人養
天下非以天下奉一人皇帝纘承大統甫在冲齡予
更何忍塗炭生靈貽害全國但期會議所決以國利
民福為歸天視民視天聽民聽願我愛國軍民各秉
至公共謀大計予實有厚望焉欽此
宣統三年十一月初九日 蓋用御寶
內閣總理大臣臣袁世凱
署外務大臣臣胡惟德
民政大臣臣趙秉鈞
署度支大臣臣紹英
學務大臣臣唐景崇
陸軍大臣臣王士珍
署海軍大臣臣譚學衡
司法大臣臣沈家本
署農工商大臣臣熙彥
署郵傳大臣臣楊士琦
理藩大臣臣達壽

1241 奉
旨內閣代遞馮國璋奏請簡禁衛軍兩協統領官一
摺王廷楨著調充禁衛軍第一協統領官姚寶來
著充任禁衛軍第二協統領官欽此
宣統三年十一月初九日 蓋用御寶
內閣總理大臣臣袁
陸軍大臣臣王士珍

1242 十一月初九日進
呈事件
謹擬
旨二道
封奏一件
內摺一件
黃冊覆一本

1243 奉
旨資政院奏議員缺額遵章繕單請旨補選一摺著

旅海年爲議員欽此

宣統三年十一月初十日　蓋用御寶

内閣總理大臣臣袁

1244

奉

旨内閣請補吉林司道各缺郭宗熙著補授吉林交
涉使陶彬著補授吉林東南路道欽此

宣統三年十一月初十日　蓋用御寶

内閣總理大臣臣袁

1245

十一月初十日進

呈事件

謹擬

旨六道

内摺單二件

擬

旨内摺單七件

擬

旨外摺片單十三件 計七封

請

安摺三封

彙奏十月分滿漢

諭旨摺單一匣

黄冊電一本

程大業電一件

1246

奉

旨内閣總理大臣署度支大臣片奏庫空如洗軍餉
無著請將盛京
大内熱河
行宮舊存瓷器發出變價充餉以救目前之急等語著
照所請該衙門知道欽此

宣統三年十一月十一日　蓋用御寶

内閣總理大臣臣袁

署度支大臣臣紹英

1247

奉

旨内閣請簡署學部副大臣勞乃宣著暫行兼署學
部副大臣欽此

宣統三年十一月十一日 蓋用御寶
內閣總理大臣臣袁
學務 大 臣臣唐景崇

1248
奉
旨內閣請另簡法部副大臣梁啟超疊經辭職著即
開缺曾鑑著補授法部副大臣欽此
宣統三年十一月十一日 蓋用御寶
內閣總理大臣臣袁
司法 大 臣臣沈家本

1249
查現在部庫一空如洗議借外款既經絕望募
集公債亦尚需時本月各軍餉項絲毫無著倘
逾期不發譁潰立見可慮殊甚昨已由臣世凱
臣紹昌電商各省督撫設法迅籌協濟惟除有
事地方所餘不過數省且屢經奏請撥款恐內
外艱窘一致殊難望梅而止渴詎因無米而停
炊臣等日夜焦思計無所出伏念
盛京
大內及熱河
行宮舊存上等瓷器多件均屬希世奇珍全球罕覯昔自
列聖留貽本應敬謹保藏未敢輕議奈已至存亡呼吸之
際不能不求權宜應變之方萬不得已擬請
俯念 時艱將此項瓷器
賞准發出變價充餉或可化無用為有用稍救目前
之急如蒙
俞允臣等遵即分咨東三省總督熱河都統並派妥
員前往逐一查明開單呈
覽一面分起運京妥慎辦理是否有當謹
奏
十一月十一日

1250
十一月十一日進
呈事件
謹擬
旨三道
擬

旨外摺片八件 計七封
請
安摺七封
黄冊電一本
奏片一件

1251
奉
旨内閣代遞多爾濟帕拉穆等奏請刊刻木質關防
一摺著依議欽此
宣統三年十一月十二日　蓋用御寶
内閣總理大臣臣袁

1252
十一月十二日進
呈事件
謹擬
旨二道
擬
旨外摺一件
請

安摺一封
内摺一件
黄冊電一本

1253
奉
旨内閣奏遵擬已故廣東潮州鎮總兵趙國賢謚號
趙國賢著予謚忠壯欽此
宣統三年十一月十三日　蓋用御寶
内閣總理大臣臣袁世凱

1254
査已故廣東潮州鎮總兵趙國賢城陷殉難奉
旨加恩予謚茲擬予謚忠壯謹擬
旨一道進
呈是否有當謹
奏
十一月十三日

1255 十一月十三日進
呈事件
謹擬
旨二道
奏片一件
黄册電一本

1256 旨内閣代遞定成奏假期屆滿病益加增懇請開缺
奉
一摺大理院正卿定成著准其開缺欽此
宣統三年十一月十四日　蓋用御寶
内閣總理大臣臣袁
司法大臣臣沈家本

1257 旨内閣代遞節制各路軍隊大臣袁世凱奏攻克山
奉
西要隘剿匪出力各員懇請從優奬勵繕單呈
覽一摺著照所請該衙門知道欽此
宣統三年十一月十四日　蓋用御寶

内閣總理大臣臣袁
陸軍大臣臣王士珍

1258 十一月十四日進
呈事件
謹擬
旨三道
擬
旨内摺單三件
封奏一件
擬
旨外摺片三件計二封
請
安摺二封
黄册電一本
唐紹怡電一件

1259 旨朕欽奉
奉

隆裕皇太后懿旨內閣代遞姜桂題等電奏請飭各親
貴大臣將所存款項分別提回接濟軍用並請飭
部妥定章程以便事後歸還等語現在庫空如洗
各軍待餉孔急著宗人府傳知各王公等將存放
私有財產儘力購置國債並著度支部妥定歸還
章程毋令絲毫虧損該王公等分屬懿親與國家
同休戚所當懍多藏厚亡之戒效毀家紓難之忠
想該王公等具有天良深明大義定能竭誠報効
不待予之諄諄誥誡也欽此
宣統三年十一月十五日　蓋用御寶
內閣總理大臣臣袁
署度支大臣臣紹英

1260
奉
旨內閣代遞紹昌奏因病懇請開去差缺一摺弼德
院顧問大臣紹昌著賞假一箇月安心調理毋庸開
去差缺欽此
宣統三年十一月十五日　蓋用御寶
內閣總理大臣臣袁

1261
奉
旨內閣請簡大理院正卿等缺劉若曾著補授大理
院正卿王世琪著補授大理院少卿欽此
宣統三年十一月十五日　蓋用御寶
內閣總理大臣臣袁
司法大臣臣沈家本假

1262
奉
旨內閣請簡總兵一缺李永芳著補授河南歸德鎮
總兵欽此
宣統三年十一月十五日　蓋用御寶
內閣總理大臣臣袁
陸軍大臣臣王士珍

1263
查哲布尊丹巴在庫倫宣告獨立前經
派多爾濟帕拉穆桂芳前往查辦竊思哲布尊丹巴
等世受
國恩二百餘年從無攜貳此次雖因各商多事從而
生心亦難保非受人誘惑亟宜設法羈縻免生

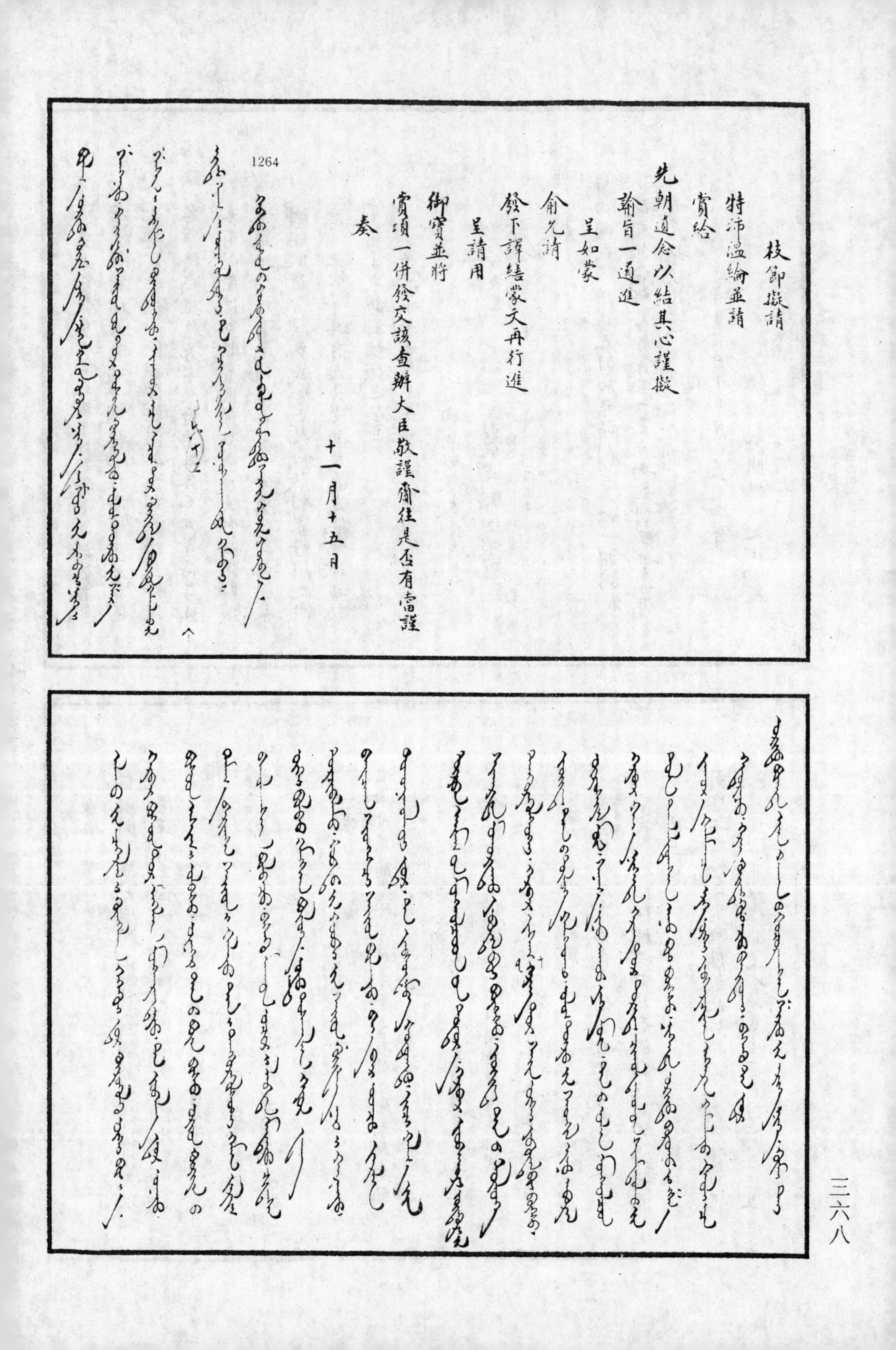

枝節擬請

特沛溫綸並請

賞給

先朝道念以結其心謹擬

諭旨一道進

呈如蒙

俞允請

發下譯結蒙文再行進

呈請用

御寶並將

賞項一併發交該查辦大臣敬謹齎往是否有當謹

奏

十一月十五日

1264

[illegible]

[illegible]

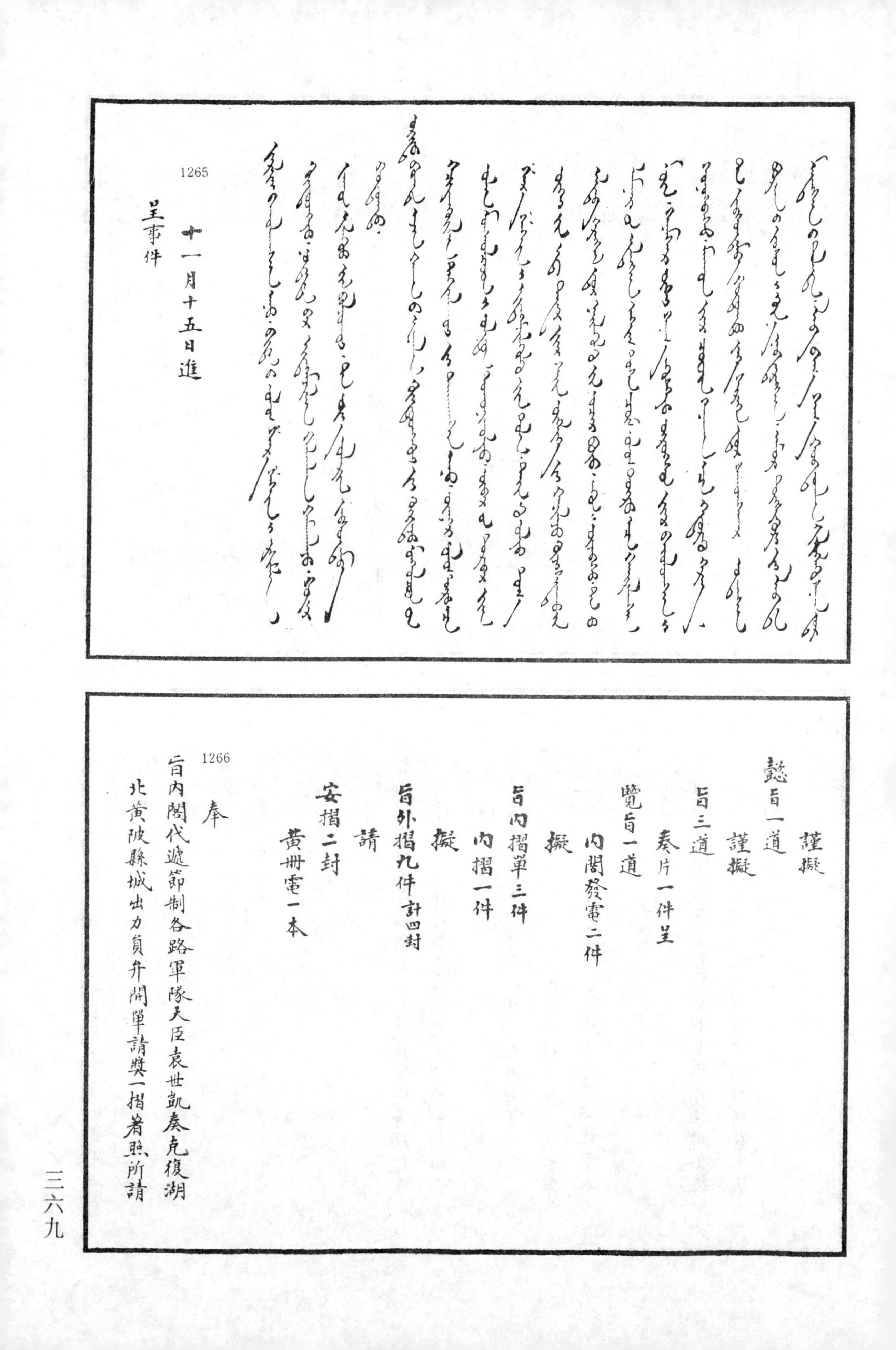

1265

[illegible]

十一月十五日進

呈事件

1266

謹擬

懿旨一道

謹擬

旨三道

奏片一件呈

覽旨一道

內閣發電二件

擬

旨內摺單三件

內摺一件

擬

旨外摺九件計四封

請

安摺二封

黃冊電一本

奉

旨內閣代遞節制各路軍隊大臣袁世凱奏克復湖北黃陂縣城出力員弁開單請獎一摺着照所請

該衙門知道欽此

宣統三年十一月十六日　　蓋用御寶

內閣總理大臣臣袁世凱

陸軍大臣臣王士珍

1267

奉

旨內閣請派員襄辦愛國公債湖南提法使張鎮芳

著開缺以三品京堂候補在度支部丞上行走襄

辦愛國公債事務欽此

宣統三年十一月十六日　　蓋用御寶

內閣總理大臣臣袁

署度支大臣臣紹英

1268

十一月十六日進

呈事件

謹擬

旨六道

擬

旨內摺單二件

擬

旨外摺片單四件計一封

請

安摺一封

黃册電一本

傅增湘等來電一件

1269

奉

旨內閣請簡總檢察廳廳丞各缺許受衡著補授京

師總檢察廳廳丞董康著補授大理院刑科推丞

欽此

宣統三年十一月十七日　　蓋用御寶

內閣總理大臣臣袁世凱

司法大臣臣沈家本

1270

奉

旨內閣請簡法部丞參各缺法部左丞著魏聯奎轉

補右丞著善佺補授左參議著羅維垣轉補右參議

著劉嘉斌補授欽此

宣統三年十一月十七日

内閣總理大臣臣袁世凱

司法大臣臣沈家本

蓋用御寶

1271

奉

旨內閣請簡直隸司道各缺直隸提學使著蔡儒楷

補授直隸勸業道著蘇品仁補授欽此

宣統三年十一月十七日 蓋用御寶

内閣總理大臣臣袁世凱

學務大臣臣唐景崇

署農工商大臣臣熙彥

署郵傳大臣臣梁士詒

1272

十一月十七日進

呈事件

謹擬

諭旨一道

謹擬

旨五道

擬

旨外摺單六件計兩封

請

安摺二封

黃冊電一本

1273

奉

旨內閣代遞安徽京官鑲紅旗蒙古副都統段芝貴

等請援案撥借賑濟銀兩以甦旅困呈一件著度

支部核辦欽此

宣統三年十一月十八日 蓋用御寶

抄交度支部

内閣總理大臣臣袁

署度支大臣臣紹英

1274

奉

旨內閣代遞四川京官前內閣侍讀學士奎善等呈

稱請飭內務府將前項

恩賞內帑銀兩發交紅十字會派員馳往川省核實賑

濟等語著度支部核辦欽此

宣統三年十一月十八日　蓋用御寶
內閣總理大臣臣袁
署度支大臣臣紹英

1275
奉
旨內閣代遞吳士鑑奏假期屆滿足疾未痊懇請開
缺一摺翰林院侍讀吳士鑑著准其開缺欽此
宣統三年十一月十八日　蓋用御寶
內閣總理大臣臣袁

1276
奉
旨內閣代遞雲南普洱鎮總兵署理臨元鎮總兵孔
慶塘呈稱蒙自縣城商民畫變來隊出險入都呈
繳關防并請議處等語孔慶塘著開缺聽候查辦
欽此
加蓋陸軍印
宣統三年十一月十八日　蓋用御寶
內閣總理大臣臣袁
陸軍大臣臣王士珍

1277
奉
旨內閣代遞江南徐州鎮總兵調署蘇松鎮總兵段月
陞呈稱駐轄崇明縣城地方於九月十六日被革黨
撲入衙署改懸白旗盜去印信倉卒出城懇請議
處等語段月陞著開缺聽候查辦欽此
加蓋陸軍印
宣統三年十一月十八日　蓋用御寶
內閣總理大臣臣袁
陸軍大臣臣王士珍

1278
昨接熱河都統錫良奏請將圍場地方仍歸熱
河管轄屯墾事宜仍由直隸督臣派員專辦請
飭內閣會議一摺臣等當即公同集議該都統所陳
辦法係為行政便利起見並於屯墾事宜兩無
妨礙擬請
旨照准謹
奏
十一月十八日

1279
十一月十八日進
呈事件
謹擬
旨九道
擬
旨內摺片單十一件
內摺一件
擬
旨外摺單六件計五封
請
安摺二封
奏片一件
黃冊電一本
呈四件
外務部函電三件

1280
奉
旨署四川總督端方才猷敏練學識宏通由部屬外
任監司洊膺疆寄庚子之變在陝西護撫任內保
衛維持厥功甚偉嗣充出使各國考察政治大臣
南北洋大臣後因案革職旋以候補侍郎充督辦
粵漢川漢鐵路大臣川中亂起派令馳往查辦並
署理四川總督宣力有年勤勞素著茲因帶隊入
川中途遇害死事情形慘不忍聞殊堪憫惻著加
恩予謚追贈太子太保並賞給二等輕車都尉世
職照總督陣亡例從優賜卹任內一切處分悉予
開復應得卹典該衙門查例具奏靈柩回旗時沿
途地方官妥為照料准其入城治喪伊子外務部
參事繼先著以四品京堂候補監生陶磐著以主
事補用伊弟三品銜河南候補知府端錦隨行入
川因救兄同時被害尤屬忠義可風著照三品官
員陣亡例從優賜卹以慰忠魂欽此
宣統三年十一月十九日　蓋用御寶
內閣總理大臣臣袁

1281
奉
旨內閣奏鹽政院事務較簡請將行政事宜歸併度
支部辦理毋庸另設專院一摺又片奏鹽政院丞

晏安瀾派在度支部丞上行走候選知府吳闓生
派在度支部參議上行走等語均著依議欽此
宣統三年十一月十九日　蓋用御寶
內閣總理大臣臣袁
署度支大臣臣紹英

1282
奉
旨內閣請補直隸審判檢察廳丞長各缺直隸高等
審判廳廳丞著俞紀琦補授高等檢察廳檢察長
著劉思鑑補授欽此
宣統三年十一月十九日　蓋用御寶
內閣總理大臣臣袁
司法大臣臣沈家本

1283
奉
旨內閣請簡普洱鎮總兵一缺雲南普洱鎮總兵著
楊善德補授欽此
宣統三年十一月十九日　蓋用御寶
內閣總理大臣臣袁
陸軍大臣臣王士珍

1284
奉
旨內閣請簡徐州鎮總兵一缺江南徐州鎮總兵著
張文生補授欽此
宣統三年十一月十九日　蓋用御寶
內閣總理大臣臣袁
陸軍大臣臣王士珍

1285
本月十六日准義使函稱太原有匪徒千餘人
正攻藩署將焚毀教堂教士請派兵速救等語
當派員往詢英使旋准英參贊函稱太原有浸
禮會內教士勃洛代請妥為保護速調兵隊前
往查停戰期內我軍駐紮各處均已分飭守約
勿進惟太原土匪仇教情事實與外交有關迭
准英義公使函請速派軍隊保護故令第五協
統領官盧永祥率領步一標馬三隊山礮工輜
各兩隊於十七日早五鐘向太原進發現接盧
永祥來電昨抵太原匪徒匿散地方已漸平靖
教堂均無損失謹
奏
十一月十九日

1286

十一月十九日進
呈事件
謹擬
旨七道
奏片一件
擬
旨內摺一件
內摺片二件
擬
旨外摺一件
請
安摺一封
黃冊電一本
呈一件

1287

奉
旨內閣代遞奉天交涉使許鼎霖呈稱籲懇收回成
命並請昭雪父冤等語情詞懇切具見孝思奉天
交涉使許鼎霖之故父已革州同銜山東縣丞許
恩普著加恩開復原官原銜現當時局艱危該司
使務當移孝作忠勉圖報稱所請收回成命之處
著毋庸議欽此
宣統三年十一月二十日　蓋用御寶
內閣總理大臣臣袁世凱

1288

奉
旨內閣代遞軍諮府片奏京師陸軍測地局局長候
選道金騏託病請假攜款遁逃請先行革職拏辦
等語著依議欽此
宣統三年十一月二十日　蓋用御寶
內閣總理大臣臣袁世凱

1289

趙倜敗退情形節畧
十一月初一日據統領官趙倜由潼關來電稱
陝匪步馬隊約萬餘人併力直攻潼關職鎮所
部不滿五營有守兵無戰力請速撥援兵等語
當即電飭駐紮陝州之南陽鎮總兵馬金敘駐
紮洛陽之協統官周符麟迅即撥隊往援初三

日趙軍因連日苦戰兵單力薄已由潼關退守
閿鄉初九日革軍分三路進攻南路由商洛北
路由同蒲西路直出潼關已有數營遇撲閿鄉
趙軍力不能支持退守靈寶十五日革軍進攻
靈寶至夜半暗襲二次而河東運城又於是日
失守秦晉革匪會合南下圖陜擬抄靈寶後路
趙馬各軍退守陜州現調統制官王占元率第
三協赴陜州進攻並飭周符麟即日拔隊救援謹
奏　十一月二十日

1290
平服灤州亂兵節畧
十一月十五日駐紮灤州之七十九標一二兩
營係張紹曾原帶之兵被革黨煽惑作亂佔踞
灤州城及車站揚言進攻天津殊屬狂悖當派
陸軍第三鎮統制官曹錕通永鎮總兵王懷慶
帶領陸淮各軍前往剿撫勒限盪平十六日接
據王懷慶電稱招撫該營亂兵繳械投誠者先
後計四百餘名十七日早又據王懷慶電稱本
日早三鐘在灤西與亂兵接仗大獲勝捷午十二
鐘又接曹錕王懷慶電稱本日黎明已將亂首
施王兩管帶及其餘黨七人在陣擊斃并斃亂
兵百餘名餘已潰散灤城灤站平靖京奉全路
安謐照常通車謹
奏　十一月二十日

1291
十一月二十日進
呈事件
謹擬
旨七道　擬
旨內摺單三件
軍諮府奏片一件　擬
旨外摺一件
請
安摺一封
黄冊電一本

月摺三匣
呈一件

1292
奉
旨内閣請簡典禮院直學士奎善著補授典禮院直
學士欽此
宣統三年十一月二十一日　蓋用御寶
內閣總理大臣臣袁世凱

1293
奉
旨内閣代遞墨騏奏假期屆滿病更加劇懇請開缺
一摺興京副都統墨騏著准其開缺欽此
宣統三年十一月二十一日　蓋用御寶
內閣總理大臣臣袁世凱

1294
奉
旨内閣請另簡直隸熱河道府各缺直隸熱河道徐
士佳著開缺王廼斌著補授直隸熱河道所遺承
德府知府員缺著吴景毓補授欽此
宣統三年十一月二十一日　蓋用御寶
內閣總理大臣臣袁世凱

1295
奉
旨内閣代遞節制各路軍隊大臣袁世凱奏續保漢口
出力人員繕單呈覽一摺著照所請該衙門知道
欽此
宣統三年十一月二十一日　蓋用御寶
內閣總理大臣臣袁世凱
陸軍大臣臣王士珍

1296
奉
旨内閣代遞節制各路軍隊大臣袁世凱軍諮大臣
前第一軍總統蔭昌奏會保隨營文武各員繕單
呈覽一摺著照所請該衙門知道欽此
宣統三年十一月二十一日　蓋用御寶
內閣總理大臣臣袁世凱
陸軍大臣臣王士珍

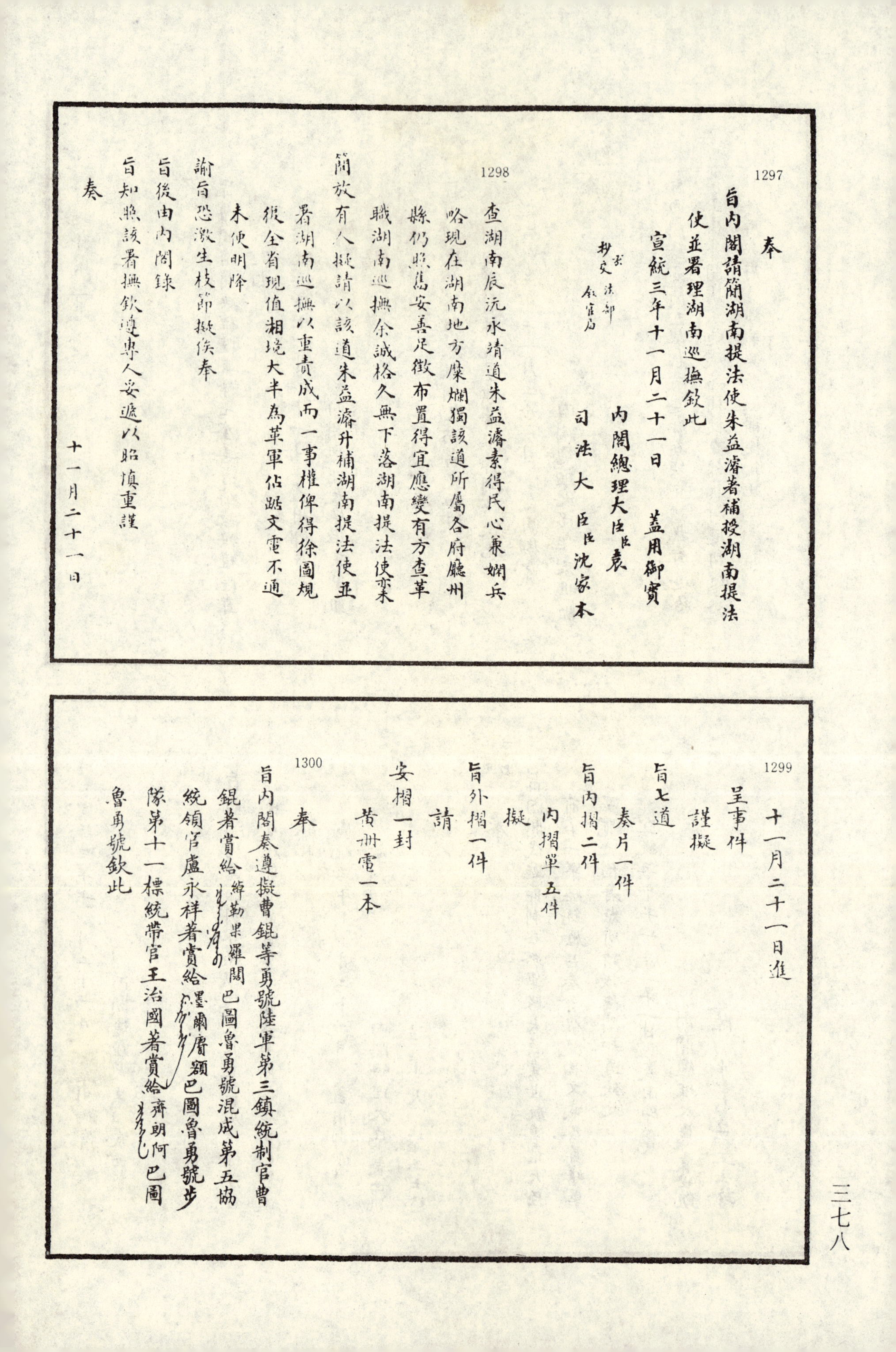

1297
奏
旨內閣請簡湖南提法使朱益濬著補授湖南提法
使並署理湖南巡撫欽此
宣統三年十一月二十一日　　蓋用御寶
抄交法部
叙官局
內閣總理大臣臣袁
司法大臣臣沈家本

1298
查湖南辰沅永靖道朱益濬素得民心兼嫻兵
略現在湖南地方糜爛獨該道所屬各府廳州
縣仍照舊安善足徵布置得宜應變有方查革
職湖南巡撫余誠格久無下落湖南提法使亦未
簡放有人擬請以該道朱益濬升補湖南提法使並
署湖南巡撫以重責成而一事權俾得徐圖規
復全省現值湘境大半為革軍佔踞文電不通
未便明降
諭旨恐激生枝節擬俟奉
旨後由內閣錄
旨知照該署撫欽遵專人妥遞以昭慎重謹
奏
十一月二十一日

1299
十一月二十一日進
呈事件
謹擬
旨七道
奏片一件
旨內摺二件
內摺單五件
擬
旨外摺一件
請
安摺一封
黃冊電一本

1300
奏
旨內閣奏遵擬曹錕等勇號陸軍第三鎮統制官曹
錕著賞給綽勒果羅閩巴圖魯勇號混成第五協
統領官盧永祥著賞給墨爾賡額巴圖魯勇號步
隊第十一標統帶官王治國著賞給齊朗阿巴圖
魯勇號欽此

宣統三年十一月二十二日 蓋用御寶
內閣總理大臣臣袁
陸軍大臣臣王士珍

1301
奉
旨內閣代奏兩翼牧羣統轄總管蒙古副都統崑源
力疾銷假等語知道了欽此
宣統三年十一月二十二日 蓋用御寶
內閣總理大臣臣袁

1302
奉
旨內閣代奏際符因病懇請開缺等語復州城守尉
際符著准其開缺欽此
宣統三年十一月二十二日 蓋用御寶
內閣總理大臣臣袁

1303
據趙爾巽咨稱據復州城守尉際符因病呈請
開缺又據兩翼牧羣統轄總管正黃旗蒙古副
都統崑源咨稱力疾銷假各等情謹代
奏

1304
查臣前次奏保攻克山西要隘勦匪出力各員
案內曹錕盧承祥王治國三員均擬
賞給清字勇號奉
旨允准茲各擬定清字勇號字樣繕
旨進
呈謹
奏

1305
十一月二十二日進
呈事件
謹擬
旨八道
奏片二件
擬
旨外摺單五件計四封
請
安摺二封
黃冊電一本

1306 查臣前次奏保攻克山西要隘剿匪出力各員
案內曹錕盧永祥王治國三員均擬
賞給清字勇號奉
旨允准茲各擬定清字勇號字樣繕
旨進
呈謹
奏

十一月二十二日

1307

墨爾賡額	智
崔隆武	威
綽勒果羅潤	超
裘蜜阿	毅
齊朗阿	肅
錫蜜阿	精
達崇阿	銳
喀拉崇依	驍
佛爾果春	奇
蘇勒通阿	哲

恭訥出克	恪
富隆阿	懋
巴圖隆阿	壯
瑪克塔本	揚
阿爾杭阿	策
法豊阿	鎮
法什尚阿	勉
鏗渭額	果
額騰額	勝
綽克綽歟	擢
努克齊斯渾	奮
栢清阿	堅
阿那渾章阿	謙
蘇拉芳阿	怡

1308 奉
旨內閣請簡副都統一缺興京副都統著恩澤調補
兼充守護
永陵大臣欽此

宣統三年十一月二十三日　蓋用御寶
內閣總理大臣臣袁
陸軍大臣臣王士珍

1309
奉
旨內閣請簡署郵傳部副大臣李經邁著署理郵傳
部副大臣欽此
宣統三年十一月二十三日　蓋用御寶
內閣總理大臣臣袁

1310
奉
旨內閣代遞趙炳麟電請開去宣慰使等語著照所
請欽此
宣統三年十一月二十三日　蓋用御寶
內閣總理大臣臣袁

1311
奉
旨內閣請簡江蘇徐州道一缺田庚著補授江蘇徐
州道欽此

宣統三年十一月二十三日　蓋用御寶
內閣總理大臣臣袁

1312
奉
旨內閣代遞那晉奏假期已滿病仍未痊籲懇開缺
一摺正白旗蒙古副都統那晉著准其開缺欽此
宣統三年十一月二十三日　蓋用御寶
內閣總理大臣臣袁

1313
查
興京副都統墨麟奉
旨開缺亟須
簡員接替現在東三省人心不靖
陵寢重地尤關緊要非熟悉該處情形之員難期勝任
昨經電商東三省總督趙爾巽茲據覆稱擬請
以尚未赴任之廣州副都統恩澤調補謹擬
旨一道進呈是否有當謹
奏

1314
十一月二十三日進
呈事件
謹擬
旨八道
奏片一件
擬
旨内摺片五件附單譜二件
内摺一件
擬
旨外摺片四件計二封
請
安摺一封
黄册電一本

1315
奉
旨我朝崇奉黄教信仰保護二百餘年矣爾哲布尊
丹巴歷輩以來承
先朝之寵遇受蒙古之皈依實由朝廷撫綏藩屬令其
自由信教故得以無量資財締善緣而供香火是
爾等喇嘛僧衆所享利益皆國家之所賜也乃聞
昌言獨立殊堪駭異爾哲布尊丹巴坐牀已久精
通佛理洞達安危諒不至以一念貪嗔輕開殺戒
或係被人播弄爾受其禍人得其利甚非爾等之
福前曾降旨宣慰並更換庫倫掌印大臣以慰爾
等尤恐未能深悉實情茲特派郡王多爾濟帕拉
木科布多參贊大臣桂芳等為查辦大臣親往宣
慰爾哲布尊丹巴及喀爾喀四部人衆如有疾痛
困苦當為爾拯救之如有政治不良當為爾改革
之朝廷慈悲為念寬大為懷凡爾有衆偶因一時
好事被迫脅從一經痛改前非無不曲矜全恩施
格外並賜爾以
先朝遺念珊瑚念珠一盤帶膝貂褂一件白玉煙壺一
箇翠玉搬指一箇交該大臣齎往以表示朝廷優
禮黄教終始成全之意爾其敬聽焉欽此
宣統三年十一月二十四日　蓋用御寳
內閣總理大臣臣袁世凱
理藩大　臣臣達壽

1316
旨內閣代遞多爾濟帕拉穆等奏報明起程日期一
奏
摺知道了欽此
宣統三年十一月二十四日　蓋用御寶
內閣總理大臣臣袁世凱

1317
旨內閣奏遵擬已故署四川總督端方謚號端方著
奏
予謚忠敏欽此
宣統三年十一月二十四日　蓋用御寶
內閣總理大臣臣袁世凱

1318
查已故署四川總督端方本
旨加恩予謚茲擬予謚忠敏謹擬
旨一道進
呈是否有當謹
奏
十一月二十四日

1319
十一月二十四日進
呈事件
謹擬
旨八道
奏片一件
擬
封奏一件
旨內摺單七件
黃冊電一本

1320
十一月二十五日進
呈事件
謹擬
旨一道
擬
旨奏片一件附單三件
擬
旨內摺單二件
黃冊電一本

1321

奉
旨內閣奏請獎勵奉營統領奉天防營統領張作霖
馮德麟効力邊徼勦辦馬賊地方賴以乂安遍來
籌畫防衛尤為得力深堪嘉尚張作霖馮德麟均
著以總兵記名簡放其餘出力各將領著趙爾巽
查明具奏候旨施恩欽此
宣統三年十一月二十六日　蓋用御寶
初六外務部發出　廿七日卯
內閣總理大臣臣袁
陸軍大臣臣王士珍

1322

奉
旨內閣代遞誠全奏假期屆滿病難速痊懇開去
差缺一摺正黃旗滿洲副都統誠全著准其開去
差缺欽此
宣統三年十一月二十六日　蓋用御寶
內閣總理大臣臣袁
陸軍大臣臣王士珍

1323

據東三省總督趙爾巽函稱奉省防營向以張
作霖馮德麟二軍最為強勁曾經戰陣聲望亦
最著現已商定派遣馮德麟開拔惟該統領等
功名甚小張作霖係參將馮德麟係都司溯自
爾巽前次督東之時先後撫拔領兵自効六年
以來馳驅邊徼勦辦馬賊不下百餘起地方賴
以乂安久未開保該統領等始終如一卓著勤
勞事變以後防衛地方尤為得力當此時局艱
劇破格用人之際擬請
旨將張作霖馮德麟二員不論本官
加恩擢用以示鼓勵並請出自
特恩勉其各抒忠悃尤足以作士氣而固軍心其餘
將領可否隨後請
旨加恩擢用等語查張作霖馮德麟二員輸誠効力
頗著勞勩現值多事之秋允宜破格激勵擬請
准如該督所請
加恩擢用其餘將領應准其奏明請獎謹擬
旨一道進
呈是否有當謹
奏

1324 十一月二十六日
謹擬
旨六道
奏片一件
擬
旨內摺片單十四件
內摺一件
擬
旨外摺片單八件 計五封
請
安摺一封
黃冊電一本

1325 奉
旨內閣代遞富爾遜等為大員殉難呈請賜卹等語
署荊州副都統恆齡由筆帖式游升協領歷充陸
軍部諮議官直隸督練公所參議官朝陽巡防營
統領擢任副都統樸誠堅卓久著勤勞茲在荊州
副都統署任內因孤城被困援絕竟以身殉實屬忠
烈可風著加恩予諡照都統陣亡例從優賜卹任
內一切處分悉予開復應得卹典該衙門查例具
奏伊子分省試用知縣裕文著以直隸州知州用
通判職銜裕謙著以通判用以慰忠魂欽此
宣統三年十一月二十七日 蓋用御寶
內閣總理大臣 臣 袁

1326 奉
旨內閣代遞良揆奏假期屆滿病仍未痊懇准開缺
一摺正紅旗蒙古副都統良揆著准其開缺欽此
宣統三年十一月二十七日 蓋用御寶
內閣總理大臣 臣 袁
陸軍大臣 臣 王士珍

1327 十一月二十七日進
呈事件
謹擬
旨四道
擬
旨內摺三件 內單一件

內摺一件
擬
旨外摺二件 計二封
請
安摺二封
黃冊匣一本
呈一件

1328
奉
旨內閣請簡署直隸長蘆鹽運使言敦源著署理直
隸長蘆鹽運使所遺巡警道員缺著楊以德補授
欽此
宣統三年十一月二十八日 蓋用御寶
內閣總理大臣臣袁世凱
民政大臣臣趙秉鈞
署度支大臣臣紹英

1329
十一月二十八日進
呈事件

謹擬
旨五道
擬
旨外摺一件
請
安摺一封
黃冊匣一本

1330
奉
旨內閣代遞烏珍等奏疏於防範請旨議處一摺烏
珍等著交部議處欽此
宣統三年十一月二十九日 蓋用御寶
內閣總理大臣臣袁
陸軍大臣臣王士珍

1331
奉
旨內閣代奏據民政部咨請將疏於防範之內城巡
警總廳廳丞王善荃嚴予處分等語王善荃著交
內閣議處欽此

1332

宣統三年十一月二十九日　蓋用御寶
內閣總理大臣臣袁世凱
民政大臣臣趙秉鈞

另有諭行

據民政部咨稱據內城巡警總廳廳丞王善荃
申稱本月二十八日內閣總理大臣行經東安
門外丁字街地方有人擲放炸彈將衛隊管帶
炸傷身死兵警亦傷數名當經督飭該區員警
會同衛隊并提署各員弁將匪徒拏獲多名交
京防營務處訊辦現在地面人心尚屬安靜如
常惟警廳有保安防衛之責此次匪徒施放炸
彈事前未及覺察實屬咎無可辭應請奏明嚴
予處分等因查該廳職司地面竟有匪徒施放
炸彈雖經當時會同拏獲多名究屬疏於防範
所請嚴予處分之處相應據情咨請代奏等語
謹代
奏

1333

奏
旨內閣代遞陳田奏假期已滿病仍未痊懇請開缺一
摺掌印給事中陳田著准其開缺欽此
宣統三年十一月二十九日　蓋用御寶
內閣總理大臣臣袁

1334

十一月二十九日進
呈事件
謹擬
旨四道
奏片一件
擬
旨內摺四件
內摺二件
擬
旨外摺片四件計三封
請
安摺三封
黃冊電一本

1335

內閣總理大臣 字寄

署湖廣總督段 荊州副都統舒 奉

旨荊州失陷該處駐防旗丁戶口衆多顛沛流離朝
廷時切憫惻著舒清阿幫辦湖北防務會商段祺
瑞提撥鄂存恩賞撫恤款二萬兩交該副都統設
法妥爲接濟勿任失所並會商規復事宜欽此

宣統三年十一月三十日 蓋用御寶

內閣總理大臣臣袁

1336

奉

旨東西各國人士來華通商傳教歷有年所理應按
約保護方今四方多故誠恐有不法匪徒乘機肇
衅擾及外人朝廷深爲憂憫著直省將軍督撫暨
順天府府尹各路軍隊統將務各嚴切詰誡所屬
將吏凡外人生命財產一律妥爲保護如有侵害
損傷者立即按律嚴辦毋稍寬貸欽此

宣統三年十一月三十日 蓋用御寶

內閣總理大臣臣袁

署外務大臣臣胡惟德

陸軍大臣臣王士珍

1337

奉

旨內閣代遞典禮院奏歲暮祫祭請旨各摺本年十
二月二十九日歲暮祫祭
太廟遣懋林恭代行禮東西廡派錫明秀綸各分獻二
十八日告祭
太廟後殿派訥勒赫行禮
中殿派載功行禮欽此

宣統三年十一月三十日 蓋用御寶

內閣總理大臣臣袁

1338

奉

旨內閣請簡步軍統領烏珍著補授步軍統領仍兼
民政部副大臣欽此

宣統三年十一月三十日 蓋用御寶

內閣總理大臣臣袁

民政大臣臣趙秉鈞

陸軍大臣臣王士珍

1339

奏
旨現在人心不靖京師地方重要著責成民政部步軍統領順天府軍統馮國璋提督姜桂題設法保護地面平安秩序毋稍疏忽欽此

抄交 順天府 步軍衙門 民政部 陸軍部 馮國璋 姜桂題

宣統三年十一月三十日 蓋用御寶

內閣總理大臣 臣袁
民政大臣 臣趙秉鈞
陸軍大臣 臣王士珍

1340

竊臣因重受風寒連日發熱以致牽動髖疾步履不能如常擬請
賞假三日稍資調息所有日行事件仍當勉力支持自行處理謹
奏
宣統三年十一月三十日

1341

十一月三十日進
呈事件
謹擬
旨八道
擬
旨內摺一件
內摺單四件
擬
旨外摺二件計二封
請
安摺一封
黃冊電一本

1342

奉

旨内閣奏遵擬已故署荊州副都統恆齡謚號恆齡

著予謚壯節欽此

宣統三年十二月初一日　蓋用御寶

内閣總理大臣臣袁

1343

奉

旨内閣請簡署度支部參議各缺度支部左參議著

楊壽枬署理王璟芳著署理度支部右參議欽此

宣統三年十二月初一日　蓋用御寶

内閣總理大臣臣袁

署度支大臣臣紹英

1344

奉

旨内閣請簡郵傳部參議各缺郵傳部左參議著陳

毅補授梅光義著署理郵傳部右參議欽此

宣統三年十二月初一日　蓋用御寶

内閣總理大臣臣袁

署郵傳大臣臣梁士詒

1345

奉

旨内閣請簡補天津鎮總兵一缺直隸天津鎮總兵

著范耆田補授欽此

宣統三年十二月初一日　蓋用御寶

内閣總理大臣臣袁

陸軍部大臣臣王士珍

1346

奉

旨内閣代遞節制各路軍隊大臣袁世凱奏擬保招

撫偵探各員繕單呈覽一摺著照所請該衙門知

道欽此

宣統三年十二月初一日　蓋用御寶

今月初抄交陸軍部護衛處

内閣總理大臣臣袁

陸軍大臣臣王士珍

1347

查已故署荊州副都統恆齡奉

旨加恩予謚茲擬予謚壯節謹擬

旨一道進

呈是否有當謹

奏

十二月初一日

1348
查度支部左參議劉士珩久未到任應請
簡員署理遞遺之缺亦應請
簡員署理再郵傳部左參議梁士詒已
簡署郵傳大臣擬請開去底缺右參議胡祖蔭現在
請假均應
簡員補署謹擬
旨二道進呈是否有當謹
奏

十二月初一日

1349
十二月初一日進
呈事件
謹擬
旨十道
奉片二件
擬

旨內摺片單十件
內摺單二件
擬
旨外摺三件 計三封
請
安摺一封
黃冊電一本

1350
奉
旨內閣代遞林紹年奏假期又滿病仍未痊懇開差
缺一摺弼德院顧問大臣林紹年著准其開去差
缺欽此
宣統三年十二月初二日 蓋用御寶
內閣總理大臣 臣袁世凱

1351
奉
旨內閣請補江蘇徐州府知府員缺江蘇徐州府知
府着陳毓崧補授欽此
宣統三年十二月初二日 蓋用御寶
內閣總理大臣 臣袁世凱

1352

旨內閣代奏據都察院咨送民政部諮議官陸鍾岱
奏前中書科中書陳時泌咨呈稱疆吏闔門卑屬殉難情形等語已故山西
巡撫陸鍾琦忠誠報國臨難捐軀業經降旨優卹
伊妻唐氏同時殉難伊子陸光熙救父被戕忠孝
節義萃於一門披覽呈詞彌增憫惻陸鍾琦着再
加恩賞給二等輕車都尉世職一品命婦唐氏着
給予旌表翰林院侍講陸光熙着追贈三品京堂
照二品京員陣亡例從優賜卹並着加恩予謚陸
鍾琦之孫陸光熙之子陸鼎彝着以主事用其同
時死難之協統譚振德着照協都統陣亡例從優
賜卹管帶熊國斌着照正參領陣亡例從優賜卹
僕役馬八牛萬春李升均着照兵丁陣亡例從優
卹賞以慰忠魂欽此

宣統三年十二月初二日　蓋用御寶

內閣總理大臣臣袁世凱

1353

據都察院咨稱據民政部諮議官陸鍾岱以亡
姪光熙殉父情形尤為慘烈叩乞
旌卹賜謚以慰幽魂而植倫紀又據中書科中書陳
時泌以疆吏闔門卑屬殉難大節懍然乞分別
旌卹以彰幽潛而勵將來各等情來本院呈請代
奏查閱原呈內稱陸故撫次子翰林院侍講陸光
熙等死難情形均甚慘烈自未便任其湮沒相
應將原呈二件咨請察核據情代奏以慰忠魂
等語謹將原呈二件並擬
旨一道進
呈是否有當謹
奏

1354

十二月初二日進
呈事件
謹擬
旨六道
擬
旨內摺單四件
內摺一件
擬
旨外摺片六件計三封

請
安摺三封
奏片一件
呈二件
黄册電一本

1355
奉
旨內閣代遞陳邦瑞奏江皖振捐期滿擬請停辦一
摺著照所請度支部知道欽此
宣統三年十二月初三日　蓋用御寶
內閣總理大臣臣袁世凱
署度支大臣臣紹英

1356
奉
旨內閣代遞勞乃宣奏因病懇請開缺一摺署學部
副大臣大學堂總監督勞乃宣著賞假一箇月毋
庸開缺欽此
宣統三年十二月初三日　蓋用御寶
內閣總理大臣臣袁世凱
學務大臣臣唐景崇

1357
奉
旨內閣請簡署山東提學使方燕年著署理山東提
學使欽此
宣統三年十二月初三日　蓋用御寶
內閣總理大臣臣袁世凱
學務大臣臣唐景崇

1358
竊臣前因重受風寒蒙
恩賞假三日當即趕緊調治今假期屆滿身熱少減
夜間仍不時作燒四肢疼痛不能成寐擬懇
恩再
賞假三日以資調息謹
奏
十二月初三日

1359
十二月初三日進
呈事件
謹擬
旨五道
擬
旨內摺單四件
內摺二件
擬
旨外摺一件
請
安摺一封
黄冊電一本

1360
奉
旨陸潤庠陳寶琛伊克坦均著賞穿帶膝貂褂伊克
坦並著在紫禁城內騎馬欽此
宣統三年十二月初四日
蓋用御寶
內閣總理大臣臣袁

1361
奉
旨內務府大臣景豐著賞穿帶膝貂褂欽此
宣統三年十二月初四日
蓋用御寶
內閣總理大臣臣袁

1362
奉
旨內閣請簡國史館副總裁于式枚著派充國史館
副總裁欽此
宣統三年十二月初四日
蓋用御寶
內閣總理大臣臣袁

1363
奉
旨內閣代遞俞廉三奏衰病日增力難勝任懇恩開
去差缺一摺修訂法律大臣倉場侍郎俞廉三
著賞假一個月毋庸開缺欽此
宣統三年十二月初四日
蓋用御寶
內閣總理大臣臣袁

1364
奉
旨內閣請補黑龍江檢察長一缺黑龍江高等檢察
廳檢察長著周貞亮補授欽此
宣統三年十二月初四日　蓋用御寶
內閣總理大臣臣袁
司法大臣臣沈家本

1365
奉
旨內閣代遞吳籛孫奏因病懇請派員署缺一摺外
城巡警總廳廳丞著治格署理欽此
宣統三年十二月初四日　蓋用御寶
內閣總理大臣臣袁
民政大臣臣趙秉鈞

1366
奉
旨內閣請簡署科布多辦事大臣桂芳另有差使帕
勒塔著署理科布多辦事大臣欽此
宣統三年十二月初四日　蓋用御寶
內閣總理大臣臣袁
知會陸軍理藩部

1367
查大學士陸潤庠副都統陳寶琛伊克坦均在
毓慶宮行走擬請
賞穿帶膆貂褂伊克坦並擬請
加恩准在
紫禁城內騎馬再內務府大臣近年多蒙
賞穿帶膆貂褂景豐行走有年擬請一併
賞穿帶膆貂褂謹擬
旨二道進
呈謹
奏
十二月初四日

1368
十二月初四日進
呈事件
謹擬
旨八道
奏片一件
擬
旨內摺單四件

内摺二件

黄冊電一本

1369 奉

旨内閣代遞李家駒奏懇請開去差缺一摺資政院

關係重要所請開去資政院暨内閣法制院差缺

之處著毋庸議欽此

宣統三年十二月初五日　蓋用御寶

内閣總理大臣臣袁

1370 奉

旨内閣代遞唐景崇奏假期屆滿病勢增劇懇准開

缺一摺學務大臣唐景崇著再賞假一箇月安心

調理毋庸開缺欽此

宣統三年十二月初五日　蓋用御寶

内閣總理大臣臣袁

1371 奉

旨内閣代遞增祺奏久病纏綿不能當差懇准開去

差缺一摺正白旗蒙古都統增祺著再賞假一箇

月安心調理毋庸開去差缺欽此

宣統三年十二月初五日　蓋用御寶

内閣總理大臣臣袁

1372 奉

旨内閣代遞李經邁奏假期屆滿未能痊愈懇恩開

去署缺一摺署理郵傳部副大臣李經邁著准其

開去署缺欽此

宣統三年十二月初五日　蓋用御寶

内閣總理大臣臣袁

署郵傳大臣臣梁士詒

1373 奉

旨内閣請簡員護理兩江總督兩江總督著張勳暫

行護理欽此

宣統三年十二月初五日　蓋用御寶

内閣總理大臣臣袁

1374

奉

旨內閣請簡員會辦山東防務吳鼎元著賞給陸軍副都統銜會辦山東防務欽此

宣統三年十二月初五日　蓋用御寶

初五日發抄

內閣總理大臣 臣 袁

陸軍大臣 臣 王士珍

1375

奉

旨內閣請另簡山東巡撫山東巡撫胡建樞著開缺另候簡用張廣建著補授山東布政使署理山東巡撫欽此

宣統三年十二月初五日　蓋用御寶

初五日外發抄

內閣總理大臣 臣 袁

署度支大臣 臣 紹英 假

1376

奉

旨內閣代遞袁大化奏學司呈請開缺回籍修墓一摺新疆提學使杜彤著准其開缺餘著照所議辦理該衙門知道欽此

宣統三年十二月初五日　蓋用御寶

內閣總理大臣 臣 袁

學務大臣 臣 唐景崇 假

1377

奉

旨內閣奏酌擬死罪人犯分別奏咨辦法繕單呈覽一摺著依議欽此

宣統三年十二月初五日　蓋用御寶

內閣總理大臣 臣 袁

司法大臣 臣 沈家本

1378

十二月初五日進

呈事件

謹擬

旨十道

擬

旨內閣摺十件

內摺單六件

擬

旨外摺片五件

請

安摺三封

黃冊電一本

月摺三匣

1379

奉

旨內閣代遞紹英奏假期屆滿病仍未痊懇恩開去署缺一摺署度支大臣紹英著再賞假五日假滿後宜即視事毋庸開去署缺欽此

宣統三年十二月初六日

內閣總理大臣臣袁世凱　蓋用御寶

1380

奉

旨內閣代遞奉天八旗滿蒙漢宗室覺羅內務府總代表德裕電奏偽革黨仍不反正東省八旗子弟定必組織決死隊附入北軍定期南征等語著趙爾巽查明情形究竟能編練若干營何時可以成軍開拔迅即奏聞欽此

宣統三年十二月初六日

內閣總理大臣臣袁世凱　蓋用御寶

1381

奉

旨內閣代遞多爾濟帕拉穆桂芳奏查辦事件先籌入手辦法一摺知道了欽此

內係摺
抄交理藩部

宣統三年十二月初六日

內閣總理大臣臣袁世凱　蓋用御寶

理藩大臣臣達壽

1382

奉

旨伊犁將軍志銳由翰林游升卿貳歷任烏里雅蘇台參贊大臣察哈爾領隊大臣寧夏副都統擢升將軍宣力有年克勤厥職茲在伊犁將軍任內猝遭慘害深堪憫惻著加恩予諡追贈太子少保照將軍陣亡例從優賜卹任內一切處分悉予開復應得卹典該衙門查例具奏靈柩回旗時沿途地方官妥為照料准其入城治喪伊子監生海昆著以員外郎用以慰忠魂欽此

宣統三年十二月初六日

內閣總理大臣臣袁世凱　蓋用御寶

1383

據監生海昆呈稱伊父伊犁將軍志銳因伊犁
新軍要求獨立不服勸導於十一月十九日被
戕身故呈報前來查該將軍効命邊陲死事情
形至為慘烈自應優予賜卹以慰忠魂謹擬
旨一道進呈是否有當謹
奏

十二月初六日

1384

收復陝州節略

據周協統符麟趙鎮倜自河南府來電稱據探
報觀音堂戰敗之匪步馬礮連合約三千餘名
在硤石抵禦其一接應隊約五千名在張茅所
駐紮其二接應隊約五千名在陝州駐紮我軍
於二十六日早七點半鐘進攻硤石至十點鐘
即行攻破十二點半已追擊至張茅所在張茅
對埒約一點半鐘之久被我礮火擊退因張茅
西南道路均係山谷曲折礮火無甚效力改用
振威馬隊追擊共計斃匪七百餘名獲快槍二
十餘支騾馬十餘匹暫留軍用其餘洋手槍土
槍及子彈拋棄沿途者甚多因無車裝載當飭
後路目兵毀壞至四點十分追至磁鐘鎮所有
匪人除擊斃之外餘均退守陝州並擊斃偽
將軍一員在其腰中搜出關防一顆我軍並無
傷亡當晚在磁鐘宿營二十七日早七點由磁
鐘鎮進攻陝州至十一點前衛馬隊與敵馬隊
衝鋒正在酣戰間見我大隊來援敵始退卻遂
即克復陝州其大隊向靈寶退去其小部分向
黃河北岸平陸退去當分一枝隊向陝州西南
追擊至十里鋪停止以一小枝隊渡河進攻平
陸即時克復餘匪繞西道去現聞匪人尚有萬
餘退守函谷函谷乃著名山隘若稍遲延敵人
准備必堅刻下正擬繞攻俟克復潼關當再渡
河痛剿河北之匪等因謹
奏

1385

前日由國務諸大臣胡惟德等面傳
懿旨飭仍按召集正式國會與革軍接議等因欽此當
即欽遵電致革軍代表伍廷芳商辦覆語悖妄
尚無頭緒仍與切實磋商臣病雖稍減發燒未

已步履尚難照常現趕加醫治調養二三日當
可支撐銷假謹
奏
十二月初六日

1386
十二月初六日進
呈事件
謹擬
旨
道
奏片二件
擬
旨內摺單譜十件
內摺二件
擬
旨外摺單七件計三封
請
安摺一封
黃冊電一本

1387
奏
旨內閣代遞阿穆爾靈圭載潤奏另核請獎稽察守
衛異常出力人員繕單呈覽一摺着依議又奏民
政部丞參上行走即補郎中毓盈等充總辦稽察
認真整頓請給予獎勵一片毓盈銓林均着交該
衙門從優議敘欽此
宣統三年十二月初七日　蓋用御寶
內閣總理大臣臣袁世凱
陸軍大臣臣王士珍

1388
奏
旨前自武漢事起朝廷不忍民生塗炭採資政院之
議曾降諭旨不以兵力平內亂嗣由友邦介紹以
尊重人道停戰和商為請遣派代表赴滬討論大
局多以國體問題付諸國民公決較為允當召問
王公大臣各無異詞遂復降旨諭令召集國會以
待公決無非委曲求全以期和平解決之意現在
訛言繁興人心不靖誠恐民聽易惑致生誤會其

國會辦法正在磋商之際凡我臣民尤不容妄啟
謠疑著該管衙門務本此意詳切誥誡軍民勿得
聽信浮言轉相煽惑以維秩序將此通諭知之欽此
宣統三年十二月初七日　蓋用御寶
內閣總理大臣臣袁世凱

1389
本月初六日欽奉
傳旨國會選舉暨開會地點可酌量變通辦理等因
臣原擬會員每州縣各一人每旗各一人地點
定為北京磋商越二十日伍廷芳堅持不讓遂
強定為選舉區二十四處一省為一處內外蒙
為一處前後藏為一處每處三人臣以人數太
少眾情不服現擬改為二十八處一省為一處
蒙藏合為六處每處六人共一百六十八人與
資政院額數相去不遠其國體未決以前民黨
懼罹刑網不敢來京會議擬酌定為天津漢口
青島三處如蒙
俞允擬仍電商伍廷芳從速核覆再民軍所擬優待
皇室條件前曾代請面奏此係兩面派人暗中商議
如改為國會議決國體則優待
皇室條件似亦應由國會議定能否照前優隆臣未
敢預決謹
奏請
旨　　十二月初七日

1390
十二月初七日進
呈事件
謹擬
旨六道
擬
旨內摺單九件
內摺片單三件
擬
旨外摺二件　計二件
請
安摺二封
黃冊電一本

1391

奉

旨朕欽奉

隆裕皇太后懿旨內閣總理大臣袁世凱公忠體國懋

著勤勞自受任以來籌畫國謨匡襄大局厥功尤偉

著錫封一等侯爵以昭殊奬毋許固辭欽此

宣統三年十二月初八日　蓋用御寶

內閣總理大臣臣袁

署外務大臣臣胡惟德

民政大臣臣趙秉鈞

署度支大臣臣紹英　假

學務大臣臣唐景崇　假

陸軍大臣臣王士珍　假

署海軍大臣臣譚學衡

司法大臣臣沈家本　假

署農工商大臣臣熙彥

署郵傳大臣臣梁士詒

理藩大臣臣達壽　假

1392

奉

旨內閣代遞李家駒奏懇請准開差缺一摺李家駒

著准其開去資政院議長欽此

宣統三年十二月初八日　蓋用御寶

內閣總理大臣臣袁

1393

奉

旨許鼎霖著充資政院議長欽此

宣統三年十二月初八日　蓋用御寶

內閣總理大臣臣袁

1394

奉

旨內閣奏遵擬已故翰林院侍講陸光熙謚號陸光

熙著予謚文節欽此

宣統三年十二月初八日　蓋用御寶

內閣總理大臣臣袁

1395

查已故翰林院侍講陸光熙奉

旨加恩予謚茲擬予謚文節謹擬

旨一道進
呈是否有當謹
奏
十二月初八日

1396
十二月初八日進
呈事件
謹擬
懿旨一道 擬一頁
謹擬
旨八道
奏片一件
擬
旨內閣單四件
內閣一件
擬
旨外閣片單九件 計七封
請
安摺四封
黃冊電一本

1397
旨朕欽奉
奏
隆
裕皇太后懿旨袁世凱奏瀝陳下情懇請收回封爵
成命一摺覽奏具見謙抑之忱惟現在時局阽危該
大臣艱辛困苦一力支撐保全甚大錫以侯封洵非
過舉該大臣其敬受朝命毋再固辭欽此
宣統三年十二月初九日 蓋用御寶
內閣總理大臣臣袁 未署名
署外務大臣臣胡惟德
民政大臣臣趙秉鈞
署度支大臣臣紹英 假
學務大臣臣唐景崇 假
陸軍大臣臣王士珍 假
署海軍大臣臣譚學衡
司法大臣臣沈家本 假
署農工商大臣臣熙彥
署郵傳大臣臣梁士詒
理藩大臣臣達壽 假

1398 十二月初九日進
呈事件
謹擬
旨六道
擬
旨內摺二件
旨外摺片單六件 計三封
請
安摺三封
黃冊電一本

1399 據河南巡撫齊耀琳電奏並統領趙倜周符麟
電稱自上月二十三日由澠池前進至本月初
二日經抵潼關十日之間連克數州縣等語查
該統領等督率有方謀勇兼備各將士兵丁亦
皆知方用命忠勇勃發實屬異常出力未便沒
其勞勩趙倜擬請
賞還頂戴並
賞給勇號周符麟擬請補授陸軍協都統並
賞給勇號各營兵丁擬請
賞銀一萬兩分別犒賞在事出力員弁擬准其查明
開單請獎謹擬
旨一道進
呈是否有當謹
奏
十二月初十日

1400 十二月初十日進
呈事件
謹擬
旨一道
奏片一件
擬
旨內摺單三件
彙奏十一月分滿漢
諭旨摺單一匣
黃冊電一本

1401

奉

旨朕欽奉

隆裕皇太后懿旨袁世凱奏再陳下忱仍懇收回封爵

成命一摺論功行賞天下通義昨經該大臣奏請收

回成命曾諭令毋再固辭茲復歷引往事剴切陳請

彌徵謙退惟此次變出非常為從前所未有該大臣

顧全大局亦較從前為尤難數月以來艱苦備嘗允

宜膺茲懋賞該大臣務當恪遵前旨敬受侯封毋再

固辭欽此

宣統三年十二月初十日　蓋用御寶

內閣總理大臣臣

署外務大臣臣胡惟德

民政大臣臣趙秉鈞

署度支大臣臣紹英 假

學務大臣臣唐景崇 假

陸軍大臣臣王士珍 假

署海軍大臣臣譚學衡

司法大臣臣沈家本 假

署農工商大臣臣熙彥

署郵傳大臣臣梁士詒

理藩大臣臣達壽 假

1402

奉

旨朕欽奉

隆裕皇太后懿旨袁世凱奏再陳下忱懇恩暫行收回

成命一摺情詞肫切出於至誠惟茲懋賞之加朝廷

實權衡至當著即恪遵迭次諭旨毋再懇辭欽此

宣統三年十二月十一日　蓋用御寶

內閣總理大臣臣袁世凱

署外務大臣臣胡惟德

民政大臣臣趙秉鈞

署度支大臣臣紹英

學務大臣臣唐景崇

陸軍大臣臣王士珍

署海軍大臣臣譚學衡

司法大臣臣沈家本

署農工商大臣臣熙彥

署郵傳大臣臣梁士詒

理藩大臣臣達壽

1403

奉

旨內閣代遞節制各路軍隊大臣袁世凱奏奬保克復
漢陽異常出力各員開具清單呈覽一摺又奏請
將前第四鎮統制吳鳳嶺一律給奬又奏革職留
任湖北提督張彪時有功績懇恩開復革職處分
各片均著照所請該衙門知道欽此

宣統三年十二月十一日　蓋用御寶

內閣總理大臣臣袁世凱

陸軍大臣臣王士珍

全處陸軍長
抄交法部
仍有局

1404

奉

旨內閣代遞奎俊奏假期屆滿病仍未痊懇請開去
差缺一摺總管內務府大臣奎俊著再賞假一個
月安心調理毋庸開去差缺欽此

宣統三年十二月十一日　蓋用御寶

內閣總理大臣臣袁世凱

1405

奉

旨內閣代遞王垿奏假期屆滿病勢纏綿懇准開去
差缺一摺弼德院顧問大臣王垿著准其開去差
缺欽此

宣統三年十二月十一日　蓋用御寶

內閣總理大臣臣袁世凱

1406

奉

旨內閣請補山東鹽運使各缺聶憲藩著補授山東
鹽運使吳炳湘著補授山東巡警道並賞加二品
銜欽此

收步

宣統三年十二月十一日　蓋用御寶

內閣總理大臣臣袁世凱

署度支大臣臣紹英

民政大臣臣趙秉鈞

1407

奉

旨內閣代遞楊佩璋奏舊疾增劇懇請開缺一摺典
禮院學士楊佩璋著准其開缺欽此

宣統三年十二月十一日　蓋用御寶

內閣總理大臣臣袁世凱

1408

奏

旨內閣代遞金邦平奏因病懇請賞假一摺資政院
秘書廳秘書長金邦平著賞假十日欽此
宣統三年十二月十一日　蓋用御寶
抄交金邦平
內閣總理大臣臣袁世凱

1409

臣久患心跳作燒及左股疼痛等症無暇靜養
迄未就痊因近日謠訛紛起未敢再請續假勉
為支撐稍安人心日前聞軍心漸多搖動異常
焦灼連夜不寐心跳益劇頭眩尤甚而股疼牽
及腰間步履尤為不便奏
傳令日
召見仍難趨叩
宮門謹懇
格外恩施賞假二三日以資調養所有下情已囑國
務大臣胡惟德等代奏一切至軍隊贊成共和
實由於湖北黨人多方煽惑已由臣迭發電信
剴切解勸當不至遽與革軍聯合近議國體一
事已由皇族王公討論多日當有決定辦法請
旨定奪臣職司行政惟遵
朝旨現遵
旨與伍廷芳仍商國體公決變通辦法今日停戰期
滿昨電伍廷芳詰詢延宕亦未顯與決裂而徐
州潁州均已開戰臣才力短淺奉職無狀悚
惶待罪謹
奏
十二月十一日

1410

十二月十一日進
呈事件
謹擬
旨十道
擬
旨內摺單請二十一件
內摺片單十二件
黃冊電一本

1411
奉
旨姜桂題所部武衛左軍收復大同克復潼關該提
督調度有方深堪嘉尚著賞給太子少保銜並賞
穿黃馬褂欽此
宣統三年十二月十二日　蓋用御寶
抄示姜五门
内閣總理大臣臣袁

1412
奉
旨内閣代遞馮國璋奏懇恩開去禁衛軍總統差使
一摺現在時事多艱禁衛極關重要該軍統素優
識畧務當勉任其難力顧大局以保秩序所請開
去差使之處著毋庸議欽此
宣統三年十二月十二日　蓋用御寶
内閣總理大臣臣袁

1413
奉
旨内閣代遞那彥圖等奏大臣被害據情代奏一摺
福州將軍樸壽由部曹外任監司充庫倫辦事大
臣擢授正黃旗漢軍都統福州將軍宣力有年克
勤厥職此次福州變起該將軍督兵力戰被執不
屈卒被慘害大節懍然著加恩予謚追贈太子太
保並賞給二等輕車都尉世職照將軍陣亡例從
優議䘏任内一切處分悉予開復應得䘏典該衙
門查例具奏靈柩回旗時沿途地方官妥為照料
准其入城治喪伊子景康著以員外郎用以示篤
念忠藎至意欽此
宣統三年十二月十二日　蓋用御寶
内閣總理大臣臣袁

1414
奉
旨内閣遞雲南陸軍總參議靳雲鵬呈稱雲南兵變
禦亂陣亡文武各員請從優䘏賞等語此次雲南
兵變統制官鍾麟同督率衛兵拒戰力竭捐軀忠
骸支解慘不忍聞鍾麟同著追贈副都統照副都
統陣亡例從優賜䘏加恩予謚伊子鍾培英著以
主事用兵備處總辦候選道王振畿被執不屈慘
遭戕害輜重營管帶范鍾岳中彈陣亡均屬忠烈
可風王振畿著照協都統陣亡例從優賜䘏范鍾
岳著照正參領陣亡例從優賜䘏以慰忠魂而資

徽勅欽此

宣統三年十二月十二日　蓋用御寶

内閣總理大臣臣袁

1415

奉

旨内閣代遞許秉琦奏假期屆滿病難速痊懇恩准

其開缺一摺宗人府府丞許秉琦著再賞假十日

毋庸開缺欽此

宣統三年十二月十二日　蓋用御寶

内閣總理大臣臣袁

1416

奉

旨内閣請簡安徽巡撫張懷芝著補授安徽巡撫未

到任以前仍由河南巡撫齊耀琳兼轄欽此

宣統三年十二月十二日　蓋用御寶

内閣總理大臣臣袁

如示敘旨行

1417

奉

旨内閣請簡江南安徽總兵各缺江南蘇松鎮總兵

著周金城補授福山鎮總兵著陳德修補授安徽

壽春鎮總兵著殷恭先補授欽此

宣統三年十二月十二日　蓋用御寶

内閣總理大臣臣袁

如示陸軍部

海軍部行

陸軍大臣臣王士珍

署海軍大臣臣譚學衡

1418

十二月十二日進

呈事件

謹擬

旨十二道

擬

旨内摺單譜十件

内摺三件呈二件

擬

旨外摺片十五件計八封

請

安摺五封
請用
寶牌三支
外務部奏片一件 隨金佩一件
黄冊電一本

1419
奉
旨朕欽奉
隆裕皇太后懿旨袁世凱奏迭奉恩旨未敢堅辭懇俟
時局稍定再行受封一摺知道了欽此
宣統三年十二月十三日 蓋用御寶
内閣總理大臣臣袁
署外務大臣臣胡惟德
民政大臣臣趙秉鈞
署度支大臣臣紹英
學務大臣臣唐景崇假
陸軍大臣臣王士珍假
署海軍大臣臣譚學衡

司法大臣臣沈家本假
署農工商大臣臣熙彦
署郵傳大臣臣梁士詒
理藩大臣臣達壽假

1420
奉
旨内閣奏部款支絀軍民交困擬息借洋款以資接
濟一摺着照所請欽此
宣統三年十二月十三日 蓋用御寶
内閣總理大臣臣袁
署度支大臣臣紹英

不發抄

1421
奉
旨内閣代遞節制各路軍隊大臣袁世凱奏查明克
復潁州府城異常出力文武各員懇恩給獎繕單
呈覽一摺又奏請將編修王震昌等分別獎勵又
奏已革副將徐占鳳保障要衛恢復土宇懇恩開
復原官銜翎並銷去永不敘用處分各片均著照
所請該衙門知道欽此

宣統三年十二月十三日　蓋用御寶

內閣總理大臣臣袁

交陸軍部

余名另

陸軍大臣臣王士珍

1422

十二月十三日進

呈事件

謹擬

旨五道

擬

旨內摺單譜八件　名牌八支

擬

旨外摺單九件　計七封

內摺片單六件

請

安摺四封

黃冊電一本

1423

奉

旨內閣請簡

實錄館副總裁陳寶琛著派充

實錄館副總裁欽此

宣統三年十二月十四日　蓋用御寶

內閣總理大臣臣袁世凱

1424

奉

旨內閣代遞郭曾炘奏因病懇請開缺一摺典禮院

副掌院學士郭曾炘著賞假十日毋庸開缺欽此

宣統三年十二月十四日　蓋用御寶

內閣總理大臣臣袁世凱

1425

奉

旨內閣請簡署山西巡撫李盛鐸著署理山西巡撫

欽此

宣統三年十二月十四日　蓋用御寶

內閣總理大臣臣袁世凱

1426

奉

旨內閣請簡大員會辦奉天防務山西巡撫張錫鑾

著即日交卸迅赴奉天會辦防務欽此

宣統三年十二月十四日 蓋用御寶
內閣總理大臣臣袁世凱
陸軍大臣臣王士珍

1427
奉
旨內閣請簡員會辦山西軍務盧永祥著賞加副都
統銜會辦山西軍務欽此
宣統三年十二月十四日 蓋用御寶
內閣總理大臣臣袁世凱
陸軍大臣臣王士珍

1428
奉
旨內閣代遞姜桂題奏懇請收回成命一摺該提督
所部平日訓練有方臨事又能踴躍用命朝廷論
功行賞特沛恩施所請收回成命之處著毋庸議
欽此
宣統三年十二月十四日 蓋用御寶
內閣總理大臣臣袁世凱

1429
奉
旨內閣請簡甘肅提督馬金敘著補授甘肅提督所
遺河南南陽鎮總兵員缺著孟恩遠補授欽此
宣統三年十二月十四日 蓋用御寶
內閣總理大臣臣袁世凱

1430
奉
旨內閣請簡江南狼山鎮總兵李紹臣著補授江南
狼山鎮總兵欽此
宣統三年十二月十四日 蓋用御寶
內閣總理大臣臣袁世凱
陸軍大臣臣王士珍

1431
奉
旨軍諮府軍諮使鑲白旗漢軍副都統良弼由留學
日本陸軍畢業調前練兵處當差歷充軍學司監
督副使補陸軍部軍學司長充禁衛軍第一協
統領官洊升鑲白旗漢軍副都統兼軍諮府軍諮
使贊襄戎務頗著勤勞茲以受傷身故殊堪憫惜

著照副都統陣亡例從優賜卹應得卹典該衙門
查例具奏該副都統有無子嗣並著該衙門查明
具奏候旨施恩欽此
宣統三年十二月十四日　蓋用御寶
內閣總理大臣臣袁世凱

1432
奉
旨內閣奏進擬已故伊犁將軍志銳謚號志銳著予
謚文貞欽此
宣統三年十二月十四日　蓋用御寶
內閣總理大臣臣袁世凱

1433
查已故伊犁將軍志銳奉
旨加恩予謚茲擬予謚文貞謹擬
旨一道進
呈是否有當謹
奏
十二月十四日

1434
十二月十四日進
呈事件
謹擬
旨十二道
奏片一件
擬
旨內摺七件
擬
旨外摺一件
內摺二件
請
安摺一封
黃冊電一本
良弼遺摺一件

1435
奉
旨內閣請簡署郵傳部副大臣阮忠樞著署理郵傳部
副大臣欽此
宣統三年十二月十五日　蓋用　御寶

內閣總理大臣臣袁世凱
署郵傳大臣臣梁士詒

1436
奉
旨內閣代奏汪榮寶呈請開缺一摺民政部左丞汪
榮寶著准其開缺欽此
宣統三年十二月十五日　蓋用御寶
內閣總理大臣臣袁世凱
民政大臣臣趙秉鈞

1437
奉
旨內閣代遞軍諮府奏請簡軍諮使一片王賡著補
授軍諮府軍諮使欽此
宣統三年十二月十五日　蓋用御寶
內閣總理大臣臣袁世凱
陸軍大臣臣王士珍假

1438
奉
旨內閣請簡署山西審判廳廳丞程繼元著試署山
西高等審判廳廳丞欽此

宣統三年十二月十五日　蓋用御寶
內閣總理大臣臣袁世凱
司法大臣臣沈家本

1439
奉
旨聞缺涼州副都統明惠於咸豐年間隨僧忠親王
剿辦髮匪旋於同治年間轉戰直隸奉天等省著
有勞績由藍翎長洊升副都統克勤厥職嗣因患
病准其開缺回旗調理茲聞溘逝軫惜殊深加恩
著照副都統例賜卹任內一切處分悉予開復應
得卹典該衙門察例具奏欽此
宣統三年十二月十五日　蓋用御寶
內閣總理大臣臣袁世凱

1440
據東三省總督趙爾巽電稱革黨軍艦三艘裝
運破彈多件用民船由安東附近尖山口上岸
等語查該處係在中立地內當由外務部切商
日本使臣伊集院彥吉據稱日本不便禁阻若
中國運兵前往日本無異議惟不能用安奉鐵

路因該路係守中立等語又據德國使臣哈豪
森照稱有革軍約二百名佔據即墨縣宣布獨
立查中德條約該地内駐兵須先與德國會商
此次革軍侵犯條約内之舉動請設法使革軍
退出并稱該地内中國不得用兵力等語除電
上海伍廷芳詰阻外謹奏

聞

十二月十五日

1441

十二月十五日進

呈事件

謹擬

旨十二道

軍諮府奏片一件

奏片一件

擬

旨内摺片單三十七件

内摺一件

擬

旨外摺片單一件計九分

請

安摺六封

黄册電一本

明憲遺摺一件

1442

奉

旨朕欽奉

隆裕皇太后懿旨前據岑春煊袁樹勳等暨出使大臣

陸徵祥等統兵大員段祺瑞等電請速定共和國

體以免生靈塗炭等語現在時局阽危四民失業朝廷

亦何忍因一姓之尊榮貽萬民以實禍惟是

宗廟

陵寢關繫重要以及

皇室之優禮皇族之安全八旗之生計蒙古回藏之

待遇均應豫為籌畫著授袁　以全權研究一切

辦法先行迅速與民軍商酌條件奏明請旨欽此

宣統三年十二月十六日

內閣總理大臣臣袁

二十五日由

堂交下補繕

1443 奉

旨內閣代遞陳夔龍電奏病勢日深萬難任事懇准

開缺調治並請簡員接任等語陳夔龍著賞假三

箇月安心調理張鎮芳著署理直隸總督兼北洋

大臣欽此

宣統三年十二月十六日 蓋用御寶

內閣總理大臣臣袁

1444 奉

旨內閣請開復雷震春原官署江北提督直隸通永

鎮總兵雷震春著開復原官交督師大臣袁世凱

差遣欽此

宣統三年十二月十六日 蓋用御寶

抄交陸軍部

內閣總理大臣臣袁

陸軍大臣臣王士珍假

1445 奉

旨內閣請簡署學部副大臣奉天民政使張元奇著

開去本缺署理學部副大臣欽此

宣統三年十二月十六日 蓋用御寶

內閣總理大臣臣袁

學務大臣臣唐景崇假

1446 奉

旨內閣代遞廣州將軍春祿呈稱廣州失守請罪等

語廣州失守該將軍並未接印情尚可原著開缺

以都統記名欽此

宣統三年十二月十六日 蓋用御寶

內閣總理大臣臣袁

陸軍大臣臣王士珍

1447 奉

旨內閣請簡典禮院學士柯劭忞著補授典禮院學

士欽此

宣統三年十二月十六日　蓋用御寶
內閣總理大臣臣袁

1448
奉
旨內閣代遞姜桂題奏併案擬保文武員弁繕單呈
覽一摺著照所請該衙門知道又片奏本軍幫辦
副都統崑源等二員應如何獎勵未敢擅擬等語
崑源郭殿邦均著該衙門從優議敘並交內閣存
記欽此
宣統三年十二月十六日　蓋用御寶
內閣總理大臣臣袁
陸軍大臣臣王士珍假
初六　敘官司　陸軍部

1449
奉
旨內閣代遞趙秉鈞奏革員被參冤抑請予昭雪以
勵人才一摺著照所請該衙門知道欽此
宣統三年十二月十六日　蓋用御寶
內閣總理大臣臣袁

1450
十二月十六日進
呈事件
謹擬
旨畫道
內摺片單四件
賀摺二件賀本十件
請
安摺二件
黃冊匣一本
呈一件

1451
奉
旨內閣代遞紹昌奏病仍未痊懇請開去差缺一摺
弼德院顧問大臣紹昌著准其開去差缺欽此
宣統三年十二月十七日　蓋用御寶
內閣總理大臣臣袁

1452
奉
旨內閣代遞桂春奏假期屆滿病難速痊懇請開缺

一摺倉場侍郎桂春著准其開缺欽此
宣統三年十二月十七日　蓋用御寶
内閣總理大臣臣袁

1453 奉
旨内閣請簡倉場侍郎瑞豐著補授倉場侍郎欽此
宣統三年十二月十七日　蓋用御寶
内閣總理大臣臣袁

1454 奉
旨内閣請簡民政部丞參各缺延鴻著補授民政部
左丞右丞著紹彝補授徐承錦著補授左參議右
參議著曾維藩補授欽此
宣統三年十二月十七日　蓋用御寶
内閣總理大臣臣袁
民政大臣臣趙秉鈞

1455 奉
旨調補甘肅布政使雲南布政使世增由筆帖式送
充出使各國隨員保升道員歷任監司茲在雲南
藩司任内適值省城變亂被擄不屈慘遭戕害大
節無虧殊堪憫惻著加恩予謚追贈巡撫照巡撫
陣亡例從優賜卹任内一切處分悉予開復應得
卹典該衙門查例具奏准其入城治喪伊子即選
部司務祖英著以員外郎用以慰忠魂欽此
宣統三年十二月十七日　蓋用御寶
内閣總理大臣臣袁

1456 奉
旨内閣代遞禁衛軍總統官馮國璋奏啟用銅質關
防日期一摺知道了欽此
宣統三年十二月十七日　蓋用御寶
内閣總理大臣臣袁

1457 臣昨面奉
懿諭將贈封爵位一節添入條件謹遵增入乙類第一
條另繕清單恭呈
御覽並於昨日電致伍廷芳商酌條件自十七日早

八鐘起二十四日早八鐘止續停戰一星期謹
將電文一併繕呈謹
奏
十二月十七日

1458
初次磋商條件
甲關於
大清皇帝優禮之條件
第一款
大清皇帝尊號相承不替國民對於
大清皇帝各致其尊崇之敬禮與各國君主相等
第二款
大清皇帝歲用每歲至少不得短於四百萬兩永不
得減額如有特別大典禮費由民國擔任
第三款
大內宮殿或頤和園由
大清皇帝隨意居住宮內侍衛護軍官兵照常留用
第四款
宗廟
陵寢永遠奉祀由民國妥慎保護負其責任并設守衛
官兵如遇
大清皇帝恭謁
陵寢沿途所需費用由民國擔任
第五款
德宗崇陵未完工程如制敬謹妥修其奉
安典禮仍如舊制所有經費均由民國擔任
第六款
宮內所用各項執事人員由
大清皇帝留用
第七款

1459
凡屬
大清皇帝原有之私產特別保護
第八款
大清皇帝有大典禮國民得以稱慶
第九款
禁衛軍名額俸餉仍如其舊

乙關於皇族待遇之條件
一王公世爵概仍其舊並得傳襲其襲封時
仍用
大清皇帝冊寶凡
大清皇帝贈封爵位亦用
大清皇帝冊寶
二皇族對於國家之公權與國民同等
三皇族私產一體保護
四皇族免兵役之義務
丙關於滿蒙回藏各族待遇之條件
一與漢人平等
二保護其原有之私產
三王公世爵概仍其舊并得依次傳襲
四王公中有生計過艱者應設法撥給官產
作為世業以資補助
五先籌八旗生計於未籌定之前八旗官兵
俸餉仍舊支放
六從前營業居住等限制一律蠲除各州縣

1460
聽其自由入籍
七滿蒙回藏原有之宗教聽其信仰自由
以上條件列於正式公文照會各國或電
達駐荷華使知照海牙萬國和平會存案
十二月十七日

1461
據司務祖英呈稱伊父調補甘肅布政使雲南
布政使世增因雲南兵變被叛黨拘執勒令從
逆堅執不允猝遭慘害呈報前來查世增被拘
不屈死事情形至為慘烈自應優予賜卹以慰
忠魂謹擬
旨一道進
呈是否有當謹
奏
十二月十七日

1462
十二月十七日進
呈事件

謹擬
旨八道
奏片一件
擬
旨內摺片單十二件 內摺三件
擬
旨外摺片單十二件 計九封
賀本四件
請
安摺三封
黃冊電一本
呈一件
另封奏片電文條件各一件

1463
奉
旨內閣代遞典禮院奏請旨一摺宣統四年正月初十日孟春時享
太廟遣載功恭代行禮
後殿遣魁斌行禮兩廡派錫明扎克丹各分獻欽此

宣統三年十二月十八日
蓋用御寶
內閣總理大臣臣袁世凱

1464
奉
旨內閣代遞典禮院奏請旨一摺宣統四年正月初八日祭
祈穀壇遣溥偉恭代行禮欽此
宣統三年十二月十八日
蓋用御寶
內閣總理大臣臣袁世凱

1465
奉
旨內閣代遞景恩奏久病未痊懇請開缺一摺正白旗滿洲副都統景恩著准其開缺欽此
宣統三年十二月十八日
蓋用御寶
內閣總理大臣臣袁世凱

1466
十二月十八日進
呈事件
謹擬

旨七道
內揩單五件
皇上恭賀
皇太后表文二匣
賀表四件
賀本四件
擬
旨內揩片單二十六件
擬
旨外揩片單十二件計九封
請
安揩四封
黃冊電一本
宣統四年春季職官錄一函

1467
奉
旨內閣代遞徐世昌奏懇開要差一揩太保徐世昌
常川進內日益勤勞著准其開去軍諮大臣以示
體恤欽此

宣統三年十二月十九日 蓋用 御寶
內閣總理大臣臣袁世凱

1468
奉
旨內閣奏遵擬已故福州將軍樸壽已故雲南統制
官鍾麟同謚號樸壽著予謚忠肅鍾麟同著予謚
忠壯欽此
宣統三年十二月十九日 蓋用御寶
內閣總理大臣臣袁世凱

1469
奉
旨內閣奏遊擊銜補用都司袁振標於十一月二十
八日在東華門外丁字街突遭炸彈因傷身亡殊
為可憫請援照前敵陣亡之例賜卹等語遊擊銜
補用都司袁振標著照副將陣亡例從優賜卹欽此
宣統三年十二月十九日 蓋用 御寶
內閣總理大臣臣袁世凱

1470
奉
旨內閣代遞烏珍等奏遵保拏獲夥劫大股巨盜尤

為出力文武員弁繕單呈覽一摺著照所請該衙
門知道欽此
宣統三年十二月十九日　蓋用御寶
內閣總理大臣臣袁世凱

1471

奏
旨內閣代遞馮國璋代奏姚寶來因病呈請開去差
使一摺禁衛軍步隊第二協統領官姚寶來着准
其開去差使欽此
宣統三年十二月十九日　蓋用御寶
內閣總理大臣臣袁世凱
陸軍大臣臣王士珍假

1472

查已故福州將軍樸壽雲南統制官鍾麟同先
後殉難均經奉
旨加恩予謚茲以樸壽予謚忠肅鍾麟同予謚忠壯
謹擬
旨一道進
呈是否有當謹

1473

奏　十二月十九日
查臣親軍步小隊管帶遊擊銜補用都司袁振
標前於十一月二十八日隨臣由內廷回署行
至東華門外丁字街突遭炸彈立時因傷身亡
殊為可憫擬請援照前敵陣亡之例從優
賜卹以慰忠魂謹擬
旨一道進
呈是否有當謹
奏
宣統三年十二月十九日

1474

十二月十九日進
呈事件
謹擬
旨十道
奏片二件

擬
旨內摺片單六件
內摺單四件
擬
旨外摺片單十一件 計六封
賀摺一件
請
安摺六封
黃冊電一本

1475
奉
旨內閣請簡法制院副使施愚著補授內閣法制院
副使欽此
宣統三年十二月二十日 蓋用御寶
內閣總理大臣 臣 袁

1476
奉
旨內閣請簡署法部丞參各缺法部左丞著善佺署
理右丞著羅維垣署理左參議著劉嘉斌署理右
參議著蕭之葆署理欽此
宣統三年十二月二十日 蓋用御寶
內閣總理大臣 臣 袁
司法大臣 臣 沈家本

1477
奉
旨內閣代遞朱益藩奏因病懇請開去差缺一摺都
察院副都御史朱益藩著賞假十五日毋庸開缺
欽此
宣統三年十二月二十日 蓋用御寶
內閣總理大臣 臣 袁

1478
奉
旨內閣請簡江西九江鎮總兵員缺白寶山著補授
江西九江鎮總兵欽此
宣統三年十二月二十日 蓋用御寶
內閣總理大臣 臣 袁

1479
奉
旨弼德院顧問大臣恩順由翰林洊升卿貳克勤厥
職茲聞溘逝軫惜殊深加恩著照侍郎例賜卹任
内一切處分悉予開復應得卹典該衙門察例具
奏欽此
宣統三年十二月二十日
蓋用御寶
内閣總理大臣臣袁

1480
奉
旨内閣代遞節制各路軍隊大臣袁世凱奏續保克
復漢陽各營隊出力文武員弁繕單呈覽一摺著
照所請該衙門知道欽此
宣統三年十二月二十日
蓋用御寶
内閣總理大臣臣袁
陸軍大臣臣王士珍

1481
奉
旨内閣代遞阿穆爾靈圭等奏前鋒護軍等營事務
擬改歸内務府大臣管理以節經費而一事權一
摺著依議欽此
宣統三年十二月二十日
蓋用御寶
内閣總理大臣臣袁

1482
十二月二十日進
呈事件
謹擬
旨十四道
擬
旨内摺片單十九件
内摺單五件
擬
旨外摺單三件計二封
賀摺五封
請
安摺七封
恩順遺摺
黄冊電一本
内閣陸軍部海軍部月摺三匣

1483

奉

旨內閣代遞李殿林奏假期屆滿病仍未痊懇恩續假並請派員署缺一摺典禮院掌院學士李殿林著再賞假一箇月安心調理郭曾炘著署理典禮院掌院學士劉果著署理典禮院副掌院學士欽此

宣統三年十二月二十一日　蓋用御寶

內閣總理大臣臣袁

1484

奉

旨內閣代遞曾習經奏病仍未痊懇開差缺一摺度支部右丞曾習經著准其開去差缺欽此

宣統三年十二月二十一日　蓋用御寶

內閣總理大臣臣袁

1485

十二月二十一日

進

呈事件

謹擬

旨四道

擬

旨內摺單六件

內摺二件

擬

旨外摺單十件 計六封

安摺四封

賀摺二封

黃冊電一本

1486

奉

旨內閣請簡副都統正白旗滿洲副都統著伊克坦調補所遺正藍旗漢軍副都統著耆齡補授並兼署正黃旗蒙古副都統欽此

宣統三年十二月二十二日　蓋用御寶

內閣總理大臣臣袁世凱

陸軍大臣臣王士珍

1487

奉

旨內閣請簡副都統鑲白旗漢軍副都統著文照補

授並兼署鑲藍旗蒙古副都統欽此

宣統三年十二月二十二日 蓋用御寶

內閣總理大臣臣袁世凱

陸軍大臣臣王士珍

1488

奉

旨內閣請簡副都統鑲紅旗蒙古副都統著載光補

授欽此

宣統三年十二月二十二日 蓋用御寶

內閣總理大臣臣袁世凱

陸軍大臣臣王士珍

1489

奉

旨內閣請補署丞參各缺度支部右丞著陸宗輿署

理左參議著楊壽枏補授右參議著王璟芳補授

欽此

宣統三年十二月二十二日 蓋用御寶

內閣總理大臣臣袁世凱

署度支大臣臣紹英

1490

奉

旨內閣遞御史玉春呈請代奏呈一件著理藩部妥

速籌辦欽此

宣統三年十二月二十二日 蓋用御寶

內閣總理大臣臣袁世凱

理藩大臣臣達壽

1491

奉

旨內閣奏遵擬克復穎州案內出力之馬聯甲等勇

號馬聯甲著賞給果勇巴圖魯名號周茂冬著賞

給卓勇巴圖魯名號李傳業著賞給俊勇巴圖魯

名號高士讀著賞給英勇巴圖魯名號欽此

宣統三年十二月二十二日 蓋用御寶

內閣總理大臣臣袁世凱

1492

奉

旨內閣奏遵擬克復漢陽案內出力之李純等勇號

李純著賞給依勒達崇阿巴圖魯名號張敬堯著

賞給超勇巴圖魯名號李長泰著賞給銳勇巴圖

1493

魯名號吳長植著賞給驍勇巴圖魯名號吳全彪
著賞給精勇巴圖魯名號姚建屏著賞給摯勇巴
圖魯名號丁效蘭著賞給敢勇巴圖魯名號朱錫
泉著賞給信勇巴圖魯名號吳恆瓚著賞給克勇
巴圖魯名號田作霖著賞給勤勇巴圖魯名號康
宗仁著賞換訥齊先巴圖魯名號何豐林著賞換
達崇阿巴圖魯名號李厚基著賞換谿隆武巴圖
魯名號蔣廷梓著賞換博多歡巴圖魯名號田友
望著賞給堅勇巴圖魯名號欽此

宣統三年十二月二十二日 蓋用御寶

內閣總理大臣 臣袁世凱

陸軍大臣 臣王士珍

張敬先 超
李長泰 銳
吳長植 驍
吳全彪 精
姚建屏 摯
丁效蘭 敢

1494

朱錫泉 信
吳恆瓚 克
田作霖 勤
田友望 堅
馬聯甲 果
周茂冬 卓
李傳業 俊
高士讀 英

依勒達蒙阿 揚
噶普施衮阿 鷙
和佛淩武 懷
額圖洪額 驃
法克精阿 機
騰依楚克 確
訥齊先 靖
納爾洪阿 精
達崇阿 銳
谿隆武 威

激勵杭阿 烈
哈齊賚阿 強
法什商阿 勤
法福淩阿 敢
博多歡 謀
喀勒崇依 驍

1495
奉
旨前泰甯鎮總兵兼總管內務府大臣希廉由翰林
洊擢內閣學士旋授泰甯鎮總兵兼管內務府大
臣克勤厥職去歲諭令回京當差茲聞溘逝軫惜
殊深加恩着照副都統例賜卹任內一切處分悉
予開復應得卹典該衙門查例具奏欽此
宣統三年十二月二十二日　蓋用御寶
內閣總理大臣臣袁世凱

1496
查臣前於本月十一日奏保克復漢陽出力人
員案內之李純等十五員及十三日奏保克復
潁州出力人員案內之馬聯甲等四員均擬

賞給勇號奉
旨允准茲分別擬定清字漢字勇號字樣繕
旨進
呈
謹
奏
十二月二十二日

1497
十二月二十二日進
呈事件
謹擬
旨十一道
奏片一件
擬
旨內摺二件
擬
旨外摺片單十五件計九封
賀摺三件
請
安摺九封

黄冊電一本

呈一件

希廉遺摺

1498

奉

旨內閣代遞善豫奏假期屆滿病難速痊籲懇開去差缺一摺正黄旗護軍統領善豫著准其開去差缺欽此

宣統三年十二月二十三日　蓋用御寶

內閣總理大臣臣袁世凱

陸軍大臣臣王士珍假

1499

奉

旨內閣代遞增崇奏假期屆滿病仍未痊懇請開去差缺一摺內務府大臣增崇著賞假一箇月毋庸開缺欽此

宣統三年十二月二十三日　蓋用御寶

內閣總理大臣臣袁世凱

1500

十二月二十三日進

呈事件

謹擬

旨五道

擬

旨內摺片單十二件

內摺二件

擬

旨外摺片十件計八封

賀摺十五封

請

安摺二十封

黄冊電一本

1501

奉

旨內閣請簡護軍統領正黄旗護軍統領著常山補授欽此

宣統三年十二月二十四日　蓋用御寶

內閣總理大臣臣袁
陸軍大臣臣王士珍假

1502
奉
旨內閣請補外城巡警總廳廳丞治格著補授外城巡警總廳廳丞欽此
宣統三年十二月二十四日　蓋用御寶
內閣總理大臣臣袁
民政大臣臣趙秉鈞

1503
奉
旨內閣遞喬樹枏呈稱病尚未愈懇恩開去差缺等語學部左丞喬樹枏著准其開去差缺欽此
宣統三年十二月二十四日　蓋用御寶
內閣總理大臣臣袁
學務大臣臣唐景崇假

1504
奉
旨內閣奏遵擬已故調補甘肅布政使雲南布政使世增謚號世增著予謚忠愍欽此
宣統三年十二月二十四日　蓋用御寶
內閣總理大臣臣袁

1505
查已故調補甘肅布政使雲南布政使世增奉
旨加恩予謚茲擬予謚忠愍謹擬
旨一道進
呈是否有當謹
奏
十二月二十四日

1506
十二月二十四日進
呈事件
謹擬
旨八道
奏片一件
擬
旨內摺單三件
擬

旨外摺片三件 計一封

賀摺一封

請

安摺二封

黃冊電一本

呈一件

1507

奉

旨朕欽奉

隆

裕皇太后懿旨前因民軍起事各省響應九夏沸騰
生靈塗炭特命袁世凱遣員與民軍代表討論大局
議開國會公決政體兩月以來尚無確當辦法南北
睽隔彼此相持商輟於途士露於野徒以國體一日
不決故民生一日不安今全國人民心理多傾向共
和南中各省既倡議於前北方諸將亦主張於後人
心所嚮天命可知予亦何忍因一姓之尊榮拂兆民
之好惡是用外觀大勢內審輿情特率皇帝將統治
權公諸全國定為共和立憲國體近慰海內厭亂望
治之心遠協古聖天下為公之義袁世凱前經資政

院選舉為總理大臣當茲新舊代謝之際宜有南北
統一之方即由袁世凱以全權組織臨時共和政府
與民軍協商統一辦法總期人民安堵海宇乂安仍
合滿漢蒙回藏五族完全領土為一大中華民國予
與皇帝得以退處寬閒優游歲月長受國民之優禮
親見郅治之告成豈不懿歟欽此

宣統三年十二月二十五日 蓋用御寶

內閣總理大臣臣袁
署外務大臣臣胡惟德
民政大臣臣趙秉鈞
署度支大臣臣紹英假
學務大臣臣唐景崇假
陸軍大臣臣王士珍假
署海軍大臣臣譚學衡
司法大臣臣沈家本假
署農工商大臣臣熙彥
署郵傳大臣臣梁士詒
理藩大臣臣達壽

1508

奉

旨朕欽奉

隆裕皇太后懿旨古之君天下者重在保全民命不忍以養人者害人現將新定國體無非欲先弭大亂期保乂安若拂逆多數之民心重啟無窮之戰禍則大局決裂殘殺相尋勢必演成種族之慘痛將至

九廟震驚兆民荼毒後禍何忍復言兩害相形惟取其輕此正朝廷審時觀變痌瘝吾民之苦衷凡爾京外臣民務當善體此意為全局熟權利害勿得挾虛憍之意氣逞偏激之空言致國與民兩受其禍著民政部步軍統領姜桂題馮國璋等嚴密防範剴切開導俾皆曉然於朝廷應天順人大公無私之意至國家設官分職以為民極內列閣府部院外建督撫司道所以康保羣黎非為一人一家而設爾京外大小各官均宜慨念時艱慎供職守應即責成各長官敦切誡勸毋曠厥官用副予夙昔愛撫庶民之至意欽此

宣統三年十二月二十五日　蓋用御寶

內閣總理大臣臣袁

署外務大臣臣胡惟德

民政大臣臣趙秉鈞

署度支大臣臣紹英假

學務大臣臣唐景崇假

陸軍大臣臣王士珍假

署海軍大臣臣譚學衡

司法大臣臣沈家本假

署農工商大臣臣熙彥

署郵傳大臣臣梁士詒

理藩大臣臣達壽

1509

奉

旨朕欽奉

隆裕皇太后懿旨前以大局阽危兆民困苦特飭內閣與民軍商酌優待皇室各條件以期和平解決茲據覆奏民軍所開優禮條件於

宗廟

陵寢永遠奉祀

先皇陵制如舊妥修各節均已一律擔承皇帝但卸政權不廢尊號並議定優待皇室八條待遇皇族四條待遇滿蒙回藏七條覽奏尚為周至特行宣示皇族暨滿蒙回藏人等此後務當化除畛域共保治安重覩世界之昇平胥享共和之幸福予實有厚望焉欽此

宣統三年十二月二十五日　蓋用御寶
内閣總理大臣臣袁
署外務大臣臣胡惟德
民政大臣臣趙秉鈞
署度支大臣臣紹英假
學務大臣臣唐景崇假
陸軍大臣臣王士珍假
署海軍大臣臣譚學衡
司法大臣臣沈家本假
署農工商大臣臣熙彦
署郵傳大臣臣梁士詒
理藩大臣臣達壽

1510
奉
旨内閣代遞節制各路軍隊大臣袁奏併克復井陘娘子關等要隘出力及後路籌防轉運出力文武員弁繕單呈覽各摺片著照所請該衙門知道欽此
宣統三年十二月二十五日　蓋用御寶
内閣總理大臣臣袁
陸軍大臣臣王士珍

1511
奉
旨内閣請簡崇文門正副監督並左右翼監督崇文門正監督著阿穆爾靈圭去副監督著桂祥去左翼監督著景豐去右翼監督著伊克坦去欽此
宣統三年十二月二十五日　蓋用御寶
内閣總理大臣臣袁

1512
奉
旨内閣據呈總將殉難道府各員從優賜卹陸軍第八鎮正參謀官正參領銜湖北候補道劉錫祺湖北施南府知府署安陸府知府桂蔭廣東潮州府知府陳兆棠四品銜四川補用直隸州知州署雙流縣知縣汪承第或慷慨捐軀或從容就義均屬忠烈可風劉錫祺著加恩追贈協都統照協都統陣亡例從優賜卹桂蔭陳兆棠均著加恩追贈道員照道員陣亡例從優賜卹汪承第著加恩追贈知府照知府陣亡例從優賜卹以慰忠魂欽此
宣統三年十二月二十五日　蓋用御寶
内閣總理大臣臣袁

1513
奉
旨內閣代遞典禮院直學士端緒呈報胞弟端錦在
川被難情形再懇加恩賜謚等語河南候補知府
端錦著加恩准其予謚欽此
宣統三年十二月二十五日
內閣總理大臣臣袁
蓋用御寶

1514
奉
旨徐世昌等奏辦理軍事交通出力人員援案請獎
繕單呈覽一摺著照所請該衙門知道欽此
宣統三年十二月二十五日
內閣總理大臣臣袁
陸軍大臣臣王士珍
蓋用御寶

1515
奉
旨內閣代遞姜桂題奏更正保案一摺又奏請開復
已革道員蔣文懋等一片均著照所請該衙門知
道欽此
宣統三年十二月二十五日
內閣總理大臣臣袁
蓋用御寶

1516
十二月二十五日進
呈事件
謹擬
旨九道
擬
旨內摺片單三十件
內摺片單十三件
擬
旨外摺一件
請
安摺五封
賀摺四封
黃冊匣一本
呈五件

1517
全權組織臨時共和政府袁　布告內外大
小文武官衙
現在共和國體業經宣布　忝膺組織臨時
政府之任力小荷重深懼弗勝竊念政府機關

不容有一日之閒斷現值組織臨時政府所有舊日政務目下仍當繼續進行庶政方新百端待舉全賴群策群力互相匡濟務以保全治安共維大局為要著在新官制未定以前凡現有內外大小文武各項官署人員均應照舊供職毋曠厥官所有各官署應行之公務應司之職掌以及公款公物均應照常辦理切實保管不容稍懈倘有借端規避曠厥職守者不獨違背官規抑且放棄國民義務竊願在官諸君子共凜此意此令

十二月二十六日

1518

全權組織臨時共和政府袁　布告　軍警

現在共和政體業經宣布本政府組織伊始地方治安關係至重全賴軍警協同維護免使居民驚擾現軍警各界贊成共和早經聯合一致尤應各盡義務合力維持所有舊定之軍紀警章仍當繼續施行藉以統一政權保持秩序倘有不逞之徒藉端生事擾亂治安者定當按法懲治以維大局凡各級長官務當共申此指認真約束勿得稍有疏懈致干咎戾此令

十二月二十六日

1519

新舉臨時大總統袁　命令

陸軍首領王士珍呈稱病未輕減請另遴賢員綜理部務等語應即照准陸軍首領委任段祺瑞署理此令

辛亥十二月三十日

1520

新舉臨時大總統袁　命令

陸軍各鎮久事戰征勞苦可念聞自前敵退紮以來時有不免滋擾情事未免有玷軍聲殊為可惜特委任吳鳳嶺充宣慰使兼行第四鎮統制事藉以拊循部曲安慰軍心此令

辛亥十二月三十日